FĂRĂ LIMITE

Descrierea CIP a Bibliotecii Naţionale a României
MAXWELL, JOHN C.
Fără limite : Cum să îţi atingi potenţialul maxim /
John C. Maxwell - Bucureşti : Amaltea, 2017

ISBN 978-973-162-172-2

159.9

NO LIMITS
BLOW THE CAP OFF YOUR CAPACITY
JOHN C. MAXWELL

FĂRĂ LIMITE
CUM SĂ ÎŢI ATINGI POTENŢIALUL MAXIM
JOHN C. MAXWELL

ISBN 978-973-162-172-2

FĂRĂ LIMITE

CUM SĂ ÎŢI ATINGI POTENŢIALUL MAXIM

JOHN C. MAXWELL

EDITURA AMALTEA
www.amaltea.ro

Lui Kevin Myers

Te-am urmărit mai bine de treizeci de ani și am făcut parte din viața ta timp de două decenii. Dorința ta nemăsurată de a evolua, de a conduce și de a schimba lumea în bine ți-au definit existența, iar eu te-am văzut cum te-ai depășit pe tine în nenumărate rânduri.

Mai mult ca orice altă persoană pe care o cunosc, ai dovedit că oamenii își pot depăși limitele pe care și le impun ei înșiși sau cei din jur. Și nu ai arătat încă tot ce poți cu adevărat!

Cuprins

PARTEA A TREIA

ALEGERILE: FĂ ACELE LUCRURI CARE TE AJUTĂ SĂ ÎȚI EXTINZI CAPACITATEA

Mulțumiri

Recunoştinţa mea profundă se îndreaptă către:

Charlie Wetzel, care mă ajută la redactarea textelor;

Stephanie Wetzel, cea care mi-a citit prima dată manuscrisul;

Linda Eggers, asistenta mea executivă.

PRIMA PARTE

Conștientizarea: îndepărtarea blocajelor care ne împiedică să ne atingem potențialul

Cunoaște-te pe tine însuți.

– SOCRATE

Cred că, în general, cunoașterea de sine este cea mai rară trăsătură a unei ființe umane.

– ELIZABETH EDWARDS

Sunt pasionat de această carte, fiindcă, mai întâi de toate, sunt pasionat de oameni! Timp de cincizeci de ani am încercat să am o viață mai bună și să îi ajut pe cei din jur să trăiască mai frumos. Nimic nu îmi aduce o bucurie mai mare decât să îi ajut pe ceilalți să evolueze. Este și motivul pentru care am scris lucrarea de față: să te ajut să crești și să îți atingi potențialul maxim.

O să-ți spun și cum am ajuns să scriu despre acest subiect. Ideea mi-a venit în timp ce mă bucuram de una dintre activitățile mele favorite: o discuție purtată cu prietenii, în timp ce luam masa împreună. Stând noi așa de vorbă, unul dintre ei a început să vorbească despre cât de important este potențialul și cum pot oamenii să și-l atingă. Discuția a fost atât de captivantă, încât am stat aproape două ore să dezbatem subiectul. Când să plecăm, cineva a spus: „Nu am citit niciodată o carte despre capacitatea umană și despre modul în care poate fi ea dezvoltată."

Conversaţia chiar m-a stimulat, iar ideea mi-a rămas în minte vreo doi ani. M-am gândit de mai multe ori la subiect, am început să îmi pun întrebări, să îi ascult și pe alţii și să mă documentez. În cele din urmă, am formulat chiar și un enunţ, pe care l-am denumit

Provocarea capacităţii:

Dacă îţi dezvolţi *capacitatea* de conștientizare, dacă îţi șlefuiești *abilităţile* și dacă faci *alegerile* corecte, îţi poţi atinge capacitatea maximă.

Cu alte cuvinte:

CONȘTIENTIZARE + ABILITĂŢI + ALEGERI = CAPACITATE

Este și provocarea despre care vom discuta în cartea de faţă. Dacă ești dispus să accepţi și să urmezi procesul descris, viaţa ţi se va schimba!

Provocarea Capacităţii începe de la *conștientizare*. Faptul că am conștientizat tot ceea ce mi se întâmpla a fost primul mare pas pe care l-am făcut pentru a-mi atinge potenţialul maxim. Și acest lucru s-a petrecut la începutul carierei. În vremea aceea, pastorul tipic era asemenea unui păstor care avea grijă de oile sale. Rolul său era acela de a strânge oile laolaltă, ceea ce însemna și că își consilia oamenii. Așadar, acesta era modelul pe care consideram că trebuie să îl urmez.

La un moment dat însă, am citit o carte intitulată *America's Fatest Growing Churches*, scrisă de Elmer Towns, care vorbea despre modul în care puteai ajunge la mult mai mulţi oameni, dar și despre cum să îţi conduci biserica dând dovadă de excelenţă. Aproape că nu o mai puteam lăsa din mână. Poveștile din ea chiar erau o sursă de inspiraţie.

După ce am citit-o, îmi doream să vizitez fiecare biserică descrisă în carte și să îi întâlnesc pe acei pastori. Cum aș fi putut oare să fac acest lucru? Nu mă cunoșteau. Și de ce și-ar fi făcut timp special pentru mine?

Mi-a venit însă o idee: să îi contactez și să le ofer 100 de dolari în schimbul a treizeci de minute pe care să le petreacă cu mine. Ne aflam în anul de graţie 1971, iar eu câștigam doar 4.200 de dolari pe an. Cu toate acestea, eram disperat să descopăr cum de reușiseră să aibă un succes atât de mare. Am fost peste măsură de încântat când doi dintre ei au acceptat să ne întâlnim.

Imediat ce am conştientizat faptul că urmează să mă întâlnesc cu aceşti lideri, am început să îmi notez o mulţime de întrebări. Şi când spun mulţime, mă refer la faptul că am umplut cinci pagini. Nu mai puteam de nerăbdare! În momentul în care ne-am aflat în sfârşit faţă în faţă, am început să îi bombardez cu întrebări. Evident că nu am apucat să vorbim despre tot ceea ce îmi notasem, însă chiar am reuşit să avansez pe plan profesional, dar şi personal. Cea mai mare descoperire pe care am făcut-o a fost aceea că nu alocau deloc timp consilierii enoriaşilor. În schimb, se străduiau din răsputeri să îi înzestreze cu tot ceea ce le trebuie.

La început, nu prea am înţeles şi am fost nevoit să îi rog să îmi explice. Consilierea îi ajuta pe oameni să îşi remedieze punctele slabe, în timp ce înzestrarea sau echiparea lor îi ajuta să îşi dezvolte punctele tari. Începeam să mă prind despre ce este vorba!

Cu ajutorul consilierii, oamenii îşi remediază punctele slabe, în timp ce dacă îi înzestrezi sau îi echipezi cu tot ceea ce le trebuie, îşi pot dezvolta punctele tari.

După aceea, mi-au explicat că există şanse mai mari ca oamenii să îşi atingă potenţialul dacă îşi dezvoltă punctele tari decât dacă şi le remediază pe cele slabe. În momentul acela mi-am dat seama: aceşti lideri nu erau doar simpli păstori, care să se mulţumească să îşi păzească turma, ci stăpânii fermei. Aveau o viziune, un spirit de pionierat care înlesnea excelenţa. Îşi ajutau oamenii să se dezvolte sau să devină parte din ceva mult mai amplu decât ei înşişi. Iar împreună îşi dezvoltau bisericile, atrăgând mai mulţi oameni la slujbă şi schimbându-le viaţa în bine.

A fost prima dată când mi-am dat seama cât de importantă este *conştientizarea* dacă vrei să îţi atingi potenţialul maxim. Singura cale prin care îmi puteam ajuta enoriaşii să aibă o viaţă mai bună era aceea de a-i ajuta să se concentreze asupra propriilor atuuri, nu asupra punctelor slabe. Şi, mai mult, singura cale prin care eu personal îmi puteam atinge potenţialul maxim ca persoană şi ca lider era să îmi dezvolt punctele tari. Mi-am schimbat atitudinea şi modul de lucru, iar în scurtă vreme am descoperit că mă pricepeam mult mai bine la a înzestra şi a echipa oamenii cu tot ceea ce le trebuie ca să evolueze decât la a-i consilia.

Înainte de descoperirea ideii de conştientizare, mă consideram un fel de păstor care are grijă de nevoile oamenilor săi. După aceea, am început să mă văd – atât pe mine, cât şi rolul pe care îl aveam – într-o lumină diferită. M-am transformat într-un fermier care îşi conducea oamenii din organizaţie.

Timp de mai mulţi ani le-am povestit celor din public acest lucru. De foarte multe ori, în timpul sesiunilor de întrebări şi răspunsuri, mi se spunea: „Care este cel mai important lucru pe care l-ai primit de la aceşti doi lideri cu care ai stat de vorbă?" Răspunsul meu era întotdeauna „conştientizare". La rândul meu, mă întrebam adesea: „Oare pentru câtă vreme aş mai fi consiliat oamenii în loc să îi înzestrez şi să îi echipez dacă nu m-ar fi sfătuit cei doi lideri?" Nu ştiu să răspund. Ştiu însă următorul lucru: cu toţii avem nevoie de ajutorul altcuiva dacă vrem să devenim conştienţi de modul în care ne putem atinge potenţialul maxim.

Mi-aş dori să fiu eu persoana care să te ajute să devii mult mai conştient de potenţialul tău. La acest lucru se referă prima parte a acestei cărţi. Probabil că ai auzit vechiul proverb care spune: „Dacă fac mereu ceea ce am făcut întotdeauna, voi primi mereu ceea ce am primit întotdeauna." Vreau să te ajut să faci – dar şi să obţii – ceva nou. Fiindcă pornim împreună la drum, aş vrea să subliniez două aspecte:

1. Schimbările nu trebuie să fie neapărat drastice ca să fie eficiente. Consilierea şi înzestrarea sau echiparea oamenilor cu ceea ce au nevoie ca să reuşească se aseamănă oarecum. Ele pornesc de la premisa că îţi pasă de oameni, că îţi petreci timpul alături de ei şi le oferi sfaturi şi îndrumare. Tot ce trebuie să fac este să mă concentrez asupra atuurilor, nu asupra punctelor slabe. Pe măsură ce vei parcurge această carte – şi în special secţiunea dedicată conştientizării – încearcă să îţi dai seama unde anume trebuie să faci schimbări astfel încât să îţi evaluezi cât mai corect potenţialul.

2. Schimbarea este necesară dacă vrei să îţi atingi capacitatea maximă. Pe măsură ce vei parcurge şi celelalte două părţi ale cărţii, vei descoperi că pun foarte mult accentul pe schimbare. În partea a doua, referitoare la abilităţi, va trebui să lucrezi la câteva aspecte care este posibil să nu se numere printre punctele tale tari, aşa că ţi se va părea destul de dificil. Dacă abilităţile respective nu sunt ceva înnăscut, atunci dezvoltarea lor este de cele mai multe ori lentă şi nu foarte spectaculoasă. Dar nu-i nimic în neregulă. Fiecare schimbare pozitivă –

oricât de mică – ajută, fiindcă te ajută să îţi dezvolţi capacitatea. În partea a treia însă, care se referă la alegeri, vei descoperi că lucrurile sunt mult mai simple. Atunci când vine vorba despre alegeri, schimbările se pot petrece mult mai rapid. Toate aceste schimbări, indiferent că sunt dificile sau uşoare, sunt obligatorii dacă îţi doreşti să îţi atingi capacitatea, dar şi potenţialul maxim.

Pregăteşte-te de drum, căci va fi o călătorie extrem de interesantă. Dacă vei conştientiza într-o măsură mai mare ceea ce se întâmplă, vei putea să recunoşti schimbările pe care trebuie să le faci ca să îţi atingi capacitatea maximă. Sper ca atunci când vei fi terminat de citit cartea de faţă, să lucrezi la o capacitate mai mare decât ţi-ai putut imagina vreodată şi să te afli pe drumul cel bun, acela care te duce către viaţa pe care ţi-ai dorit-o. Să pornim la drum împreună!

1

Știi ce anume te limitează?

Toată viața am fost intrigat de noțiunea de capacitate, deși când eram mic nu-mi dădeam seama că așa se numește. În copilărie, povestea mea preferată era *Mica locomotivă albastră*, pe care mama mi-o citea în mod regulat. Când am putut să o citesc singur, o răsfoiam tot timpul. Chiar o interpretam în fața familiei. Îmi plăcea la nebunie micuța locomotivă care credea în ea și care a putut traversa muntele, tocmai fiindcă era sigură că reușește. Capacitatea ei s-a amplificat foarte mult, pentru că și-a impus să își depășească limitele.

Îmi amintesc și-acum foarte bine un exemplu pe care ni-l dădea tata mai tot timpul. O persoană în vârstă a zărit la un moment dat un băiat care pescuia și s-a apropiat să vadă cum îi merge.

Băiatul prinsese deja doi pești mici, iar în timp ce bătrânul se apropia de el, agățase deja în undiță un biban uriaș.

„Ce mândrețe de pește...", spuse bătrânul în timp ce băiatul scotea cârligul. Pe neașteptate însă, băiatul aruncă peștele în apă.

„Ce faci?", strigă bătrânul. „E ditamai peștele..."

„Așa-i", răspunse băiatul, „dar eu am o tigaie foarte mică". Gluma aceasta m-a făcut întotdeauna să râd, dar și să îmi dau seama în ce măsură modul de gândire poate limita individul.

De asemenea, îmi amintesc foarte bine de unul dintre profesorii mei, care ne povestea despre un grup de trei băieți care, în drumul lor spre școală, treceau pe lângă un zid înalt. În fiecare zi, se întrebau oare ce se află de partea cealaltă. Într-un final, curiozitatea ajunsese atât de mare, încât unul dintre băieți a spus: „Ia să vedem noi ce-i acolo" și și-a aruncat șapca peste zid. „Acum *trebuie neapărat* să mă cațăr pe aici, să văd ce e de partea cealaltă."

Ceilalţi doi băieţi l-au privit cu neîncredere. Apoi însă, în timp ce îl urmăreau căţărându-se, şi-au aruncat şi ei şepcile şi i s-au alăturat. Chiar nu voiau să rămână în urmă, ci să descopere şi ei ceva nou, nu doar să audă de la un prieten.

Îmi amintesc că m-am gândit: „Şi eu mi-aş fi aruncat şapca peste zid." Îmi doream foarte tare să ajung în locuri noi, să descopăr lucruri, să îmi impun să fac mai mult decât credeam că sunt în stare. Şi acum procedez la fel. Uneori, pentru îndeplinirea acestor dorinţe este nevoie de un curaj ieşit din comun. De multe ori de-atunci, de când am auzit pentru prima dată povestea, mi-am aruncat în gând şapca peste zid şi mi-am propus să descopăr tot ceea ce pot.

Acum, îţi cer ţie să îţi arunci şapca peste zid şi să îl escaladezi.

Consideraţii referitoare la conştientizare

Scopul meu atunci când am scris această carte a fost acela de a te ajuta să fii şi tu, la rândul tău, o mică locomotivă. Aş vrea să te inspir să elimini din viaţa ta tot ceea ce te ţine pe loc şi îţi limitează potenţialul. Îmi doresc să depăşeşti tot ceea ce te blochează mental şi te îndeamnă să rămâi în tigaia aceea îngustă în care nu încape peştele cel mare. Vreau să îţi arunci şapca peste zid. Vreau să accepţi provocarea referitoare la propria capacitate şi să îţi schimbi viaţa în bine. Eşti dispus să faci acest lucru? Dacă da, atunci procesul începe cu ideea de conştientizare, dar şi de învăţare...

1. Capacitatea ta nu este prestabilită

Dacă eşti asemenea majorităţii, pun pariu că ai vrea mai mult de la viaţă decât ceea ce ai acum. Poate că nu ai reuşit să ai tot ceea ce ţi-ai fi dorit. Poate că nu eşti chiar atât de satisfăcut de progresele înregistrate. Ai terminat tot ceea ce ţi-ai propus? Sau vrei să vezi mai mult, să faci mai mult sau să fii mai mult? Dacă faci parte din aceeaşi categorie de oameni ca mine, cu siguranţă că îţi doreşti mai mult. Chiar şi acum, când mă apropii de 70 de ani, nu sunt satisfăcut. Vreau să mă dezvolt şi să schimb lumea în bine.

Dacă nu ştii ce anume te limitează, cum vei scăpa de aceste blocaje?

Ce anume îți stă în cale? Ce te limitează? Știi cu exactitate? Dacă nu știi ce anume te limitează, cum vei scăpa de aceste blocaje?

Poate că ai auzit la un moment dat spunându-se: „Dacă vrei ca un lucru să fie terminat, dă-i-l unei persoane ocupate". Poate părea contradictoriu, dar, cu toate acestea, este adevărat. Oamenii care duc la bun sfârșit o mulțime de lucruri par să fie capabili să preia și mai multe și să fie în continuare productivi. Care este explicația? Unele persoane au oare o capacitate mai mare și altele nu?

Ai avut momente în care să reflectezi la propria capacitate? Cei mai mulți oameni cred că mai mult de atât nu pot. Ai auzit probabil spunându-se despre o anumită persoană că are o capacitate ridicată, iar altele una foarte scăzută, iar tu ai acceptat pur și simplu acest lucru. Tu ce capacitate ai? Ai defini-o ca fiind una ridicată, scăzută sau medie? Crezi că așa este și nu mai poți face nimic? Poate că ți-ai pus deja o etichetă, centrată însă în jurul lucrurilor de care te crezi tu însuți capabil.

Aici este problema.

Foarte mulți oameni aud cuvântul „capacitate" și se gândesc automat că este vorba despre o limitare. Sunt convinși că, în general, capacitatea lor a atins o limită – în special dacă au trecut de o anumită vârstă. Oamenii renunță la ideea că își pot dezvolta capacitatea sau potențialul și tot ceea ce fac este să gestioneze doar ceea ce sunt convinși că au.

O mulțime de oameni gândesc în acest fel. Activistul Roberto Verzola a observat că economiștii sunt recunoscuți pentru acest mod de gândire limitat. Mai mult, ei încearcă și să își convingă susținătorii să îl adopte. Iată ce spunea:

> Premisa fundamentală de la care se pornește în economie este lipsa – ceea ce, în realitate, nu face decât să ignore ideea de abundență. Astfel, cei mai mulți economiști nu sunt pregătiți să gestioneze abundența, drept pentru care au și foarte puține concepte care să o explice. Nu există ecuații care să o descrie. Dacă se confruntă cu ea, recurg la teorii inadecvate, bazate tot pe noțiunea de lipsă[1].

Cu alte cuvinte, definesc lumea din punct de vedere al limitărilor. Și la fel și oamenii. Este destul de restrictiv, căci lumea ar trebui definită din punct de vedere al posibilităților.

Deşi cred cu tărie că toţi oamenii pot evolua, pot să îşi schimbe capacitatea, să îşi mărească potenţialul şi să îşi dea seama că fiecare dintre noi întâmpinăm blocaje care ne afectează capacitatea. Unele sunt fixe, dar cele mai multe nu. Şi nu putem permite acestora din urmă să ne împiedice să evoluăm şi nici să ne definească potenţialul. Trebuie să vedem dincolo de ele şi să ne evaluăm exact capacitatea, astfel încât ea să poată fi mai mare.

„Viața este ca o bicicletă cu zece viteze. Mulți dintre noi avem rotițe pe care nu le folosim niciodată."

— Charles Schulz

Charles Schulz, creatorul benzilor desenate *Peanuts*, scria: „Viaţa este ca o bicicletă cu zece viteze. Cei mai mulţi dintre noi avem rotiţe pe care nu le folosim niciodată." Vrea să spună, de fapt, că oamenii au în general o capacitate pe care nu și-o accesează sau de care nici măcar nu sunt conștienţi. Însă putem schimba acest lucru.

2. Poți ajunge să fii conștient de oportunitățile care te pot ajuta să evoluezi

Este principalul subiect asupra căruia aş vrea să ne aplecăm în acest capitol. Îmi doresc foarte tare să ne concentrăm asupra conștientizării. Orice evoluţie de durată presupune conştientizare. Din nefericire, dacă nu reuşeşti să fii conştient de propria persoană, atunci nici măcar nu ştii că nu eşti conştient, ceea ce chiar reprezintă un punct slab. Nu ştii ce anume nu ştii şi nu vezi ce eşti incapabil să vezi. Este un raţionament destul de ilogic.

Călătoria mea către conştientizarea de sine a fost una destul de simplă, dar care a durat destul de mult. Totul a început din momentul în care cei din jur m-au ajutat să devin din ce în ce mai conştient. Am avut nevoie de alţii care să ştie să mă ajute să văd. Această experienţă m-a făcut să îmi doresc să fiu şi mai conştient. Am început să mă întreb ce anume trecusem cu vederea. Ce altceva nu ştiam? Eram extrem de curios dacă mă mai aştepta şi altceva pe viitor.

În acest capitol vom discuta despre procesul pe care l-am dezvoltat. Nu susţin defel că am ajuns la capăt de drum, căci încă mă mai întreb dacă nu cumva mi-a scăpat ceva. Sper însă că tot ceea ce îţi voi împărtăşi te va ajuta să conştientizezi mai bine felul în care eşti – un aspect esenţial dacă vrei să îţi atingi potenţialul maxim. Cunoaşterea de sine este o abilitate puternică. Îţi permite să te analizezi mai clar, să iei decizii în cunoştinţă de cauză şi să cântăreşti oportunităţile. Te ajută să îţi testezi limitele şi să îi înţelegi pe cei din jur sau să te asociezi cu alţii, mai puternici decât tine. Îţi permite să îţi dezvolţi punctele tari şi să le diminuezi pe cele slabe. Îţi deschide poarta către atingerea potenţialului maxim.

Iată câteva aspecte la care să te gândeşti atunci când vine vorba despre latura profesională a vieţii tale, astfel încât să devii mult mai conştient de posibilităţile pe care le ai:

Atenţie! Căutarea şi identificarea lucrurilor pe care trebuie să le ştii

În cartea mea, *Câştigă cu oamenii*, am discutat despre Principiul Lentilei, conform căruia felul în care suntem determină modul în care ne văd ceilalţi. Am pus accentul acolo pe maniera în care perspectiva pe care o avem ne influenţează felul în care vedem lumea, pe ceilalţi sau chiar viaţa. Este la fel de adevărat că felul în care suntem determină felul în care ne privim. În mod cât se poate de natural, avem tendinţa să vedem lucrurile aşa cum am făcut-o dintotdeauna. Dacă ne extindem capacitatea, trebuie să privim totul diferit. Trebuie să fim dispuşi să ne analizăm pe noi înşine şi lumea în care trăim într-o lumină nouă. Trebuie să acordăm atenţie şi să căutăm acele elemente pe care trebuie să le ştim.

Felul în care suntem noi determină felul în care îi vedem pe ceilalţi.

Conştientizarea: cum să descopăr ceea ce trebuie să ştiu

De cele mai multe ori, nu lipsa dorinţei îi împiedică pe oameni să îşi atingă capacitatea maximă, ci lipsa conştientizării. Din nefericire, ei nu ajung din întâmplare să se cunoască mai bine pe ei înşişi. Mai mult, există câţiva factori care ne împiedică să conştientizăm cu adevărat felul în care suntem:

- Scuzele şi pretextele
- Fanteziile referitoare la succes, care nu sunt deloc realiste
- Faptul că vorbim fără să îi ascultăm pe ceilalţi

- Emoții negative nerezolvate
- Elementele care ne distrag atenția în mod obișnuit
- Absența autoevaluării
- Faptul că nu suntem dispuși să plătim prețul necesar pentru a dobândi experiență

Cei mai mulți oameni care sunt conștienți de propria persoană au fost nevoiți să elimine unul sau mai mulți dintre acești factori ca să ajungă acolo unde sunt, dar și să muncească foarte mult. Trebuie să îți dorești să te descoperi. Este nevoie de disciplină să te analizezi și să reflectezi la propriile experiențe. Este nevoie de maturitate ca să îi rogi pe alții să te ajute să îți identifici punctele slabe.

Pentru a ne cunoaște cât mai bine, avem nevoie de ajutor de la cei din jur, care ne pot analiza mult mai clar decât o putem face noi. În trecut, de fiecare dată când am colaborat cu o persoană care nu era conștientă de sine, am urmat un proces care să îi ajute să descopere ce anume trebuie să știe despre ei înșiși:

- **Relația:** Am început prin a construi o relație și prin a-i spune persoanei respective că este importantă pentru mine și că vreau să o ajut. Acest lucru i-a transmis ideea de siguranță, iar mie mi-a conferit credibilitate.
- **Expunerea:** Odată ce am stabilit o relație, am încercat să o ajut să înțeleagă cât de importantă este conștientizarea propriei persoane. Partenerul meu trebuia să își dea seama că, dacă nu acordă importanță maximă conștientizării, va ajunge să se blocheze și nu va putea avansa. Însă dacă ar putea învăța să se analizeze mult mai clar și să înceapă să își evalueze capacitatea, și-ar putea atinge potențialul maxim. Imediat după aceea, încep să îi arăt ce puncte tari are, dar și care îi sunt punctele slabe, încurajând-o cât de mult pot.
- **Experiența:** Celor mai mulți oameni trebuie să li se arate calea pe care trebuie să o urmeze dacă doresc să conștientizeze într-o măsură mai mare ceea ce li se întâmplă. Am ajuns la concluzia că cea mai bună modalitate este să ajungă să fie puși în situații în care să își identifice punctele slabe, să își utilizeze atuurile, să învețe de la alți lideri și să reflecteze la propriile experiențe. Dacă

sunt liderul lor, îmi asum responsabilitatea de a le facilita toate aceste lucruri.

- **Întrebările:** Întrebările puse altor persoane te ajută să evaluezi dacă sunt pe drumul cel bun și dacă se cunosc pe sine.
- **Analiza:** Cel mai important pas în procesul de amplificare a conștientizării este analizarea rezultatelor. Dezvoltarea conștientizării de sine este un proces care necesită timp și repetiție. De fiecare dată când un mentor sau un lider discută cu o persoană și îi oferă un feedback onest și dacă acest feedback este primit așa cum trebuie, persoana respectivă avansează.
- **Repetarea:** Ultimul aspect pe care aș vrea să îl subliniez este că nu vorbim aici despre un proces izolat. Pentru a-i ajuta pe cei care nu sunt conștienți de propriul potențial, trebuie să îl discut cu ei în mod repetat. Dacă folosești acest tipar, poți ajuta o persoană să înceapă să conștientizeze cum este ea cu adevărat. Ce se întâmplă însă dacă tu însuți nu conștientizezi? Trebuie să îți găsești un mentor – un prieten de încredere, un coleg sau o rudă – care să te poată ajuta, care să te direcționeze și care să îți ofere un feedback onest tot timpul.

Discernământ: atenția acordată lucrurilor pe care trebuie să le fac

Pe măsură ce descoperi lucruri noi despre tine, este necesar să încerci să discerni și să stabilești unde anume trebuie să îți îndrepți atenția. Nu le poți face pe toate. Așa cum spune un vechi proverb: „Cine aleargă după doi iepuri, nu împușcă nici unul."

După ce ai conștientizat exact cum stai, pe ce anume vei pune accentul? Pe propriile atuuri. Poate că știi deja acest lucru. Dacă îți îndrepți atenția asupra punctelor slabe, în cel mai bun caz vei sfârși prin a fi mediocru. Nimeni nu pune preț pe așa ceva. Nici o persoană de succes nu angajează pe cineva care face o treabă satisfăcătoare. Cei care reușesc își doresc excelența. Iar excelența apare ca urmare a faptului că te-ai concentrat asupra propriilor puncte tari. Indiferent care sunt lucrurile la care te pricepi, încearcă să le faci mai bine. Este singurul drum pe care trebuie să o apuci dacă vrei să îți dezvolți capacitatea. Abia după aceea poți analiza ce capacitate au cei din jur și să vezi cum îi poți ajuta să și-o amplifice.

Intenția: acțiunea propriu-zisă

În cartea mea, „Dă sens vieţii" (*Intentional Living*), am discutat despre principala diferenţă dintre intenţiile potrivite şi faptele bune întreprinse în mod deliberat. Primele te ajută să te simţi mai bine, însă diferenţa o fac acţiunile pozitive. Cheia este acţiunea. Obţinem rezultate doar atunci când aplicăm în practică tot ceea ce am învăţat.

Pe la douăzeci şi ceva de ani, mi-am dat seama că, pentru a schimba în bine viaţa oamenilor, trebuie să iau taurul de coarne şi să fac ceva în legătură cu dezvoltarea personală. Aşa că m-am aşezat frumuşel la birou şi am scris un text pe care l-am intitulat „Omul obişnuit". Iată despre ce este vorba:

> Tristă este ziua în care omul se declară mulţumit de viaţa pe care o are, de gândurile care îi trec prin minte, de faptele pe care le face... ziua în care încetează pentru totdeauna să mai bată la porţile propriului suflet, în care renunţă la dorinţa de a întreprinde ceva măreţ, pentru Dumnezeu şi pentru umanitate.

Am scris aceste rânduri fiindcă dintotdeauna mi-am dorit să nu fiu o persoană obişnuită. Cred că nimeni nu vrea aşa ceva. Există uneori o tendinţă firească care îi împiedică pe oameni să accepte provocările legate de propria capacitate. Trebuie să luptăm cu toate forţele împotriva acestei inerţii.

Este obligatoriu să devii conştient de faptul că nu ţi-ai atins nicidecum potenţialul dacă vrei să evoluezi. Chiar dacă ai obţinut deja rezultate de excepţie şi ai avut succes, tot mai e loc de îmbunătăţiri. Îţi poţi dezvolta capacitatea. Ai în tine mult mai multe resurse decât ţi-ai imaginat. Şi, dacă eşti dispus să îl urmezi, există cu siguranţă undeva acolo un drum care să te conducă spre propriul potenţial.

3. Poți elimina obstacolele care te împiedică să îți dezvolți capacitatea

Următorul pas în vederea creşterii propriei capacităţi implică eliminarea blocajelor care te ţin pe loc. Ai citit sau ai auzit vreodată despre modul în care erau dresaţi înainte elefanţii? Puteau fi făcuţi să stea pe loc folosindu-se doar o mică frânghie care le limita mişcările. E incredibil, dat fiind că un elefant adult are aproape patru tone şi aproape trei metri înălţime. Care era secretul?

Când elefantul era foarte mic și cântărea doar câteva sute de kilograme, era legat cu un lanț de picioare, care la rândul lui era prins de un copac sau de un stâlp foarte stabil. În momentul în care animalul încerca să se miște sau să se îndepărteze și își dădea seama că nu poate rupe lanțul, se limita singur, ajungând astfel la concluzia că tot ceea ce îl restricționa - chiar și o frânghie care se putea rupe - era mult mai puternică decât în realitate.

Și oamenii se aseamănă întrucâtva cu elefanții de mai sus. De foarte multe ori credem că restricțiile cu care ne-am confruntat la începutul vieții sunt permanente. Există și situații în care am fost învățați că avem limitări care de fapt nu există, iar aceste lucruri ne împiedică să o luăm pe drumul pe care ni-l dorim atât de mult. Aceste lanțuri trebuie să fie rupte.

Conștientizarea schimbă totul. Imediat ce știm că o parte dintre „limitări" sunt unele artificiale, putem începe să le depășim, eliminându-le astfel încât să evoluăm. Vom discuta mai detaliat acest subiect pe parcursul cărții.

În cartea lor, *If It Ain't Broke... Break It!*, Robert Kriegel și Louis Patler scriau: „Habar nu avem care sunt limitele oamenilor. Nici un test, cronometru sau linie de finiș nu pot măsura potențialul uman. Atunci când cineva își urmează visul, trece dincolo de ceea ce îl limitează. Potențialul din interiorul nostru este uriaș și, în mare parte, neaccesat.[2]" Acest proces începe cu dezvoltarea conștientizării blocajelor care ne limitează.

4. Îți poți dezvolta capacitățile pe care deja le deții

Fiecare dintre noi are anumite capacități bazate pe talentele înnăscute. Unele dintre ele sunt abilități cât se poate de specifice, de exemplu cele pe care le au muzicienii, sportivii de performanță și marii artiști. Altele au un caracter mult mai general și se bazează pe seturi multiple de abilități. În cartea de față, vom identifica și vom analiza șapte dintre ele:

Capacitatea referitoare la energie - abilitatea de a-ți depăși limitele fizice
Capacitatea emoțională - abilitatea de gestionare a emoțiilor
Capacitatea de gândire - abilitatea de a raționa eficient

Capacitatea de relaţionare – abilitatea de a construi legături
Capacitatea creativă – abilitatea de a identifica opţiuni şi de a găsi răspunsuri
Capacitatea de productivitate – abilitatea de a obţine rezultate
Capacitatea de leadership – abilitatea de a-i inspira şi de a-i conduce pe ceilalţi

Te voi învăţa cum să fii mai talentat astfel încât să poţi lucra la o capacitate mai mare în fiecare dintre aceste laturi.

5. Poți face alegeri care să îți ofere mai multe posibilități

Există, de asemenea, şi alte laturi ale capacităţii care se bazează într-o măsură mai mare pe alegerile pe care le faci. Deşi este perfect adevărat că talentul este în continuare un factor important, în aceste laturi nu are un rol atât de pregnant. Aş vrea să te ajut să identifici alegerile pe care le poţi face astfel încât să îţi amplifici capacitatea:

Capacitatea de a-ţi asuma responsabilitatea – alegerea de a a-ţi lua viaţa în propriile mâini
Capacitatea de a-ţi modela caracterul – alegerile tale trebuie să aibă la bază valori pozitive
Capacitatea de a atrage abundenţa – alegerea de a nu te mulţumi cu ceea ce ai
Capacitatea de disciplinare – alegerea de a te concentra asupra prezentului şi de a-ţi duce la bun sfârşit proiectele
Capacitatea de a acţiona deliberat – alegerea de a urmări în mod intenţionat dobândirea însemnătăţii
Capacitatea de a-ţi modela atitudinea – alegerea de a avea o atitudine pozitivă, indiferent de circumstanţe
Capacitatea de a-ţi asuma riscuri – alegerea de a ieşi din zona de confort
Capacitatea spirituală – alegerea de a-ţi întări credinţa
Capacitatea de a evolua – alegerea de a te concentra asupra punctului cel mai îndepărtat în care poţi ajunge
Capacitatea de a dezvolta parteneriate – alegerea de a colabora cu cei din jur

Elanul nu apare în urma unei singure încercări, ci este rezultatul străduinței continue.

Te voi învăța cum să ai o capacitate mai mare și în aceste laturi. Iar în momentul în care îți vei dezvolta capacitatea și vei face alegerile potrivite, vei începe să ai și mai mult elan astfel încât să ajungi să îți atingi potențialul maxim. Elanul nu apare în urma unei singure încercări, ci este rezultatul străduinței continue.

Cât de departe poți ajunge?

Am auzit de curând o întâmplare povestită de Jesse Itzler, care ilustrează limitările pe care mulți dintre noi ni le impunem singuri. Itzler și-a început cariera în industria muzicală ca rapper, a devenit antreprenor – fiind unul dintre cofondatorii Marquis Jet, iar ulterior unul dintre proprietarii Atlanta Hawks. O persoană cu realizări notabile, lui Itzler îi place să participe și la cursele de anduranță.

Itzler povestește că a participat la un moment dat la o cursă epuizantă, el făcând parte dintr-o echipă de ștafetă, cursă la care participa și un alergător pe cont propriu. Ulterior, a aflat că bărbatul fusese înscris în trupele de Marină. Itzler s-a împrietenit într-un final cu el, ajungând chiar să își petreacă timpul împreună, alături de familiile lor. De asemenea, își dorea foarte tare ca bărbatul să îl antreneze. Acesta a acceptat – atâta vreme cât Itzler promitea să facă *tot* ceea ce îi spunea și nu îi folosea numele real.

În cartea sa, *Living with a SEAL*, Itzler descrie modul în care, în ziua respectivă, SEAL (așa cum l-a numit în carte) și-a făcut apariția în apartamentul său din Manhattan exact la ora stabilită. Era îmbrăcat în șort și tricou și purta încălțăminte specială pentru alergat. Era în toiul iernii, dar părea să nu îl intereseze.

Timp de 31 de zile, SEAL l-a presat încontinuu, atât din punct de vedere fizic, cât și mental. Se antrenau de două, trei sau chiar de patru ori pe zi. Uneori se trezeau înainte de răsăritul soarelui și alergau în Central Park. Alteori, SEAL îl punea pe Jesse să se antreneze din greu, câte o oră întreagă, la birou, la mijlocul zilei. Alergau kilometri întregi prin zăpadă și gheață, în toiul nopții. Făceau sute de abdomene și genuflexiuni. Ajungeau în apropierea unui lac înghețat, făceau o copcă, se băgau în apa rece și apoi alergau înapoi spre adăpost, înainte să se instaleze hipotermia. „Dacă vrei să îți atingi limitele", i-a explicat SEAL, „trebuie să te antrenezi până ajungi la ele.[3]"

„Dacă vrei să îți atingi limitele, trebuie să te antrenezi până ajungi la ele."
— SEAL

De-a lungul acelor luni în care au lucrat împreună, Itzler nu a aflat mare lucru despre mentorul său. O mare parte din povestea lui a rămas învăluită în mister. I-a mărturisit că adeseori alegea să nu mănânce nimic: „Îmi place să mă culc nemâncat... astfel încât să îmi fie foame când mă scol. Viața înseamnă să ieși permanent din zona ta de confort.[4]" Sau adormea afară, la temperaturi cu minus, îmbrăcat doar în pantaloni și într-un tricou subțire. „Dacă nu te provoci pe tine, nici nu ajungi să te cunoști.[5]" Însă cea mai importantă lecție pe care Jesse a învățat-o a fost atunci când SEAL i-a povestit despre una dintre cursele la care a alergat. Itzler scrie:

> Am aflat că SEAL a participat la un moment dat la o cursă la care puteai alerga fie 24 de ore, fie 48 de ore. Șoc! S-a înscris la cea de 48 de ore. Cam în cea de-a 23-a oră, când se apropia de pragul de 130 de mile, a făcut o întindere musculară (la unul dintre cvadricepși). În momentul acela, i-a întrebat pe organizatori dacă l-ar putea transfera la cursa de 24 de ore. Când i s-a spus că nu, a cerut o fașă și și-a legat strâns coapsa. Astfel, pentru a alerga toate cele 48 de ore, a mers aproape șchiopătând tot parcursul care îi mai rămăsese.

Evaluarea făcută de SEAL a fost extrem de convingătoare: „Când crezi că ai terminat, te afli de fapt la 40% din lucrurile de care este capabil organismul tău. Acestea sunt limitele pe care ni le impunem.[6]"

Când antrenamentele celor doi s-au apropiat de sfârșit, Jesse s-a gândit la tot ceea ce învățase și la maniera în care se schimbase:

> În prima zi, SEAL mi-a zis că trebuie să îmi controlez mintea. Am crezut că era doar un fel de a spune sau o vorbă aruncată la întâmplare, dar era cât se poate de adevărată. Mintea

noastră ne spune uneori mici minciuni, iar noi le credem. Suntem convinși că nu putem face anumite lucruri. Nu e adevărat... M-am uitat la SEAL, care își dorea pur și simplu ca a doua zi să fie mai bun. Acum și eu îmi doresc același lucru[7].

Pentru Jesse a fost un obiectiv corect. Și pentru mine la fel. Și ar trebui să fie și pentru tine. Poate că, în timp ce pornești pe acest drum, ar fi bine să îți spui că acum funcționezi doar la 40% din capacitate. Ce anume s-ar întâmpla dacă capacitatea ta ar fi cu 60% mai mare decât ți-ai imaginat? Este posibil să nu fi lucrat în Marina americană, dar cu siguranță ai în tine potențial nedescoperit. Dacă nu e vorba despre un procent de 60%? Dacă e doar 40%, sau 25%, sau chiar 10%? Viața ți s-ar schimba oare? Convingerea că mai ai multe de arătat poate fi primul pas dacă vrei să lucrezi la o capacitate mai mare, dar și să ai o viață în care să nu îți impui limite.

Ce anume te trage înapoi?

Ești pregătit să îți asumi provocarea legată de capacitate? Pun pariu că îți dorești să realizezi mai multe. Și probabil că îți place ideea de a-ți amplifica potențialul. Mai ai însă și acum îndoieli? Poate că te va ajuta să îți evaluezi capacitatea astfel încât să știi exact în ce situație te afli. În acest caz, te încurajez să faci chiar acum o pauză și să îți faci testul de pe site-ul www.CapacityQuiz.com. Ultimele paragrafe din acest capitol mai pot aștepta, dar capacitatea ta nu.

Menținerea status quo-ului este mai simplă decât acceptarea provocării referitoare la propria capacitate. Dacă vrei neapărat, îți poți găsi o mulțime de motive ca să *nu* te străduiești să îți atingi potențialul maxim. Însă acest lucru nu ar trebui să te oprească.

Când eram mic, am auzit de la rudele mele din partea mamei povești despre Henry Ford. Unchii mamei mele îl cunoșteau destul de bine. Prin 1890, Ford a început să construiască primul său vehicul, fabricat din componente de bicicletă și un motor cu combustie. A lucrat la el într-un magazin din spatele casei în care stătea cu chirie, în care locuia alături de soție. Credea foarte tare în ideea de a ajuta oamenii să călătorească mai repede. Evident, avea și o mulțime de opozanți, care nu aveau încredere în șansele lui de reușită. Alții îl sfătuiau să renunțe, spunându-i că nu existau suficiente drumuri pe care să poată circula un autovehicul care merge cu combustibil. Însă Ford era de neoprit.

În 1896, Ford şi-a dus la bun sfârşit proiectul. Şi-a numit proiectul Quadriciclu. Cu toate acestea, nu şi-a calculat totul perfect. Era prea mare ca să iasă pe uşa magazinului. Aşadar, cum a procedat? A spart puţin din zidul de cărămidă ca să poată încăpea, tocmai fiindcă nu a permis ca lipsa de capacitate a uşii să îi limiteze propria capacitate.

În 1903, a înfiinţat Ford Motor Company. Faptul că el credea foarte tare în capacitatea nelimitată pe care o avea l-a ajutat să dezvolte o fabrică de maşini dintr-un proces lent, costisitor, meticulos şi care presupunea foarte mult lucru manual într-unul rapid, eficient şi automatizat, care le-a permis oamenilor să aibă şi să folosească pe scară largă automobilul. Trei ani mai târziu, produsese peste 15 milioane de maşini.

Să încerci să îţi construieşti viaţa fără să elimini ceea ce te limitează şi fără să îţi amplifici capacitatea este ca şi cum ai construi o maşină într-un mic garaj, fără să fi dispus apoi să spargi zidul ca să o scoţi afară. Dacă este ţinută în mod deliberat blocată, nu ajungi niciunde. Îndepărtează ceea ce te limitează, căci lumea ţi se deschide dintr-odată în faţă.

Întrebări referitoare la conştientizarea capacităţii

1. Referitor la care dintre abilităţile şi alegerile enumerate în acest capitol ţi-ai dori să ai o capacitate mai mare şi să îţi atingi potenţialul maxim?
2. Cum s-ar schimba viaţa ta dacă ai lucra la o capacitate mai mare în aceste laturi? Descrie cum ar fi şi cum te-ai simţi.
3. Care este strategia prin care ţi-ai propus să conştientizezi într-o măsură mai mare ceea ce ţi se întâmplă? La cine ai apela să te ajute să înveţi, să schimbi ceva şi să evoluezi?

2

Elimină blocajele care te limitează

Acum câţiva ani, l-am cunoscut pe Nick Vujicic, un bărbat extraordinar, pe care l-am întâlnit la unul dintre evenimentele organizate de John Maxwell Team, la care instruiam şi certificam traineri şi speakeri. Paul Martinelli, preşedintele organizaţiei mele, l-a invitat pe Nick să vorbească în faţa participanţilor.

Nick este o persoană care inspiră. Are o atitudine fantastică, un extraordinar simţ al umorului şi un suflet cald şi iubitor. Deşi abia trecuse de treizeci de ani, scrisese şi publicase deja cinci cărţi, jucase în două filme, apăruse într-un videoclip, fusese invitat în emisiunea lui Oprah şi vorbise în faţa a sute de milioane de oameni din întreaga lume, umplând adesea stadioane întregi.

Nu ţi se pare impresionant? Ce-ai zice însă dacă ai şti că Nick nu are nici mâini, nici picioare?

Nick s-a născut fără membre, iar în copilărie i-a fost foarte greu. Era permanent hărţuit. Se simţea singur şi, la vârsta de opt ani, îi trecuse prin minte chiar să se sinucidă. A perseverat însă. Era credincios, îşi iubea foarte mult părinţii şi îşi dorea să schimbe lumea în bine. Nu şi-a permis niciodată să fie definit de propriile limite. A profitat la maximum de tot ceea ce avea. În cartea sa, *Life without limits*, Nick scria:

> Helen Keller, care, pe când era copil, şi-a pierdut atât văzul, cât şi auzul şi care a devenit un renumit activist şi autor, spunea că nu ai nici o siguranţă în viaţă. „Nu există vreodată ceva sigur... viaţa este fie o aventură îndrăzneaţă, fie nimic." Aşadar, riscul nu este doar o parte inerentă a vieţii, ci *viaţa* însăşi. Locul

dintre zona de confort în care te afli și visul tău este cel în care se petrece viața în sine. Este un loc plin de anxietate, dar aici descoperi cine anume ești. Karl Wallenda, patriarhul legendarei trupe de acrobații pe sârmă, a formulat cât se poate de bine ideea: „Când mergi pe frânghie, trăiești cu adevărat; orice altceva trebuie să aștepte.[1]"

„Locul dintre zona de confort în care te afli și visul tău este cel în care se petrece viața în sine."
– Nick Vujicic

Nick era convins că obiectivul său era acela de a vorbi în fața publicului și de a deveni speaker motivațional, deși nu avea nici un fel de experiență sau de resurse și nici nu primea vreodată asemenea invitații. Așadar, a început să trimită scrisori către diferite școli, oferindu-se să vorbească despre hărțuire, despre ce înseamnă să visezi la scară mare și să nu renunți niciodată. A primit cincizeci și două de mesaje în care era refuzat. La cea de-a cincizeci și treia încercare, directorul școlii a acceptat și s-a oferit să îi plătească cincizeci de dolari. Nick era în extaz. Imediat după aceea, și-a dat seama că i-ar fi luat două ore și jumătate doar ca să ajungă la școala respectivă. Ferm hotărât să rezolve problema, Nick i-a oferit banii fratelui său, Aaron, ca să îl ducă cu mașina până acolo. Într-un final, a vorbit timp de cinci minute, în fața celor zece elevi care se aflau în sală. Cinci ore de drum dus-întors pentru cinci minute. Se simțea puțin cam ridicol.

Însă în săptămâna următoare, telefonul a început să sune. O mulțime de școli îl rugau să își împărtășească povestea. Iar cererile au început să crească. În prezent, la un deceniu distanță, Nick primește peste 35.000 de cereri pe an.

Nick îi sfătuiește pe cei care îl ascultă să viseze la scară și să fie uneori și puțin ridicoli: „Dacă mă luam după ce crede lumea că ar trebui să fiu, doar fiindcă arăt ciudat... ei bine, nu ar fi trebuit să am o viață productivă și nici simțul umorului. Evident, nici să iubesc viața. Lucrăm cu stereotipii. Așa că... dacă lumea crede că nu ești suficient de bun, atunci să știi că e o minciună. Mai întreabă și pe altcineva și solicită o a doua opinie.[2]"

Recunoaşte-ţi valoarea şi extinde-ţi capacitatea

Îmi doresc să fiu eu persoana care îţi oferă a doua opinie: eşti cu adevărat valoros. Ai un potenţial extraordinar. Nu numai că eşti suficient de bun, dar ai şi abilitatea de a ajunge să fii şi mai bun şi să dobândeşti însemnătatea. O să-l citez acum pe Nick, care spunea: „Dacă Dumnezeu poate folosi un om fără mâini şi picioare să fie mâinile şi picioarele Lui, atunci va folosi cu siguranţă şi orice suflet binevoitor."

Catherine B. Ahles, profesor de PR şi vicepreşedinte pe probleme de relaţii publice la Colegiul Comunitar Macomb, observa: „Între 20 şi 30 de ani, ne petrecem timpul descoperind sutele de feluri în care putem fi. Însă pe măsură ce ne maturizăm şi ajungem la 30 de ani, începem să descoperim tot ceea ce nu vom fi vreodată. Pe măsură ce ne îndreptăm spre 40 de ani şi după aceea, provocarea este să ştim exact ce capacitate avem şi să ne recunoaştem limitele – dar şi să ne transformăm în cea mai bună versiune a noastră." Îl consider un sfat extrem de valoros, însă cred că nu suntem neapărat limitaţi de vârste. Poţi trage nişte concluzii şi înainte de 20 de ani. Iar dacă ai trecut de 50, nu înseamnă că nu îţi mai poţi extinde capacitatea. Aşa cum am menţionat în ultimul capitol, acest lucru începe cu dezvoltarea conştientizării de sine. Important este să identifici blocajele din viaţa ta şi să îţi dai seama pe care le poţi elimina şi pe care nu.

Factori pe care nu îi poţi controla

Sunt convins că poţi avea o viaţă fără limite, că poţi ajunge mai departe decât ţi-ai imaginat şi că poţi avea realizări mult mai mari decât ţi-ai închipuit vreodată. Asta nu înseamnă însă că nu eşti constrâns de anumite limitări. Fiecare dintre noi suntem. Unele nu pot fi îndepărtate. În copilărie, Nick se ruga la Dumnezeu să îi crească şi lui mâini şi picioare. Evident, acest lucru nu s-a întâmplat, aşa că a fost nevoit să ţină seama de această limitare şi să înveţe să trăiască cu ea. Însă nu i-a permis să îl obstrucţioneze. Gândeşte-te la limitările şi condiţionările cu care te confrunţi şi pe care trebuie să le identifici şi să le accepţi:

Limitări legate de naştere

Nu ai nici un fel de control asupra propriei naşteri, nici nu te poţi întoarce înapoi în timp să schimbi ceva. Cu unele lucruri trebuie pur şi simplu să te împaci:

- **Locul naşterii:** Este posibil să îţi placă sau nu locul în care te-ai născut. Nu contează, căci nu ai cum să îl schimbi.
- **Anul naşterii:** Aud oameni care spun că s-au născut în perioada greşită. Le-ar fi plăcut să se nască în Evul Mediu sau în Vestul sălbatic. Este posibil să simtă că nu e locul lor acolo unde se află, dar nu este aşa. Ai auzit vreodată spunându-se: „Te poţi afla doar acolo unde eşti?" Ei bine, exişti doar în acest moment, de acum. Te-ai născut exact acolo unde trebuia. Şi, din punctul meu de vedere, mă bucur că m-am născut acolo unde trebuia. Nu sunt sigur cum aş fi supravieţuit dacă m-aş fi născut în perioada în care a fost descoperită America şi în care aici s-au instalat primii europeni.
- **Familia în care te-ai născut:** Nu îţi alegi nici părinţii, nici al câtelea născut eşti în familie, nici surorile, nici fraţii. Buni sau răi, trebuie să trăieşti cu ei şi să profiţi de tot ceea se poate.
- **Trăsăturile înnăscute:** Nu îţi poţi schimba structura genetică, rasa, structura osoasă şi nici înălţimea. Ai vrea să joci baschet, dar eşti foarte scund? Alege alt sport! Trebuie să înveţi să te adaptezi.

De fiecare dată când te simţi descurajat, gândeşte-te la Nick. Are doar un metru înălţime şi un singur picior, foarte mic, cu două degete, însă înoată, se duce la pescuit, pictează şi tastează 45 de cuvinte pe minut.

Limitările pe care ni le aduce viața

Nu putem controla sub nici o formă felul în care venim pe lume, însă mai există o mulţime de alte lucruri care ni se întâmplă în viaţă şi asupra cărora nu putem interveni. Avem accidente sau ne îmbolnăvim. Pierdem fiinţe dragi. Descoperim că nu avem talentul sau abilitatea de a ne duce visul la îndeplinire. Toate acestea intră în categoria limitărilor inerente.

Tatăl meu a fost profund afectat de moartea mamei sale, pe când el avea doar şase ani. Cred că a fost permanent conştient de tot ceea ce ratase. Se vedea acest lucru în felul în care o trata pe mama şi cum voia să ne purtăm cu ea. De exemplu, când am mai crescut, una dintre sarcinile noastre era să spălăm vasele. Dacă mai comentam, tata ne spunea: „Mie mi-ar fi plăcut să spăl vasele ca să îmi ajut mama."

Este dureros să îţi pierzi mama. Eu mi-am pierdut-o când împlinisem 60 de ani şi încă îmi mai lipseşte. Fiecare dintre noi avem asemenea poveşti de viaţă – unele mai mărunte, alte care ne marchează într-o măsură mai mare. Cu toţii avem micile noastre necazuri.

O parte din procesul îndeplinirii unui obiectiv este să fii conștient de lucrurile care te limitează, dar pe care nu le poți schimba, astfel încât să îți poți îndrepta atenția către cele care te pot ajuta să îți extinzi capacitatea.

Se spune că Mark Twain a afirmat că cele mai importante zile din viaţa unui om sunt ziua în care s-a născut şi ziua în care a descoperit de ce. O parte din procesul îndeplinirii unui obiectiv este să fii conştient de lucrurile care te limitează, dar pe care nu le poţi schimba, astfel încât să îţi poţi îndrepta atenţia către cele care te pot ajuta să îţi extinzi capacitatea.

Limitări pe care le poți elimina

Nick Vujicic spunea: „Cred că cea mai mare tentaţie este să te simţi confortabil, să simţi că ai trecut aici, pe Pământ, prin tot ce se putea şi eşti mulţumit de viaţă.[3]" Sunt de părere că aceasta este problema pentru mult prea mulţi oameni care nu sunt atât de productivi, realizaţi şi împliniţi precum şi-ar dori. Se înşală crezând că au depăşit anumite probleme, că şi-au atins potenţialul maxim şi că nu mai există nici un munte pe care să îl urce. Aşa că se instalează într-un loc călduţ. Şi ajung să se simtă confortabil.

Aş vrea să subliniez încă o dată: nu ţi-ai atins nici pe departe capacitatea. Nu ai apucat nicidecum să te apropii de limitele pe care le ai. Acest lucru este valabil şi pentru mine. Mai am puţin şi împlinesc 70 de ani şi pe ultimii 45 i-am dedicat dezvoltării personale, dar şi acum sunt uimit câte lucruri noi mai pot să fac. Nu am încetat să evoluez, iar dacă eşti dispus să înţelegi că ai în continuare capacităţi nedescoperite, poţi avea foarte mult de câştigat. Pentru început, trebuie să te străduieşti să elimini două dintre principalele blocaje şi limitări cu care te confrunţi.

Limitări impuse de cei din jur

Prima categorie de limitări este reprezentată de cele pe care ni le impun semenii. Povestea care ilustrează cel mai bine acest lucru o găsim în Vechiul Testament. Dumnezeu i-a spus profetului Samuel că trebuie să meargă la Bethleem şi să îl numească pe unul dintre fiii lui Iesei următorul rege al Israelului.

Când a ajuns acolo, Samuel l-a rugat pe Iesei să îi aducă pe fiii lui, fiindcă unul dintre ei va fi rege. Îmi şi imaginez cât de încântaţi erau Iesei şi soţia lui, gândindu-se care dintre ei avea să conducă. La apariţia lor, Samuel l-a văzut pe cel mai mare, Eliab, şi s-a gândit că arată într-adevăr ca un rege. Însă nu pe Eliab îl voia Dumnezeu. Şi nici pe al doilea. Şi nici pe următorul. Samuel i-a privit cu atenţie pe toţi cei şapte fii şi a întrebat: „Aceştia sunt toţi?"

De fapt, Iesei mai avea un fiu, pe David. Nu considerase însă că are stofă de rege, aşa că nici măcar nu îl chemase acolo. Se gândise la toţi fiii lui, *mai puţin* la David, fiindcă nu credea că e potrivit. Au trimis repede pe cineva la păşune, unde David se dusese cu oile, şi au aşteptat să ajungă. Băiatul şi-a făcut apariţia, murdar, urât mirositor şi cu respiraţia întretăiată, fără să arate deloc ca un rege. Cine ştie, poate că lui David i se spusese că Samuel vine în ziua aceea, dar că el nu este binevenit. Cu toate acestea, el era cel pe care îl voia Dumnezeu. Nimeni nu văzuse potenţialul lui David, doar Dumnezeu.

David avea o capacitate mult mai mare decât credeau ceilalţi. Se întâmplase de nenumărate ori să nu îl ia nimeni în seamă. Fraţii mai mari erau convinşi nu numai de faptul că nu e potrivit să fie rege, dar nici măcar un simplu soldat. În ziua în care Iesei l-a trimis pe David pe câmpul de luptă cu provizii pentru fraţii săi, Goliat începuse să ia în râs armata Israelului, cerându-le tuturor să îi trimită pe cineva cu care să se lupte.

David s-a înfuriat din cauza lipsei de respect a lui Goliat faţă de Dumnezeu, însă când a început să întrebe ce anume ar trebui să facă cel care îl va înfrunta pe uriaş, fratele mai mare al lui David a început să îl ia în zeflemea: „Tu de ce-ai venit aici? E treabă de bărbaţi." David era însă de neclintit.

În clipa în care regele Saul a auzit în sfârșit că cineva e dispus să lupte cu uriașul, a trimis după David. S-a uitat însă la el, convins că nu are stofă de campion. A încercat să îl convingă să renunţe. Văzând că nu reușește, a încercat să îi pună armura. Însă aceasta era croită pentru o persoană înaltă și corpolentă și nu i se potrivea mărunţelului păstor. David și-a scos armura și a apărut în faţa lui Goliat în hainele lui obișnuite, înarmat doar cu o praștie și câteva pietre. Goliat l-a privit scurt și a tras rapid concluzia că nu are de-a face cu vreun erou. Însă pentru David nu a contat, căci l-a pus pe uriaș la pământ.

Așadar, David a devenit rege. A reunit toate triburile evreiești într-o singură naţie, cea a Israelului, a cucerit teritoriile inamice și la final l-a numit ca succesor pe fiul său, Solomon, considerat cel mai înţelept rege din toate timpurile.

Este povestea dramatică a unui mare lider, cărora alţii i-au impus limitări. Fiecare dintre noi trecem prin asta. Îmi aduc și acum aminte de o întâmplare petrecută în clasa a cincea. Îmi doream foarte mult să cânt la trompetă, așa că părinţii mi-au închiriat una. Eram extrem de încântat în timp ce mă duceam spre profesoara de muzică, pentru prima mea lecţie. Aceasta s-a uitat însă la gura mea și a spus: „Nu are forma corectă pentru a cânta la trompetă. Nu vei reuși niciodată." Așadar, i-a sfătuit pe părinţii mei să mă dea mai bine la clarinet. Însă eu nu îmi doream să cânt la clarinet, ci la trompetă. Ghici ce? Aceștia au dat la schimb trompeta și mi-au luat un clarinet. M-am întrebat mereu ce s-ar fi întâmplat dacă aș fi avut șansa să cânt la trompetă. Cred că mi-ar fi plăcut foarte mult.

În prezent, nu sunt dispus să capitulez în faţa altora. Nu vreau să le permit să mă limiteze și să îmi definească ei potenţialul. Am luptat prea mult ca să ajung unde sunt pentru a-i lăsa pe alţii să mă controleze.

Am luptat prea mult să ajung unde sunt ca să îi las pe alţii să mă controleze.

Cei din jur te împovărează cu limitări. De unele dintre ele nici măcar nu ești conștient. Însă nu trebuie să permiţi niciodată ca lipsa lor de încredere să te definească. Fii deschis la posibilităţile pe care le ai în tine! Pe parcursul capitolului de față, vom discuta despre modul în care poți elimina aceste blocaje.

Limitări pe care ți le stabilești singur

Poate că blocajele care ne limitează cel mai mult sunt cele pe care ni le impunem singuri. Michele Rosenthal - autor, speaker și coach - povestește o întâmplare petrecută în școala primară, care a făcut-o să ajungă la o concluzie cu care se luptă și astăzi:

> În clasa a patra, am fost cooptată într-un grup de elevi avansați la matematică, alături de alți patru colegi... Mă simțeam foarte bine că fac parte din acest grup; când venea vorba despre matematică, eram calmă, încrezătoare și competentă.
>
> La un moment dat, profesorul ne-a dat un test: 12 probleme cu adunare (ecuații simple cu patru numere fiecare), pe care să le rezolvăm în șase minute. „Sunt foarte simple“, a explicat profesorul. „Dacă nu le puteți rezolva corect pe toate 12, atunci pur și simplu nu vă duce capul.“ Să nu ne ducă capul? Nu era cazul meu. Mi-am propus să răspund corect la toate. Era primul nostru test cronometrat și am descoperit rapid că nu știam să apreciez cât îmi va lua rezolvarea fiecărei probleme. Am încercat să fac adunările cât am putut de repede, însă nici un moment nu am avut sentimentul că sumele obținute sunt corecte. Am început să intru în panică. Creierul îmi paralizase. Cifrele îmi dădeau amețeli. În clipa în care profesorul ne-a zis să lăsăm pixul jos, am scris numerele potrivite în dreptul fiecărei probleme, însă știam că sunt toate greșite.
>
> A doua zi, ne-a adus lucrarea înapoi. În partea de sus a testului meu, scria mare cu roșu: „12“ - un eșec total. M-am dus acasă și am plâns toată ziua.
>
> Dacă mă uit în urmă, pot spune că aceea a fost ziua când mi-am format convingerea că nu am nici o legătură cu matematica[4].

Cu toții ne stabilim singuri limitări. Însă nu trebuie să ținem cu dinții de ele și nici să permitem să fim limitați pentru totdeauna de ele. Iată câteva dintre limitările și condiționările pe care mi le-am impus singur:

Căutarea aprobării din partea celor din jur

La începutul carierei, încercam să îi mulţumesc pe toţi. Voiam să mă placă toată lumea şi nu-mi doream deloc să fac valuri. Nu este cea mai potrivită mentalitate dacă vrei să fii lider. Trebuia să învăţ cum să renunţ la acest obicei şi să fiu dispus să fac ceea ce trebuie sau ce era mai bine pentru organizaţia mea, chiar dacă oamenii erau nefericiţi sau dacă primeam critici. Mi-a luat câţiva ani să rezolv această problemă, însă am reuşit. De fiecare dată când prima tendinţă era să îi mulţumesc pe oameni, mă gândeam imediat la viziunea pe care o aveam pentru organizaţie, iar acest lucru mă ajuta să iau decizii mai bune.

Ce înseamnă să trăieşti într-un mediu care te limitează

Foarte mulţi oameni acceptă pur şi simplu mediul în care s-au născut. Au sentimentul că e normal şi încep să creadă că nu au alte opţiuni în viaţă. Într-o asemenea situaţie, îşi impun singuri aceste limitări. De exemplu, eu am crescut într-un orăşel în care exista o atitudine foarte conservatoare şi în care leadershipul nu era foarte apreciat şi nici predat. Toată lumea credea că dacă munceşti din greu şi eşti o persoană bună, e suficient. Eu personal nu am fost de acord. Îmi doream să îmi pun amprenta asupra lumii, iar când am început să citesc mai multe despre tot ce înseamnă să fii lider, mi-am dat seama că trebuie să plec de acolo dacă îmi doresc să evoluez, să învăţ şi să îmi extind potenţialul. Pe la treizeci şi ceva de ani, asta am şi făcut. Am renunţat la limitări. Dacă nu aş fi procedat aşa, nu aş fi schimbat nimic şi ar fi trebuit să trăiesc cu această alegere.

Stabilirea unor modele de succes la scară mică

Am început să îmi planific cariera de pastor de la vârsta de 17 ani. În ultimul an de colegiu, când mai aveam doar puţin de studiat, mi-am notat pe ceva obiectivele profesionale, la cursul de administraţie şi management. Îmi amintesc că am scris că îmi doresc să conduc la un moment dat o biserică cu cinci sute de enoriaşi. Pentru mine era un ţel îndrăzneţ, fiindcă o asemenea biserică era printre cele mai mari pe care le văzusem sau despre care auzisem vreodată.

Cam la doi ani după terminarea facultăţii, mi-a picat în mână o carte scrisă de Elmer Towns, intitulată *The Ten Largest Sunday Schools and What Makes Them Grow* („Cele mai importante zece școli din cadrul bisericilor și modul lor de dezvoltare“). După primul capitol, m-am gândit: „Ia stai puțin. Biserica aceasta are peste cinci sute de enoriași.“ Nici măcar nu știam că există așa ceva. Același lucru s-a întâmplat și cu următoarea biserică despre care am citit. De fapt, toate cele zece descrise în carte aveau mai mulți credincioși care veneau la slujbă. Încet-încet, cartea a început să îmi schimbe modul de gândire. Deodată, îmi apăruseră modele de dezvoltare dincolo de tot ceea ce văzusem până atunci.

Aceea a fost ziua în care limitarea mea a început să își piardă din forță. Prin urmare, am încercat să ajung să stau de vorbă cu liderii celor zece biserici descrise de Elmer Towns. Limitarea mea începea să dispară, iar mentalitatea și așteptările s-au modificat - atât în ceea ce mă privea pe mine personal, cât și stilul meu de leadership sau impactul pe care îmi doream să îl am.

Procesul de eliminare a limitărilor referitoare la leadership

Sunt de părere că aceasta este maniera în care dispar multe limitări autoimpuse, adică nicidecum peste noapte. Aflăm idei noi și cunoaștem oameni de succes, iar limitările și condiționările încep să cedeze. Și când slăbesc suficient, ajung să dispară.

Dacă privesc în urmă și mă gândesc prin ce am trecut până am reușit să elimin toate blocajele referitoare la leadership, îți pot descrie următorul proces:

- **Expunere** - în 1973, am citit cartea lui Elmer Towns, *Ten Largest Sunday Schools*. Toate lăcașurile de cult enumerate acolo aveau peste 500 de enoriași, așa că mi-am dat seama că e posibil să conduci o biserică chiar și mai mare de-atât.
- **Exemple** - în 1974, am discutat cu doi dintre cei zece pastori despre care se vorbea în carte. Aceștia mi-au spus că aș putea avea succes. Am început să cred și eu acest lucru.
- **Expresie** - în 1975 am citit cartea *See You at the Top*, a lui Zig Ziglar. Acest lucru m-a făcut să îmi dau seama că trebuie să fac ceva în mod deliberat dacă vreau să îmi ating potențialul.

- **Experiment** - am demarat un program în cadrul bisericii, achiziţionând autobuze care să ia oamenii de-acasă și să îi aducă la slujbă. L-am „botezat" pe fiecare după fiecare dintre cărţile Bibliei, începând cu Geneza. Ajunsesem să am opt autobuze - asta înainte de criza de combustibil, în urma căreia nu au mai fost foarte practice. Dărâmasem însă niște bariere.
- **Experienţă** - în 1975, biserica mea avea cea mai importantă școală de duminică din statul Ohio.
- **Momentul de revelaţie** - în 1976, la o conferinţă din Chattanooga, l-am auzit pe Lee Roberson, fondatorul Universităţii Tennessee Temple, spunând: „Totul evoluează sau se prăbușește odată cu leadershipul". Atunci am înţeles pentru prima dată în viaţa mea importanţa leadershipului.

Care sunt limitările pe care trebuie să începi treptat să le elimini astfel încât să îţi extinzi capacitatea? Ești limitat de faptul că te complaci în anumite situaţii?

„Nu te poți simți confortabil în propria piele dacă nu te accepți ca persoană."
– MarkTwain

C.S. Lewis consideră că mulţumirea de sine este cel mai important inamic al fiinţei umane. Nu îţi place de tine? Mark Twain spunea că nu te simţi confortabil în propria piele dacă nu te accepţi ca persoană. Care sunt limitările care te trag înapoi? Trebuie să le identifici și să începi să renunţi la ele. (Dacă ai nevoie de ajutor în acest sens, poţi accesa site-ul www.CapacityQuiz.com și să îţi faci o evaluare gratuită.)

Eu cred în tine

Mi-aș dori să fiu eu cel care te ajută să scapi de limitări, fiindcă vreau să faci lucruri pline de însemnătate și să ai succes. Aș vrea să te ajut să îţi atingi potenţialul și să îţi îndeplinești visul. Rolul de persoană care te scapă de condiţionări este cel mai important pe care pot spera să îl am în viaţa unei persoane. Ajutorul oferit pornește de la încrederea pe care o am în tine. Poate că te gândești că nici măcar nu te cunosc. E-adevărat... Mi-ar plăcea să o fac, dar nu îţi știu povestea.

Știu însă că orice ființă umană are un potențial uriaș, ceea ce înseamnă că este valabil și pentru tine. Poți face față provocărilor. Este posibil ca cei din jur să nu creadă în tine. Există riscul să fi avut o viață dură. Toate aceste lucruri nu elimină din ecuație ceea ce poți face sau ce poți deveni. Așa cum spunea prietenul meu, Nick Vujicic: „Nu-ți pune viața de zi cu zi pe așteptare astfel încât să încerci să gestionezi sau să repari nedreptățile și rănile din trecut."

„Nu-ți pune viața de zi cu zi pe așteptare astfel încât să încerci să gestionezi sau să repari nedreptățile și rănile din trecut."
– Nick Vujicic

Există și persoane sau companii care încearcă să te păcălească. Nu vreau să te conving să acționezi cu încredere în situațiile în care habar nu ai de ceea ce faci. Nu poți păcăli succesul, dar poți fi ajutat să ai succes. Poți fi învățat cum să evoluezi. Cei din jur îți pot arăta cum să câștigi lupta cu tine însuți astfel încât să dobândești victorii peste victorii. Principiul care ne spune că „dacă vei crede suficient de mult într-un lucru, îl poți obține" nu e adevărat, ci aș prefera să reformulăm: „Dacă poți realiza un lucru, atunci poți crede în el", fiindcă doar așa vei avea realmente încredere în propriile forțe. La începutul carierei, oamenii au crezut în mine, uneori chiar mai mult decât o făceam eu. Și și-au exprimat încrederea prin oportunitățile pe care mi le-au oferit. Se spune că e minunat ca oamenii să creadă în liderul lor. Însă este și mai bine când liderul crede în oamenii săi. Iar și mai bine este când oamenii cred în ei înșiși.

Oamenii pe care i-am avut în preajmă au crezut în mine, iar acest lucru mi-a dat încredere în propria capacitate.

Pe tot parcursul copilăriei și adolescenței, mama și tata mi-au spus în fiecare zi cât de mult cred în mine.

În perioada liceului, antrenorul Neff credea în mine. La fiecare joc de baschet, în ultima repriză, îmi spunea: „John, uită-te la mine. E momentul tău. Mă bazez pe tine."

La douăzeci și ceva de ani, Leonard Fitts, primul meu supervizor din cariera mea de pastor, a fost cel care a văzut pentru întâia dată că am potențial de lider. Iar Bob Klein, un alt lider, mi-a spus: „Mă rog pentru tine în fiecare zi, fiindcă cred că ai cel mai mare potențial din cadrul organizației noastre."

Când m-am mutat în California pe la 30 de ani, Chuck Swindoll, cel mai cunoscut dintre pastori, m-a prezentat și altor confrați la o conferinţă, spunându-le că rolul meu este să îi ajut pe ceilalţi, spre mulţumirea lui Dumnezeu. Nici în ziua de azi nu-mi dau seama cum de ştia Chuck cine sunt şi de ce credea în mine.

Şi lista poate continua. Au avut atâta încredere în mine şi m-au încurajat atât de mult încât m-am străduit şi am început şi eu să cred în propriile forţe.

Dacă nu ai în jurul tău persoane care cred în tine, atunci permite-mi să fiu eu primul. Eu cred în tine şi îmi doresc să ţi se întâmple doar lucruri bune. Îmi doresc să crezi şi tu în tine. Îţi pot transmite din încrederea mea, dar va funcţiona doar pentru o scurtă perioadă. Ca să ai succes, *trebuie* să crezi în tine. Poţi avea succes dacă ceilalţi nu cred în tine, dar nu poţi avea succes dacă tu însuţi nu crezi în tine. Şi, ca să faci o schimbare, trebuie să acţionezi şi să faci ceea ce trebuie, fiindcă doar aşa vei ajunge să ai încredere în tine.

Poţi avea succes dacă ceilalţi nu cred în tine, dar nu poţi avea succes dacă tu însuţi nu crezi în tine.

Aş vrea să te ajut să crezi şi să îţi prezint calea pe care trebuie să o urmezi ca să îţi extinzi capacitatea, astfel încât să îţi poţi atinge potenţialul maxim. Nici măcar nu mai contează cum a decurs viaţa ta până acum. Începe chiar din acest moment să scrii o poveste nouă. Aşa cum spunea Nick Vujicic: „E posibil ca împrejurările să îţi fi fost potrivnice până acum, dar atât timp cât te mai afli încă pe acest pământ, atât timp cât mergi înainte, orice e posibil. Nu îţi pierde speranţa.[5]"

Este un sfat extraordinar. Nu îţi pierde speranţa pe măsură ce dai pagina şi pregăteşte-te să te apuci de treabă.

Întrebări referitoare la blocajele care îţi limitează capacitatea

1. Care sunt blocajele pe care le ai din naştere şi pe care nu le poţi schimba? Enumeră-le aici.
2. Ce blocaje ţi-au transmis ceilalţi şi vrei să le elimini? Ce poţi face astfel încât să mai diminuezi presiunea?
3. Ce blocaje ţi-ai impus singur şi care îţi limitează capacitatea? Ce poţi face astfel încât să mai diminuezi presiunea?

PARTEA A DOUA

Abilitatea: dezvoltarea capacităţilor pe care le ai deja

De cele mai multe ori, discutăm despre *capacitate*, la singular. Dacă însă am apreciat lucrurile în mod greşit? Dacă eşti de părere că individul are o singură capacitate, atunci te înşeli destul de tare.

În cele două capitole anterioare referitoare la conştientizare, am discutat despre faptul că toată această capacitate nu este una prestabilită, ci poate fi extinsă. În această secţiune, mi-am propus să vorbim despre modul în care putem profita cât mai mult de abilităţile pe care le avem.

După tot ceea ce ţine de conştientizare, cel de-al doilea pas pentru a ne extinde capacitatea este să ne dăm seama că ea există şi avem mai multe tipuri – până la câteva sute. Fiecare dintre ele este bazată pe talente şi alegeri. În acest moment, vreau să punem accentul pe cele şapte capacităţi care au legătură mai degrabă cu talentul decât cu alegerile, deşi sunt implicate ambele:

Capacitatea referitoare la energie – abilitatea de a-ţi depăşi limitele fizice

Capacitatea emoţională – abilitatea de gestionare a emoţiilor

Capacitatea de gândire – abilitatea de a raţiona eficient

Capacitatea de relaţionare – abilitatea de a construi legături

Capacitatea creativă – abilitatea de a identifica opţiuni şi de a găsi răspunsuri

Capacitatea rde productivitate – abilitatea de a obţine rezultate

Capacitatea de leadership – abilitatea de a evolua și de a-i conduce pe alții

Fiecare individ are aceste capacități și fiecare dintre ele este esențială pentru obținerea succesului. Dacă ne dezvoltăm permanent capacitatea în fiecare dintre zonele enumerate, ne putem atinge potențialul maxim.

Înainte de a analiza detaliat fiecare dintre aceste capacități, aș vrea să mai adaug ceva. Ele nu se dezvoltă izolat, ci funcționează împreună. Este util să analizăm această idee în două maniere diferite. În primul rând, capacitățile tale se extind în straturi. Acest lucru creează baza pe care îți poți construi ulterior întreaga viață. Este ca și cum ai ridica o casă pe o fundație din piatră solidă, nu pe nisipuri mișcătoare, astfel încât să îi poată suporta greutatea. Poți construi o structură mare și grea, care are toate șansele să dureze pe termen lung.

În al doilea rând, au legătură unele cu celelalte. De fiecare dată când îți dezvolți o capacitate, ea poate intra în relație cu o alta, amplificându-ți potențialul. De exemplu, dacă îți dezvolți capacitatea referitoare la energie, astfel încât să îți poți depăși limitele fizice, dar și capacitatea de leadership, adică cea de a evolua și de a-i conduce pe ceilalți, eficiența ta va crește foarte mult. Dacă până acum te simțeai lipsit de energie și nu mai interacționai cu oamenii atunci când chiar trebuia, vei învăța să îți forțezi limitele și să dai tot ce ai mai bun în relațiile interumane.

Pe măsură ce îți dezvolți cele șapte capacități esențiale, explorează-ți opțiunile.

Caută moduri de a-ți extinde capacitatea. Vei fi uimit de efectul de multiplicare pe care îl vei trăi și de potențialul uriaș care va rezulta de la sine.

3

Capacitatea referitoare la energie – abilitatea de a-ți depăși limitele fizice

Acum câțiva ani, am citit o poveste intitulată „O mie de perle", scrisă de Jeffrey Davis, care m-a impresionat extrem de tare. Era vorba despre un bărbat în vârstă, care pusese într-un borcan sute de perluțe, fiecare dintre ele reprezentând sâmbetele care i-ar mai fi rămas de trăit dacă ar fi atins speranța normală de viață. Toate acestea îi reaminteau că nu mai avea foarte mult timp la dispoziție și că ar fi trebuit să profite la maximum de el.

Când am citit-o, aveam vreo șaizeci și ceva de ani și mă gândeam aproape tot timpul la anii pe care îi aveam în față. La vremea aceea, tocmai acceptasem să îmi înființez două companii noi: John Maxwell Company și John Maxwell Team, cărora eram de părere că trebuia să le dedic tot ceea ce aveam, până să împlinesc șaptezeci de ani.

În contextul în care citisem povestea, l-am rugat pe Mark Cole, CEO-ul companiei, să umple un borcan cu bile, fiecare dintre ele reprezentând câte o săptămână din viața mea, până când aveam să împlinesc 70 de ani. Borcanul se afla în biroul de la John Maxwell Company; la fiecare șapte zile, din el dispărea câte o biluță, astfel încât angajații să știe că timpul petrecut cu ei era limitat. În perioada aceea, aveam să îmi construiesc practic moștenirea. Am făcut acest lucru fiindcă voiam să am un plan de succesiune foarte bine pus la punct pentru organizațiile mele. Îmi doream ca tranziția să decurgă fără probleme, iar cei din companie să profite la maximum de timpul petrecut cu mine.

Eram convins că fac ceea ce trebuie. Însă, odată cu trecerea timpului, am descoperit o problemă: nu mă potoleam deloc. Nu voiam să renunţ. Îmi plăcea la nebunie munca mea. Mai mult, era o perioadă de succes, mi se oferiseră mai multe oportunităţi decât în orice alt moment de până atunci, iar companiile mele se dezvoltau cu rapiditate şi începeau să îşi atingă potenţialul. Nu ştiam cum să procedez.

Lucrurile s-au schimbat în perioada în care am început să îmi petrec timpul cu prietenul meu, Bill Hybels, pastor la biserica din Willow Creek. Ne aflam la un training Exchange, un schimb de experienţă destinat liderilor organizat în fiecare an de John Maxwell Company. Eram în oraşul St. Thomas din Insulele Virgine şi stăteam amândoi de vorbă. În urmă cu un an, adusesem la eveniment borcanul cu biluţe şi, în timpul uneia dintre sesiuni, spusesem tuturor cum îmi calculez eu timpul pe care urma să îl mai petrec în companie. Bill ascultase înregistrarea conferinţei. Cum stăteam noi aşa de vorbă, Bill m-a fixat atent cu privirea. În stilu-i caracteristic, mi-a zis: „John, ţi-ai pierdut cumva biluţele?“ El e cu câţiva ani mai mic ca mine, însă avea atitudinea aceea de frate mai mare care mă dojenea. „Nu poţi renunţa! N-ai cum să începi să îţi numeri zilele. Mai ai mult prea multe de făcut. Ţi-ai pierdut minţile?“

Parcă mă plesnise cu ceva peste faţă.

Şi, deodată, m-am trezit la realitate.

Bill avea dreptate. Trebuia să renunţ la număratul biluţelor. Era un mod de gândire precar. Abordasem dintotdeauna viaţa având în minte abundenţa. De ce încercam să mă limitez singur? Nu exista ceva pe lumea aceasta să îmi doresc mai mult decât ceea ce făceam atunci, şi anume să îmi dedic timpul şi energia, atât cât mai puteam, ca să pot schimba în bine viaţa oamenilor.

Anul următor, în cadrul programului Exchange desfăşurat în Atlanta, mi-am rugat din nou angajaţii să aducă borcanul cu biluţe la una dintre conferinţe. De această dată, l-am desfăcut şi l-am vărsat pe podea. Mi-am declarat intenţia de a lucra în continuare, pentru a oferi celor din jur ceva de valoare, atâta vreme cât mai aveam energia să o fac. În acest sens, trebuia să ţin cont de patru aspecte:

- **Reimplicarea:** este destul de greu să intri din nou în ritm după ce ai ieşit din joc. Este ca şi cum ţi-ai pune vechea uniformă şi te-ai apuca de treabă. Însă aveam nevoie de acest lucru. Trebuia să acord companiilor mele mai mult timp şi atenţie.

- **Reinvestiția:** Dacă voiam să îmi ajut companiile, nu aveam cum să îmi pierd entuziasmul. Eram nevoit să investesc din nou din punct de vedere emoțional, fizic și financiar.
- **Reinventarea:** Succesul de ieri nu ne aduce neapărat și succesul de mâine. Dacă îmi doream ca firmele mele să își extindă capacitatea, trebuia să fac astfel încât să se reinventeze. Fie se dezvoltau și încercau să devină mai bune, fie dispăreau de pe piață.
- **Revigorarea:** De asemenea, știam că trebuie să mă ocup mai mult de mine, să fac mișcare, să mănânc sănătos, să mă odihnesc și să iau pauze.

Este mai bine să îți gestionezi energia decât să îți gestionezi timpul.

Am început imediat să fac diverse schimbări. Rezultatul? Am beneficiat de o mulțime de energie. Și am învățat și o lecție: este mai bine să îți gestionezi energia decât să îți gestionezi timpul.

De ce ar trebui să te concentrezi asupra energiei, nu a timpului

Există mai multe tipuri de capacitate pe care le putem extinde, însă nu putem face nimic în acest sens în ceea ce privește timpul. Numărul de minute dintr-o zi, al zilelor dintr-o săptămână și al săptămânilor dintr-un an sunt la fel de fiecare dată. Orice oră aici, pe Pământ, este fixă. Zilele noastre sunt numărate.

Este și motivul pentru care trebuie să ne concentrăm atenția asupra energiei, fiindcă este un element pe care îl putem influența. În cartea lor, *The Power of Full Engagement*, autorii Jim Loehr și Tony Schwartz spuneau: „Nu timpul, ci energia este etalonul fundamental al performanței de nivel înalt." Ei explică:

> Unitatea supremă de măsură a vieților noastre nu este cât de mult timp petrecem pe această planetă, ci mai degrabă cât de multă energie investim în timpul pe care îl avem. Premisa de la care pornește cartea noastră – dar și programele de training pe care le susținem în fiecare an cu clienții noștri – este una destul de simplă: performanța, sănătatea și fericirea își au originea în gestionarea abilă a energiei... Numărul de ore dintr-o zi este fix,

dar nu și cantitatea și calitatea energiei pe care o avem la dispoziție. Energia este cea mai prețioasă resursă a noastră. Cu cât ne asumăm mai repede responsabilitatea pentru energia pe care o oferim lumii, cu atât mai productivi vom fi. Cu cât vom continua să dăm vina pe alții pentru circumstanțele externe, cu atât mai negativă și mai compromisă va fi energia noastră[1].

Dacă vrem să avem rezultate mai bune și un impact mai mare asupra celorlalți, trebuie să ne amplificăm capacitatea referitoare la energie. Jack Welch, fostul CEO al General Electric, punea un accent deosebit pe energia candidaților atunci când angaja pe cineva pe post de conducere. O prețuia mai mult decât alte calități, fiindcă era de părere că este important pentru sustenabilitatea pe termen lung. De asemenea, aprecia capacitatea unui lider de a le insufla energie subordonaților, dar și de a motiva echipa astfel încât să aibă o productivitate mai mare.

Eu personal pun preț pe energie. Am crescut într-o casă *plină* de energie. Tata lucra întotdeauna la ceva sau era plecat, să îi ajute pe alții. Mama avea grijă de casă și de noi toți. Larry, fratele meu, muncește de la 10 ani. Iar eu eram pur și simplu incapabil să stau locului. De foarte multe ori profesorii le spuneau părinților: „John nu se oprește din vorbit și se plimbă prin clasă în timp ce predăm." Bănuiesc că, dimineața, când mă dădeam jos din pat, mama și tata suspinau, gândindu-se că m-am trezit.

Cei trei factori în funcție de care ne alocăm energia

De-a lungul anilor, am observat că oamenii care își ating capacitatea maximă nu stau deoparte să aștepte să li se întâmple ceva, ci ies în evidență și acționează. Pentru asta este nevoie de energie. De asemenea, presupune conștientizarea obiectivelor, dar și concentrare. Iată și factorii în funcție de care ar trebui să ne alocăm energia:

Cerințe – ceea ce trebuie să fac
Beneficiu – ceea ce fac bine
Recompensă – ceea ce îmi place să fac

Cu toate acestea, nu am făcut niciodată o legătură între aceste concepte și energie. Iată cum funcționează: dacă faci ceea ce îți aduce recompense, atunci ai aproape instant energie. Același lucru este valabil și în situațiile în care faci ceea ce îți place. Însă pentru cei mai mulți oameni simpla îndeplinire a sarcinilor nu le conferă energie – decât dacă respectivele sarcini sunt efectuate cu plăcere și le aduc și beneficii. Dacă depinde de tine să îndeplinești toți acești trei factori, vei fi întotdeauna plin de energie pe plan profesional.

Cum poți face acest lucru? Îți modifici fișa postului. Poți sta de vorbă cu șeful tău, să vezi dacă poate fi ajustată. Sau poți învăța să faci diferența între ceea ce *trebuie* făcut pentru organizație și ceea ce *doar tu* poți face pentru ea.

Când am început să fac această distincție, eu personal am constatat că mi-a crescut foarte mult energia. Nu tot ceea ce trebuia terminat era necesar să fie prestat *de mine*. M-am obișnuit să deleg ori de câte ori se poate. Iar dacă este vorba despre ceva mai puțin important, renunț complet. Poți proceda și tu exact la fel.

De-a lungul anilor, pe măsură ce am ajuns să îmi controlez mai strict agenda, am încercat să țin cont de toți factorii enumerați mai sus. Cu cât sunt mai sincronizați, cu atât mai multă energie am. În prezent, sarcina mea este să conduc, să comunic și să creez. Fiindcă ea corespunde cu pasiunea și cu talentul meu, am o mulțime de energie – chiar și la aproape 70 de ani.

Întrebări care mă ajută să îmi amplific energia

Chiar dacă nu depinde de tine să schimbi ceea ce trebuie să faci la serviciu, există moduri să ai un nivel de energie mai mare. O să îți prezint în cele ce urmează câteva strategii de gestionare și creștere a capacității referitoare la energie plecând de la cinci întrebări. Dacă poți răspunde la ele și să acționezi în funcție de răspunsurile date, atunci nivelul tău de energie va crește foarte mult.

1. Întrebarea referitoare la conectare – „Care sunt momentele în care am bateriile complet încărcate?"

Dacă te afli mereu pe drum și călătorești adesea, așa cum fac eu, petreci mult timp în aeroport. Uneori, văd oamenii așezați pe podea, lângă prize, astfel încât să își poată încărca telefoanele sau alte dispozitive. Din ce în ce mai des, observ asemenea locuri dotate cu tot ce trebuie lângă porţile de îmbarcare. Responsabilii din aeroporturi şi-au dat seama că oamenii au nevoie de energie; cu alte cuvinte, vor să se conecteze.

Mi-aş dori ca din ce în ce mai mulţi oameni să îşi propună să se conecteze, aşa cum îşi încarcă telefoanele sau laptopurile. Dacă ar face-o, nivelul lor de productivitate şi satisfacţie ar creşte foarte mult.

În introducerea cărţii sale, *Are You Fully Charged?*, autorul şi cercetătorul Tom Rath se referă la impactul pe care îl are energia în vieţile noastre:

> Când ai bateriile încărcate, realizezi mai multe lucruri. Interacţionezi mai bine. Mintea e mult mai ascuţită, iar organismul mai puternic. În zilele când lucrezi la potenţial maxim, te implici mult mai mult şi ai o stare de bine. Energia te ajută să mergi înainte, creând un ciclu ascendent pentru cei de care ai grijă[2].

Pe parcursul cărţii, Tom descrie şi cele trei condiţii cheie pe care o persoană trebuie să le îndeplinească dacă vrea să aibă o zi în care să se simtă plină de energie.

- **Semnificaţie:** să faci lucruri de care să beneficieze cei din jur
- **Interacţiuni:** să creezi momente mai degrabă pozitive decât negative
- **Energie:** să faci alegeri care să îţi îmbunătăţească starea de sănătate fizică şi psihică[3]

Pune-ţi următoarea întrebare: „Ce anume mă ajută să îmi încarc bateriile la maximum?"

Cuvintele lui Tom Rath m-au îndemnat să îmi pun următoarea întrebare: „Ce anume mă ajută să îmi încarc bateriile la maximum?" Răspunsurile le vei găsi în cele ce urmează, fiindcă sunt de părere că te vor îndemna să te gândeşti ce te ajută să te încarci de energie.

Valorificarea propriului talent

De fiecare dată când conduc o structură, când creez ceva sau comunic, îmi încarc bateriile. Îmi folosesc talentele ca să pot face lucrurile de care îmi pasă. Menirea mea este să le duc la bun sfârşit şi, ori de câte ori se întâmplă, îmi spun că sunt născut pentru ele. Ce activităţi te fac să ai asemenea sentimente?

Investiţia în familie şi prieteni

Puţine lucruri în viaţă îmi oferă o bucurie mai mare decât să îi ajut pe cei apropiaţi să aibă un sentiment de coeziune, să îşi creeze amintiri, să înveţe, să evolueze şi să se maturizeze în timp ce se regăsesc pe sine. Îmi place să împărtăşesc aceste experienţe cu oamenii pe care îi iubesc. De aceea, în fiecare an, eu şi Margaret facem tot posibilul să plecăm în vacanţă cu întreaga familie. Creştem împreună, ne formăm amintiri şi devenim mai buni – atât la nivel individual, cât şi ca grup. Ce fel de interacţiuni te umplu de energie?

Schimbarea în bine a vieţii oamenilor

Îmi plac oamenii şi în fiecare zi mă gândesc cum le-aş putea schimba viaţa în bine. Este valabil pentru cei care fac parte din echipa mea, pentru clienţi, dar şi pentru străini. Faptul că îi ajut pe alţii mă umple de energie şi îmi validează într-un fel chemarea. Ce activităţi pe care le faci pentru alţii dau sens vieţii tale şi te umplu de energie?

Grija faţă de sănătatea organismului

Trebuie să mărturisesc că nu întotdeauna am avut grijă de mine. Timp de mult prea mulţi ani nu am făcut mişcare, nu m-am odihnit cum trebuie şi nici nu am mâncat sănătos. Cu toate acestea, în ultima vreme mi-am dat seama că grija faţă de propria sănătate nu este timp irosit şi nici un act care să denote egoism, ci dimpotrivă. Mă aflu pe acest pământ ca să îi ajut pe alţii şi îmi folosesc talentele ca să schimb în bine viaţa oamenilor. Nu voi putea face acest lucru dacă nu sunt sănătos – şi cu atât mai puţin dacă mor. Ce poţi face ca să fii mai sănătos şi să ai mai multă energie fizică?

„Nu e nimic pasionant în a avea o existenţă măruntă sau o viaţă mai puţin valoroasă decât cea pe care eşti capabil să o trăieşti!"
– Nelson Mandela

Un catalizator al evoluției și al construirii

Un prieten mi-a spus la un moment dat că „evoluţia înseamnă fericire". Sunt de acord. Viaţa mea a fost una fericită şi plină de energie cu fiecare persoană pe care am ajutat-o să se dezvolte, cu fiecare companie pe care am construit-o, cu fiecare oportunitate valorificată şi cu fiecare capacitate pe care am reuşit să o amplific. Nelson Mandela avea perfectă dreptate: „Nu e nimic pasionant în a avea o existenţă măruntă sau o viaţă mai puţin valoroasă decât cea pe care eşti capabil să o trăieşti!" Ce proiect curajos poţi demara astfel încât să te umpli de energie?

Un nivel corespunzător de conștientizare

În timp ce scriu aceste rânduri, privesc oceanul. Pe birou, în raza mea vizuală se află o plăcuţă pe care scrie „O, Doamne, întinderea de apă este atât de vastă, iar vasul meu atât de mic..." Sunt o persoană credincioasă, aşa că plăcuţa îmi reaminteşte mereu de măreţia lui Dumnezeu, ceea ce nu numai că mă face să fiu mai modest, ci mă şi ajută să depind de El. Îmi reaminteşte de prezenţa Lui în interiorul meu şi mă determină să îmi doresc să Îl urmez şi să Îi cer îndrumarea. Şi mă ajută să fiu conştient de dragostea pe care Dumnezeu mi-o oferă necondiţionat. Toate aceste gânduri mă umplu de energie. Dacă eşti o persoană credincioasă, cum te poţi conecta într-o măsură mai mare cu Dumnezeu astfel încât să îţi dea energie?

Aceasta este lista lucrurilor care mă ajută să îmi încarc bateriile. A ta care este? Dacă nu ştii, încearcă să o conturezi, fiindcă doar aşa poţi face tot ceea ce depinde de tine astfel încât să fii cât mai plin de energie.

2. Întrebarea referitoare la starea de epuizare – „Ce anume mă pune la pământ?"

Unii dintre noi am crescut crezând că putem realiza *orice* atât timp cât ne străduim suficient de mult. Însă nu e adevărat. Deşi eu personal cred că avem un potenţial nelimitat, de asemenea afirm că nu putem atinge excelenţa în acele laturi în care nu avem nici un talent. Indiferent cât de tare aş încerca, nu aş putea sub nici o formă să ajung balerin profesionist.

Specialiştii din organizaţia Gallup au dovedit, în urma studiilor realizate referitoare la lipsa de implicare la locul de muncă că mitul de tipul „orice este posibil" i-a determinat pe mulţi să poarte bătălii anevoioase, făcând lucruri la care nu se pricepeau deloc. Este pur şi simplu epuizant. De ce să ne petrecem viaţa încercând să fim ceea ce nu suntem, în loc să încercăm să evoluăm pornind de la propriile atuuri? De ce nu ştim care sunt punctele noastre tari şi să ne dezvoltăm, astfel încât nu numai noi să avem de câştigat, ci şi alţii? Este diferenţa dintre a înota în direcţia curentului sau a o lua împotriva lui. Prima variantă te ajută să măreşti viteza şi eficienţa, în timp ce cea de-a doua te seacă de energie. Prima te face să străluceşti. A doua te trage înapoi (fiindcă treci prin situaţii neplăcute şi îndeplineşti sarcini doar ca să termini şi tu ceva). Dacă insişti să rămâi în zona punctelor tale slabe, vei sfârşi prin a te epuiza. Dacă însă îţi vei valorifica atuurile, dând dovadă de forţă şi de tenacitate, vei ajunge foarte departe.

Un alt lucru care îi trage pe oameni în jos este gestionarea schimbărilor. Gimnastul Dan Millman scria: „Secretul schimbării constă în a ne concentra toată energia nu pentru a lupta cu vechiul, ci pentru a construi ceva nou." Chiar şi în condiţiile în care adoptă acest sfat, cei mai mulţi oameni resping schimbarea şi o consideră epuizantă. Este nevoie de energie mentală, emoţională şi fizică pentru a produce o schimbare. Iar voinţa şi disciplina necesare pentru a susţine schimbarea sunt resurse mult mai limitate decât ne dăm noi seama.

Ce anume te seacă de energie? Ştii cu exactitate? Ai acordat atenţie lucrurilor sau situaţiilor care te epuizează? Eviţi asemenea lucruri sau situaţii? Este extrem de important să ştii exact care sunt cauzele care îţi diminuează energia şi să acţionezi astfel încât să le elimini din viaţa ta.

3. Întrebarea referitoare la proximitate – „Cât de aproape sunt cei care îmi dau energie?"

Am descoperit Principiul proximităţii imediat după absolvirea colegiului. În luna iunie a acelui an, m-am căsătorit cu Margaret şi ne-am mutat la patru sute de kilometri distanţă de casă. Abia aşteptam să ne începem viaţa ca tineri căsătoriţi, însă în câteva săptămâni mi-am dat seama cât de multă energie primisem de-a lungul timpului de la părinţii mei. Amândoi se pricepeau foarte bine să gestioneze conexiunile bazate pe energie. Atitudinea pozitivă şi încrederea în sine a tatălui meu erau aproape contagioase, astfel că mă simţeam plin de energie de fiecare dată când mă aflam în preajma lui. Mama mă iubea necondiţionat şi era întotdeauna pregătită să mă asculte.

În zilele acelea în care nu existau telefoane mobile, convorbirile la distanţă erau destul de scumpe, iar Margaret şi cu mine nu aveam bani pentru aşa ceva, aşa că nici nu vorbeam foarte des cu părinţii mei. Mi-era destul de greu, iar nivelul de energie îmi scădea dramatic.

Tom Rath spune că cercetătorii au ajuns la concluzia că apropierea este extrem de importantă: „Starea de bine a individului este afectată semnificativ de oamenii cu care se întâlneşte zi de zi, de cei care locuiesc la câteva străzi distanţă sau de cei care trăiesc la câţiva kilometri depărtare decât de legăturile de la distanţă.[4]"

Oamenii nu sunt singurii care ne aduc energie. Aproape orice o poate amplifica atât timp cât te influenţează într-o manieră pozitivă. Important este să faci tot ceea ce depinde de tine ca să menţii asemenea lucruri în preajma ta.

De-a lungul anilor, m-am străduit să am în jurul meu asemenea persoane care mă umplu de energie, astfel încât să pot apela repede la ele la nevoie. De exemplu, înainte de a ţine un discurs şi am nevoie de energie mentală, îmi deschid iPhone-ul şi mă uit repede peste câteva citate inspiraţionale. Când am nevoie de energie ca să continui să scriu, mă uit în biblioteca din birou, unde se află cărţi care mi-au schimbat viaţa. Ele îmi reamintesc de faptul că fac lucruri care să îi ajute pe ceilalţi. Când am un program aglomerat şi mi-e greu să am o perspectivă de ansamblu, îmi scot dosarul în care mi-am notat obiectivele pentru anul în curs. Când mă simt slăbit la nivel fizic, intru în sala de sport şi fac mişcare. Când mă simt deprimat, sun pe cineva apropiat.

Toate aceste lucruri îmi dau o stare de bine. Şi tu, la rândul tău, trebuie să descoperi ce anume te face să te simţi mai bine. Parcurge categoriile de mai jos şi vezi dacă pot fi pentru tine nişte surse de energie:

Muzică – melodii care îţi dau o stare de bine
Gânduri – Idei în care crezi
Experienţe – Activităţi care te revitalizează
Prieteni – Persoane care te încurajează
Recreere – Evenimente distractive care te învigorează

Suflet – Exerciţii spirituale care îţi dau tărie
Speranţe – Visuri care te inspiră
Casă – Rude cărora le pasă de tine
Haruri – Talente care te activează
Amintiri – Evenimente din trecut care te fac să zâmbeşti
Cărţi – Mesaje care te schimbă

Dacă descoperi că lucrurile enumerate mai sus reprezintă pentru tine surse de energie, vei fi uimit să vezi cât de mult ţi se va extinde această capacitate.

4. Întrebarea de o sută de puncte – „Când trebuie să fiu plin de energie?"

Este esenţial să îţi măreşti cât mai mult posibil nivelul de energie. De asemenea, la fel de important este şi să o foloseşti înţelept. Utilizeaz-o atunci când ai nevoie şi încearcă să o conservi când nu e cazul. Trebuie neapărat să înţelegi diferenţa dintre cele două. Eu personal am învăţat cam pe la 18 ani să îmi pun această întrebare. Abia intrat la facultate, aveam nevoie de o slujbă. Prietenul meu, Steve Benner, mi-a sugerat să aplic la un magazin alimentar, pe un post la aprovizionare. Mi se părea în regulă, aşa că ne-am dus până acolo să stăm de vorbă cu managerul.

„Veniţi după mine în spate", ne-a spus acesta. S-a întors brusc şi s-a îndreptat într-acolo. Îmi aduc aminte că m-am gândit că sigur se grăbeşte foarte tare. Steve s-a conformat imediat, în timp ce eu am avut nevoie de câteva secunde să mă iau după ei. În biroul din spate, ne-am completat cererile, ne-am salutat, iar apoi am aşteptat să ne sune.

A doua zi, Steve a aflat că e angajat. Eu nu – aşa cum mi s-a spus la telefon.

Am stat să mă gândesc ce s-ar fi putut întâmpla. *Cum de a fost acceptat Steve şi eu nu?*, mă întrebam eu. A doua zi n-am mai rezistat. M-am dus la magazin şi l-am întrebat pe manager de ce nu m-a ales pe mine.

„Nu ai mers suficient de repede când v-am invitat în spate", mi-a răspuns el. „Caut băieţi energici. Steve este aşa, dar tu nu."

Munca asiduă învinge talentul atunci când talentul nu este lucrat!

Uau! Eram destul de sigur că m-aş fi descurcat mai bine decât Steve, dar cu toate acestea el fusese angajat fiindcă se grăbise. În drum spre parcare, mi-am dat seama că munca asiduă învinge talentul atunci când talentul nu este lucrat!

Din acel moment, mi-am făcut o prioritate din a-mi canaliza energia atunci când am nevoie de ea, fiindcă este imposibil să fii plin de energie toată ziua. Aşadar, în fiecare zi îmi verific calendarul şi identific momentele esenţiale, cele pe care Jeffrey Gitomer le numeşte „spectacole", mai exact interacţiunile în care ceea ce spui, faci sau gândeşti este crucial pentru succesul tău sau al afacerii tale.

Agenda mea pentru ziua de mâine este plină, însă când trec totul în revistă, văd că există trei asemenea momente de tip „spectacol". La 10 dimineaţa, mă întâlnesc cu Mike Matheny, managerul St. Louis Cardinals, dar şi cu 20 de lideri proeminenţi din conducerea echipei. Trebuie să am bateriile încărcate la maximum, fiindcă le vorbesc despre principiile de leadership, oferindu-le nişte învăţăminte valoroase. La ora 14, mă văd cu Mark Cole, preşedintele a cinci dintre organizaţiile mele, şi vom discuta trei probleme importante, printre care şi instruirea a 50.000 de lideri din Guatemala, care vor preda ulterior cursuri la care estimăm că vor participa 250.000 de localnici. La ora 18, mă întâlnesc cu Rob Hoskins, preşedintele One Hope, fiindcă ne pregătim să ne vedem cu donatorii şi să le împărtăşim viziunea noastră legată de instruirea a cinci milioane de copii în următorii cinci ani. Convingerea noastră este că respectivii donatori vor oferi – împreună – 30 de milioane de dolari pentru această iniţiativă.

Care sunt momentele în care nu am nevoie de energie la capacitate maximă? Când voi dona sânge, la 7,30 dimineaţa, apoi la masa de prânz, când voi merge cu maşina la Ford Lauderdale şi când voi participa seara la o recepţie oficială.

Trebuie neapărat să ştii care sunt momentele esenţiale ale unei zile de lucru. Indiferent de ora la care sunt stabilite sau de numărul lor, energia ta trebuie să fie la cote maxime. Este singura modalitate prin care îţi poţi atinge capacitatea maximă.

5. Întrebarea legată de momentele de pauză – „Care este spaţiul alocat lucrurilor neplanificate, dar de care am nevoie?"

Nu în ultimul rând, întrebarea de final pe care trebuie să ţi-o pui dacă vrei să îţi amplifici nivelul de energie are de-a face cu momentele de pauză. Mă refer la acel timp suplimentar în care respiri, gândești și faci diverse ajustări. Nu numai că îți permit să evoluezi, dar reprezintă și o ocazie de a-ți reîncărca bateriile.

Trebuie să mărturisesc că pentru mine este o continuă provocare. Nu prea mă pricep să îmi aloc spațiu și timp liber. Foarte mulți ani am avut un program extrem de încărcat. Vestea cea bună este că sunt extrem de productiv. Vestea cea rea este că ratez oportunități fiindcă nu am loc în program.

De exemplu, anul acesta am ratat două ocazii de a juca într-un reputat turneu de golf, fiindcă nu aveam cum. Îmi mai doream și să scot o ediție revizuită a cărții *Dezvoltă liderul din tine*, dar nu am făcut-o, căci nu am avut când. Însă învăț. Mi-am propus deja să îmi aloc timp special anul viitor pentru asemenea oportunități.

Acum câțiva ani am citit un articol în *Harvard Business Review*, referitor la gestionarea energiei. Autorii subliniau faptul că oamenii au nevoie de spațiu în legătură cu o mulțime de aspecte care le definesc sănătatea și eficiența. Au nevoie de timp de refacere în urma perioadelor mai grele, dar și ca să își redobândească echilibrul emoțional. Fără asemenea pauze, ajung să fie negativiști. Iată și câteva idei extrase din articol:

> Fără perioade regulate de refacere, nu suntem capabili din punct de vedere fizic să facem față pe termen lung emoțiilor pozitive la extrem.
>
> Confruntați cu o mulțime de cerințe și provocări neașteptate, oamenii au tendința să cadă pradă emoțiilor negative – intrând în modul „luptă sau fugi" – adesea de mai multe ori pe zi. Sunt iritați și nerăbdători sau anxioși și nesiguri. Asemenea stări mentale îi seacă de energie și le dau peste cap relațiile. Emoțiile tipice modului „luptă sau fugi" îi aduc în imposibilitatea de a gândi clar și logic. În momentul în care cei cu funcții de conducere învață să își dea seama ce tip de evenimente le declanșează emoțiile negative, dobândesc o capacitate mai mare să își controleze reacțiile[5].

Îți faci loc în program pentru evenimentele neașteptate, dar și pentru a te reface din punct de vedere psihologic și emoțional? Mie încă îmi e greu. În cartea sa, *The Touch of the Earth*, Jean Hersey scrie: „Este extrem de important să nu ai viaţa complet blocată şi nici zilele sau săptămânile organizate la minut. Ideal este să lăsăm timp în program şi pauze pentru acţiuni spontane, fiindcă de cele mai multe ori în urma surprizelor ni se ivesc oportunităţi nelimitate.[6]" Aceste momente de pauză ne permit să ne dozăm energia mult mai înţelept.

Din fericire, mă pricep foarte bine să îmi aloc spaţiu personal atunci când vine vorba despre starea mea de sănătate. Am acum un antrenor care mă ajută să fac mişcare şi un medic care să îmi gestioneze greutatea. Mă odihnesc şi îmi refac forţele. Mă plimb mai mult şi am mai multă putere şi energie. Învăţ tot timpul lucruri noi şi încerc să evoluez permanent.

În ce măsură te-ai gândit până acum la capacitatea ta referitoare la energie? Ai pornit de la premisa că este una fixă? Că nu o poţi schimba? Dacă da, atunci trebuie să îţi schimbi optica. Începe să acorzi atenţie factorilor care îţi dau energie sau care ţi-o răpesc şi fă schimbări în consecinţă. Elimină toate elementele care te seacă de putere şi ocupă-te de lucruri care îţi amplifică energia. Gestioneaz-o astfel încât să faci doar ceea ce contează pentru tine. Crede-mă, îţi va schimba viaţa.

Întrebări referitoare la capacitatea care ține de energie

1. Care sunt activităţile, oamenii, sarcinile şi locurile care te seacă de energie?
2. Care sunt activităţile, oamenii, sarcinile şi locurile care îţi amplifică nivelul de energie?
3. În ce laturi ale vieţii tale nu îţi amplifici nivelul personal de energie sau energia celor din jur?

4

Capacitatea emoțională – abilitatea de gestionare a emoțiilor

În 1969, la începutul carierei mele de pastor într-un sătuc din Indiana, una dintre îndatoririle mele era aceea de a-i consilia pe membrii congregaţiei. Făcusem câteva cursuri la colegiu în acest sens şi, în plus, îmi doream să ajut oamenii. Drept pentru care m-am şi apucat de treabă.

Uneori şedinţele decurgeau foarte bine, dar de cele mai multe ori nu. Aveam şi eu partea mea de vină, căci nu eram foarte talentat atunci când venea vorba despre consiliere. Când cineva venea la mine cu o problemă, îmi doream să îi ofer o soluţie şi să îi prezint un plan de acţiune. Şi nici nu mă gândeam să trec din nou în revistă problema până când persoana respectivă nu punea în practică planul prezentat de mine.

Or, nu aşa trebuie să se desfăşoare consilierea. De altfel, este şi unul dintre motivele pentru care am renunţat să mai fac aşa ceva.

Şi nu era singura problemă din cadrul acestor şedinţe departe de a fi perfecte. Mai existau şi altele, pe care acum, dacă mă uit în urmă, le văd cât se poate de clar:

- Cele mai multe persoane nu se văd aşa cum sunt ele în realitate.
- Majoritatea oamenilor nu vor să îşi rezolve problemele, ci doar ca cineva să îi asculte.
- Unele persoane nu sunt puternice din punct de vedere emoţional şi, prin urmare, nu fac faţă cu succes dificultăţilor inerente cu care se confruntă de-a lungul vieţii.

La vremea aceea, nu puteam înţelege de ce oamenii nu dau dovadă de forţă emoţională. Plus că nu aveam nici un fel de strategie să îi ajutăm să își îmbunătăţească abilitatea emoţională. Acum însă am. Și aș vrea să ţi-o împărtășesc și ţie. Dacă nu stai foarte bine atunci când vine vorba despre capacitatea emoţională, te voi ajuta să lucrezi în acest sens. Dacă totul este în regulă, atunci probabil că poţi folosi informaţiile de care dispui pentru a-i sprijini pe cei din jur.

Cum să îţi amplifici capacitatea emoţională

Înainte de a aprofunda subiectul, o să explic ce anume înţeleg eu prin capacitate emoţională. Este vorba, mai exact, despre abilitatea de a gestiona într-o manieră pozitivă neplăcerile, eșecurile, criticile, schimbarea și presiunile. Toţi acești factori ne fac să ne simţim stresaţi. Am descoperit că incapacitatea de a face faţă stresului sau presiunii emoţionale distruge foarte mulţi oameni, care ajung să renunţe, să simtă că sunt la pământ sau să recurgă la acţiuni nocive, doar ca să scape de presiune. La polul opus, persoanele puternice din punct de vedere emoţional își pot gestiona emoţiile și pot trece peste dificultăţi. Aceste lucruri le ajută să se apropie foarte mult de adevăratul lor potenţial.

Am cunoscut și am stat de vorbă cu o mulţime de persoane cu o capacitate emoţională deosebit de mare și am observat ce anume fac. Dacă îţi poţi însuși cele șapte practici despre care vom discuta în continuare, pe care le-am identificat la indivizii puternici din punct de vedere emoţional, îţi vei dezvolta și tu această abilitate.

1. Persoanele puternice din punct de vedere emoţional sunt proactive în momentul în care vine vorba despre gestionarea propriilor emoţii

Primul și poate cel mai important lucru pe care îl fac persoanele puternice din punct de vedere emoţional este să aibă o abordare activă a propriilor emoţii. Ei nu spun niciodată: „Ei bine, așa mă simt... nu am ce să fac". Prin urmare, nu sunt niciodată victimele propriilor sentimente.

Cercetătorul și profesorul M. Asch, în cartea sa, *Perspectives on Applied Psychology* („Perspective în psihologia aplicată"), spunea: „Nu uita, acţiunile sunt precursorii emoţiilor." Acest lucru înseamnă că *poţi* acţiona astfel încât să îţi influenţezi propriile emoţii. Poate că nu le poţi controla în întregime, dar le poţi schimba dacă faci ceva în acest sens. Unul dintre exemplele mele preferate care ilustrează perfect perspectiva despre care am discutat mai sus îi aparţine autorului şi speakerului Og Mandino, care spunea:

Dacă mă simt deprimat, cânt.
Dacă mă simt trist, râd.
Dacă mă simt bolnav, muncesc mai mult.
Dacă mi-e teamă, mă arunc cu capul înainte.
Dacă mă simt inferior, mă îmbrac cu haine noi.
Dacă mă simt nesigur, ridic tonul.
Dacă mă simt sărac, mă gândesc la momentul în care voi ajunge bogat.
Dacă mă simt incompetent, îmi aduc aminte de succesele din trecut.
Dacă mă simt neimportant, îmi aduc aminte ce obiective am.
Chiar de astăzi îmi voi stăpâni perfect emoţiile[1].

Nu sunt chiar atât de sigur că voi ajunge vreodată să îmi stăpânesc perfect emoţiile, dar voi face mereu tot ceea ce îmi stă în putinţă în încercarea de a gestiona acele emoţii care îmi fac rău.

„Acțiunile sunt precursorii emoțiilor."
– M. Asch

Iată câteva lucruri de care sunt sigur. Fiecare dintre noi suntem luaţi prin surprindere de evenimente nedorite, orbiţi de relaţii nocive şi puşi la pământ uneori de lovituri pe care nu le-am prevăzut. Există momente în care am vrea să strigăm în gura mare cât de nedreaptă este viaţa. Însă doar dacă acţionăm putem ieşi din fundăturile în care ne aflăm.

A spera, a dori, a nega, a plânge, a înjura, a protesta, a mormăi, a da vina pe altcineva şi a aştepta nu înseamnă decât să rămânem acolo unde ne aflăm. Cu cât ne revenim mai repede de pe urma şocului creat de emoţii, procesându-l şi acţionând în consecinţă, cu atât mai puţin va dura să ne punem din nou pe picioare şi cu atât mai puternici vom deveni din punct de vedere emoţional. Alegerea este întotdeauna a noastră. Fie continuăm să încercăm să ne stăpânim emoţiile, fie vom continua să fim stăpâniţi de ele.

2. Indivizii puternici din punct de vedere emoțional nu își pierd timpul plângându-și de milă

E posibil să fi auzit bancul acela cu femeia care i se plângea celei mai bune prietene: „Toată lumea e împotriva mea!". Prietena ei încearcă să o liniştească: „Nu-i adevărat. Nu toată lumea e împotriva ta. Nici măcar nu te-au cunoscut încă toţi".

Poate că ţi se pare o glumă răsuflată, însă ea ilustrează o trăsătură comună a celor care își plâng de milă: exagerează întotdeauna latura negativă a fiecărei situaţii.

La una dintre conferinţele recente pe care le-am susţinut, am stat de vorbă cu mai mulţi lideri şi am ajuns la concluzia că nu ai cum să te vaiţi şi să conduci ceva în acelaşi timp. Este valabil şi în cazul succesului. Nu ai cum să te plângi tot timpul şi să te aştepţi să avansezi. Nu te poţi îndrepta în direcţia dorită dacă stai să povesteşti permanent ce necazuri ai. În cartea lui, *Resilience* („Forţa de a lupta"), fostul ofiţer de marină Eric Greitens scrie:

> Multe dintre neplăcerile cu care ne confruntăm ar trebui ignorate. Evident, nu înseamnă că ar trebui să trecem cu vederea sau să negăm fiecare necaz. Suferinţele serioase trebuie luate în seamă. Însă un semn de rezistenţă este să învăţăm care sunt acele probleme care merită atenţia noastră. Forţa de a lupta nu înseamnă să tratezi cu prioritate fiecare suferinţă, de fiecare dată, fiindcă acest lucru nu face decât să te transforme într-o persoană care se plânge tot timpul de câte ceva[2].

„Un semn de rezistență este să învățăm care sunt acele probleme care merită atenția noastră."

– Eric Greitens

Modul în care tratezi neplăcerile şi eviţi să îţi plângi de milă te reprezintă. Îmi place foarte mult felul în care se comportă jucătorul profesionist de golf Richard Lee atunci când se află într-o situaţie dificilă pe teren. Ne-am cunoscut şi ne-am împrietenit la turneul Pro-Am, organizat de AT&T. Am avut privilegiul de a juca de mai multe ori în acest turneu, dintre care în două rânduri alături de Richard. O dată am jucat chiar în finală! Nu o să uit niciodată sentimentul de încântare pe care l-am avut în duminica aceea în care am primit o umbrelă pe care scria că m-am calificat în finala turneului Pro-Am. Este unul dintre cele mai de preţ obiecte pe care le deţin. Nu mulţi amatori pot spune acest lucru. În al doilea turneu în care am jucat împreună nu am reuşit însă să facem mare lucru, clasându-ne aproape de finalul listei.

Imediat după aceea, am ieşit să luăm masa împreună, astfel încât să ne consolăm puţin după jocul dezastruos. Una dintre întrebările pe care i le-am pus lui Richard a fost următoarea: „Care este cel mai bun sfat pe care l-ai primit vreodată?"

„Întâmpină mingea cu bucurie!", mi-a răspuns el.

Mă simţeam intrigat. Toată lumea de la masă l-a rugat să explice.

„Eu îmi câştig existenţa jucând golf", ne-a spus el. „Pentru mine fiecare lovitură este importantă. Fiecare dintre ele mă poate ajuta să avansez în concurs sau să mă scoată din joc. La începutul carierei, soacra mea şi-a dat seama că de fiecare dată când jucam prost mă simţeam o ruină. Iar emoţiile negative începeau să mă copleşească, afectându-mi jocul.

Într-o zi, mi-a spus: «Richard, vei avea şi zile în care vei lovi prost. Fiecare jucător de golf are. În timp ce te îndrepţi spre minge, ai de luat o decizie: Mă tem de minge şi încep să îmi umplu mintea cu sentimente negative, iar corpul cu emoţii nocive? Sau mă apropii de ea cu bucurie, sunt mândru că joc golf şi îmi dau seama că am şansa să recuperez dezavantajul? Dacă întâmpini mereu mingea cu bucurie, indiferent de ceea ce s-a întâmplat până atunci, de cele mai multe ori îţi vei reveni.»"

Richard ne-a privit şi ne-a spus: „Indiferent de locul în care se află mingea, mă îndrept spre ea şi o privesc cu bucurie. Iar jocul mi se schimbă în bine."

Ce manieră extraordinară de a trata greutăţile: să începi din nou să joci bine!

În viaţă, fiecare dintre noi trecem şi prin momente mai dificile. Care va fi atitudinea ta atunci când lucrurile nu funcţionează, când drumul este presărat cu obstacole sau când viaţa nu este dreaptă? Ce mod de gândire vei adopta în timp ce te vei îndrepta către minge?

Putem permite neşansei să ne ruineze atitudinea sau putem privi totul cu bunăvoinţă.

Acest lucru îmi aminteşte de un lucru pe care l-am învăţat la primul curs Dale Carnegie la care m-am înscris în perioada liceului şi unde am fost îndemnat să îmi pun următoarea întrebare: „Care este cel mai rău lucru care s-ar putea întâmpla?" Dacă te poţi întreba şi tu acelaşi lucru şi crezi că eşti pregătit să accepţi răspunsul, există şanse să îţi revii. Dacă se întâmplă lucrul cel mai rău, atunci îl poţi gestiona. Dacă nu e atât de grav precum ai anticipat, atunci totul e spre bine.

3. Indivizii puternici din punct de vedere emoţional nu le permit celor din jur să le controleze relaţiile

La începutul carierei mele în leadership, credeam că eficienţa înseamnă ca toţi să se simtă fericiţi în preajma mea. Şi fiindcă am nişte abilităţi de relaţionare destul de bune, reuşeam să îi fac pe oameni să se simtă bine şi să le ridic moralul atunci când erau supăraţi. Mă transformasem însă în cineva care încerca să îi mulţumească pe toţi, ceea ce înseamnă că, în general, comportamentul lor îmi controla viaţa.

La un moment dat, Elmer Towns, unul dintre mentorii mei, mi-a spus un lucru care chiar mi-a atras atenţia: „John, persoana cea mai slabă controlează de obicei relaţia." Mi-a explicat că, în general, indivizii puternici din punct de vedere emoţional au în general capacitatea de a se adapta în relaţiile dificile, în timp ce persoanele mai slabe nu o au sau nu vor să facă acest lucru.

„Cea mai slabă persoană controlează de obicei relaţia."
– Elmer Towns

Implicaţiile acestei afirmaţii sunt uriaşe. Dacă eşti cea mai puternică persoană din punct de vedere emoţional într-o relaţie, dar nu eşti conştient de dinamica relaţiei, te conformezi modului în care relaţionează cealaltă persoană. Dacă *eşti* însă conştient de dinamică, poţi alege să te adaptezi pasiv la interlocutor, poţi acţiona în încercarea de a influenţa dinamica sau te poţi distanţa de el.

Leo Buscaglia, profesor de ştiinţele educaţiei, spunea: „Cel mai simplu pe această lume este să fii tu. Cel mai greu este să fii ceea ce vor cei din jur să fii. Nu lăsa pe nimeni să te pună într-o asemenea poziţie." Din ziua aceea, am început să îmi privesc relaţiile cu alţi ochi. Dacă o persoană mai slabă controla relaţia pe care o aveam cu ea, trebuia să iau măsuri, fiindcă altfel nu îmi atingeam potenţialul. Persoanele disfuncţionale vor ca ceilalţi să funcţioneze la nivelul lor. Mediocrii îşi doresc ca cei care îi înconjoară să fie şi ei mediocri. Cei cu rezultate excepţionale vor ca ceilalţi să reuşească şi ei.

Acest lucru m-a ajutat să pornesc pe un drum al descoperirilor. În primul rând, am încercat să îi privesc într-o manieră obiectivă pe cei pe care încercam să îi mulţumesc. În ce direcţie se îndreptau în viaţă? Care erau motivele lor? Înţelegeau ei viziunea mai amplă? Îşi doreau binele celorlalţi? În al doilea rând, am căutat modele pozitive de leadership, dezvoltare şi succes. Cum procedau aceste persoane? Care erau priorităţile lor? Cum îşi puneau în practică viziunea? Cum îi tratau pe ceilalţi? Când am analizat mai îndeaproape ambele grupuri, mi-am dat seama că nu exista termen de comparaţie. Persoanele pe care le admiram mi-au arătat care este drumul cel bun. Am învăţat de la ele şi le-am urmat modelul. Şi, cu cât am făcut mai mult acest lucru, cu atât mai puţin îmi doream să îi mulţumesc pe cei ale căror scopuri şi viziune nu se asemănau cu ale mele. Şi, în unele cazuri, a trebuit să renunţ la câteva dintre aceste relaţii, astfel încât să adopt un nou stil de a trăi şi de a conduce.

Relaţiile sunt complicate şi pot fi dificil de gestionat. Una dintre modalităţile prin care pot menţine controlul asupra propriei vieţi, fără a le permite altora să îl preia este să înţeleg că am diferite roluri: soţ, tată, om de afaceri, prieten şi lider. Fiecare rol în sine determină maniera în care interacţionez în relaţia respectivă. Şi fac în permanenţă alegeri pe parcursul unei zile, în funcţie de rolul pe care îl am într-un moment sau altul.

Am citit de curând un pasaj scris de psihologul Henry Cloud, care ilustra extrem de bine ideea de a purta asemenea „pălării" diferite:

> Un bărbat şi-a înfiinţat la un moment dat o firmă şi a transformat-o într-o companie foarte mare, plănuind să o lase pe mâna fiului său când avea să iasă la pensie. Într-o bună zi, se plimba prin fabrică şi a observat că băiatul lui ţipa furios la un angajat în faţa altor colegi. S-a uitat la el şi l-a invitat în biroul său.
>
> „David...", şi-a început el discursul. „... eu port două pălării aici. Sunt şeful, dar sunt şi tatăl tău. În acest moment, îmi pun

pălăria de şef. *Eşti concediat.* Gata! Nu tolerez un asemenea comportament în compania mea şi nu vreau ca angajaţii mei să fie trataţi în acest fel. Te-am mai avertizat şi până acum, dar ai continuat. Aşa că trebuie să pleci."

Imediat după aceea, a adăugat: „Acum o să îmi pun pălăria de tată."

După un moment, a continuat: „Dragul meu, am auzit că ai rămas fără serviciu. Pot să te-ajut cu ceva?[3]"

Persoanele puternice din punct de vedere emoţional îşi onorează relaţiile, fără să îşi lase partenerii să îi controleze, în special în cazul legăturilor mai dificile.

4. Persoanele puternice din punct de vedere emoţional nu îşi irosesc energia cu lucruri pe care nu le pot controla

L-am admirat întotdeauna pe Nelson Mandela. Acum câţiva ani, am făcut un tur în Robben Island, cu un jurnalist fost prizonier care îl cunoscuse pe preşedintele sud-african. Am văzut curtea din piatră, celula unde Mandela şi colegii săi de închisoare se întâlneau pentru a vedea cum pot pune capăt apartheidului, spaţiul mic unde aveau voie să facă mişcare, dar şi celula de 8x10 metri unde Mandela şi-a petrecut 18 din cei 27 de ani în care a fost închis. Am stat 15 minute acolo, singur. M-am întins pe pat şi m-am uitat la barele uşii, imaginându-mă în locul acela visând la libertate. Am plecat gândindu-mă: „Nu poţi închide în nici un fel măreţia. Nu poţi încuia un vis."

Am stat puţin de vorbă cu reporterul în ziua aceea, discutând despre faptul că Mandela nu a permis ca lucrurile pe care nu le controla să îl controleze. Doar aşa a putut desprinde binele de rău, concentrându-se mai degrabă pe ceea ce putea fi, nu pe ceea ce era. Seara, în camera de hotel, am scris următoarele rânduri:

Lecţii învăţate de la Nelson Mandela

Mediul în care trăim nu ar trebui să ne controleze spiritul. Cei care nu pun preţ pe noi nu ne determină valoarea. Visurile pot lua naştere şi în timpul celor mai grele momente. Chiar dacă suntem puşi la pământ, putem redeveni întregi şi să îi vindecăm pe alţii.

Să controlezi ceea ce îți stă în putință și să nu îți risipești energia concentrându-te asupra lucrurilor pe care nu le poți controla este unul dintre cele mai importante lucruri pe care le poți învăța în viață. Unul dintre mentorii mei, Fred Smith, îmi spunea adesea: „Trebuie să înțelegi diferența dintre un fapt de viață și o problemă. Un fapt de viață este ceva pe care nu îl poți controla sau remedia. Problema o poți repara." Nu voi uita niciodată acest sfat extraordinar.

„Trebuie să înțelegi diferența dintre un fapt de viață și o problemă. Un fapt de viață este ceva pe care nu îl poți controla sau remedia. Problema o poți repara."

– Fred Smith

Persoanele puternice din punct de vedere emoțional nu își irosesc energia când sunt blocate în trafic, când își pierd bagajele sau când sunt prinse în mijlocul unei furtuni. Își dau seama imediat că nu pot controla asemenea factori și își îndreaptă, în schimb, atenția asupra celor pe care îi pot controla.

Când am împlinit 16 ani, tatăl meu a încercat să mă învețe acest lucru. Când s-a urcat cu mine în mașină să mă ducă să dau testul pentru permisul auto, a pus o carte în torpedou și mi-a spus: „Fiule, vor exista momente în care vei ajunge, de exemplu, la o barieră și te oprești să aștepți să treacă trenul. În asemenea momente, scoate cartea și citește câteva pagini din ea. Să nu permiți niciodată ca ceea ce nu poți controla să îți irosească timpul." Din acel moment, am încercat mereu să îmi iau cu mine o carte sau alte resurse pe care să le pot folosi ca să evoluez în perioadele în care eram obligat să aștept ceva. Mi-am asumat astfel responsabilitatea pentru lucrurile pe care le pot controla:

- **Atitudinea** – doar eu pot determina modul în care gândesc sau mă simt.
- **Timpul** – doar eu pot determina modul în care îmi petrec timpul și alături de cine.
- **Prioritățile** – doar eu pot determina ce e important în viața mea și cât timp aloc aspectelor esențiale.
- **Pasiunile** – doar eu pot identifica ceea ce îmi place și care este menirea mea.
- **Potențialul** – doar eu voi determina în ce direcții voi evolua.

- **Chemarea** – doar eu voi răspunde la un moment dat în faţa lui Dumnezeu pentru obiectivele mele.

Îmi voi dedica energia tuturor acestor lucruri. Este posibil ca, uneori, cei din jur să nu fie fericiţi alături de mine, însă eu nu voi fi nefericit cu mine.

Sunt singurul responsabil pentru modul în care voi avea grijă de aceste laturi ale vieţii mele şi pentru energia pe care o aloc în aceste direcţii. Şi doar eu voi răspunde în faţa lui Dumnezeu pentru ele.

5. Persoanele puternice din punct de vedere emoţional nu fac încontinuu aceleaşi greşeli

Se spune că definiţia nebuniei este să faci încontinuu aceleaşi lucruri şi să te aştepţi la rezultate diferite. Dacă stăm să analizăm logic afirmaţia, ar trebui să ne aşteptăm să avem aceleaşi rezultate de pe urma aceloraşi acţiuni, însă mulţi oameni intră în rutina în care procedează mereu la fel, dar cu toate acestea se aşteaptă la ceva diferit. Cât de epuizant trebuie să fie! De ce se întâmplă acest lucru? Fiindcă nu stau niciodată să se gândească de ce eforturile pe care le depun nu le aduc rezultate pozitive, astfel încât să schimbe direcţia.

Una dintre modalităţile de succes prin care oamenii reuşesc să funcţioneze permanent la o capacitate emoţională ridicată este să evite să cadă în această capcană. Evident, fac greşeli. În acelaşi timp însă, învaţă din ele. Nu respectă vechea etichetă de business, care spune „Când s-a terminat, înseamnă că s-a terminat", ci urmează o regulă diferită: nu s-a terminat până când nu am învăţat ceva.

Reflectarea transformă experienţa în perspectivă.

Unul dintre principiile după care m-am ghidat de-a lungul anilor este ideea că reflectarea transformă experienţa în perspectivă. Acest lucru m-a ajutat să evoluez, să acumulez înţelepciune şi să funcţionez la o capacitate emoţională ridicată. Cum să reuşesc să procedez astfel? Urmând principiile de mai jos:

Mă analizez

În fiecare seară îmi rezerv puţin timp să reflectez şi să îmi pun eu însămi nişte întrebări. Este un fel de întâlnire cu mine însumi. Una dintre întrebările pe care mi le pun aproape întotdeauna este: „Ce greşeli am făcut astăzi?", tocmai fiindcă sunt de părere că erorile reprezintă fundamentul învăţării. Cei mai mulţi oameni se tem de greşeli într-o măsură mult mai mare decât le place să înveţe ceva. Mie îmi place să învăţ într-o măsură mult mai mare decât urăsc să greşesc.

Mă gândesc la mine

Indivizii puternici din punct de vedere emoţional se uită mai întâi de toate la ei înşişi şi văd ce anume trebuie să schimbe. Nu se concentrează asupra altora şi nici a circumstanţelor. Aşadar, după ce îmi identific greşelile, mă întreb: „Ce pot învăţa din ceea ce am greşit astăzi?"

Vorbesc cu mine

Cele mai importante conversaţii pe care le avem în fiecare zi sunt cele pe care le purtăm cu noi înşine, ele având un impact extraordinar asupra noastră. Este momentul în care ne convingem să avem în continuare o atitudine pozitivă, analizând în acelaşi timp punctele slabe. Încerc întotdeauna să îmi reamintesc că învăţ ceva şi evoluez ca urmare a greşelilor pe care le fac şi că fiecare efort mă aduce mai aproape de menirea mea pe acest pământ.

Îmi stabilesc direcţia

Următorul pas în procesul în care evităm să facem aceleaşi greşeli este stabilirea direcţiei corecte. Jim Rohn spunea: „Unul dintre cele mai bune puncte de plecare dacă vrei să îţi schimbi viaţa în bine este să te apuci să duci la bun sfârşit tot ceea ce se află pe lista ta de «ar trebui...»". Pe măsură ce îmi identific greşelile şi învăţ ceva din ele, îmi stabilesc direcţia corectă pe care trebuie să o urmez dacă vreau să las totul în urmă. Iar aceste etape se află pe lista mea cu „ar trebui să...".

Acţionez singur

Nu mă cramponez foarte mult timp la lista cu „ar trebui să...". Mi-am făcut un obicei din a încerca să acţionez cât se poate de prompt. Viaţa este şi-aşa suficient de stresantă, astfel că nu e deloc în regulă să ne gândim tot timpul ce anume ar trebui sau ar fi bine să facem.

„Nici o persoană care nu este pe deplin sinceră cu sine nu poate realiza ceva excepțional."
– James Russell Lowell

Indivizii puternici din punct de vedere emoţional sunt sinceri cu sine. Deprinderea autoanalizării mă ajută foarte mult să fiu cât mai onest atunci când vine vorba despre mine. Este foarte important, fiindcă, aşa cum spunea poetul James Russell Lowell: „Nici o persoană care nu este pe deplin sinceră cu sine nu poate realiza ceva excepţional."

6. Indivizii puternici din punct de vedere emoțional nu permit ca propriile calități sau defecte să le controleze viața

Când eram mic, am citit la un moment dat acest proverb: „Cel ce este stăpân pe sine preţuieşte mai mult decât cel care cucereşte cetăţi.[4]" Nu ştiu cât de greu este să cucereşti o cetate, dar ştiu cât de greu este să îmi stăpânesc emoţiile. Încerc însă să lucrez la acest aspect: îmi doresc să îmi controlez emoţiile, astfel încât să nu le permit să mă controleze ele pe mine.

Am citit la un moment dat un articol despre un tip care a jucat o partidă de golf cu renumitul campion Sam Snead. La prima gaură, Snead a înscris un scor foarte mic. În timp ce ieşeau de pe teren îndreptându-se spre următoarea gaură, Snead era imperturbabil: „Nu-i nimic, de aceea şi jucăm la 18 găuri", a spus el.

A câştigat în ziua aceea, fiindcă nu a permis ca emoţiile să îi controleze stilul de joc.

La începutul carierei mele în leadership, unul dintre mentorii mei mi-a spus: „În viaţa unui lider, nu există două zile bune la rând." Cât de adevărat! La aproape 70 de ani, m-aş hazarda să spun că nu există două zile bune consecutive în viaţa nimănui. În fiecare zi ni se întâmplă şi ceva negativ, existând astfel riscul să ne distrugă emoţional.

Nu mai este nevoie să îţi spun că nu ar trebui să ne lăsăm doborâţi de neplăceri, fiindcă există riscul să ne descurajăm. Ştii însă şi că nu ar trebui să te ridici singur pe un soclu doar fiindcă ai avut câteva reuşite? Succesul are tendinţa să ne facă să ne complacem. Începem să credem că totul va rămâne perfect, aşa că ne putem culca pe lauri şi să încercăm să protejăm ceea ce avem. Avem sentimentul că ni se cuvine tot, ne pierdem perspectiva și încetăm să ne mai străduim. Într-un final, suișurile și coborâșurile ne îndepărtează de realitate și ne împiedică să acționăm.

Iată cum limitez eu impactul reușitelor și al eșecurilor: respect regula celor 24 de ore. Pe scurt, limitez efectul acestora la maximum o zi. Dacă am un succes foarte mare, sărbătoresc 24 de ore. Celebrez alături de echipă, simțim împreună victoria, ne felicităm - dar doar o singură zi, după care ne apucăm din nou de treabă. Știm că succesul de ieri nu ne aduce automat și succesul de mâine. *Ci doar munca depusă azi.*

Dacă mi-e greu să îmi revin, fac diverse lucruri care îmi pot oferi o perspectivă mai realistă. Răsfoiesc *Built to last* („Construit să dureze"), cartea lui Jim Collins și trec în revistă toate companiile care au început în forță, dar într-un final au dat greș. Enumăr toate detaliile care ar putea să nu funcționeze dacă eu personal nu schimb nimic în bine sau analizez provocările care mă așteaptă.

În mod similar, dacă dau greș câteodată, îmi dau voie ca, o zi după aceea, să mă simt deprimat și să fiu supărat. Către finalul limitei de timp stabilite, încep să fac acele lucruri care mă ajută să ajung la stabilitatea emoțională. Mă întâlnesc cu prieteni optimiști. Joc golf. Împărtășesc cuiva lecțiile pe care le-am învățat. Mă concentrez asupra lucrurilor bune sau ajut pe cineva.

Acțiunea este esențială. Indiferent că mă confrunt cu suișuri și coborâșuri, faptul că acționez într-un fel sau altul mă ajută să revin pe drumul cel bun și să redobândesc controlul asupra propriilor emoții. Doar în acest fel pot rămâne puternic din punct de vedere emoțional.

7. Persoanele puternice din punct de vedere emoțional înțeleg, apreciază și se dezvoltă ca urmare a eforturilor depuse

Mulți oameni se opun ideii de schimbare, vor rezultate imediate și speră să aibă o viață lipsită de probleme. Cu toate acestea, asemenea dorințe transformă aceste persoane, făcându-le mai slabe la nivel emoțional. De ce? Fiindcă viața implică și lupte. Persoanele puternice din punct de vedere emoțional se așteaptă să întâmpine dificultăți și învață să aprecieze evoluția pe care o aduc cu ele. Iată ce scria Lolly Daskal, fondator și președinte al organizației Lead From Within:

E în firea omului să se opună schimbării – în special atunci când în cale îi apar obstacole sau provocări. Însă schimbarea este inevitabilă, iar dezvoltarea rezistenţei ne ajută nu numai să supravieţuim schimbării, ci şi să învăţăm, să evoluăm şi să strălucim. Rezistenţa înseamnă capacitatea de a face faţă stresului şi neplăcerilor. Ea vine din încrederea pe care o ai în propriile forţe şi, în acelaşi timp, în ceva mai amplu decât tine. Rezistenţa nu este o trăsătură nativă, ea implică gândire, conduită şi acţiuni care pot fi deprinse şi dezvoltate de toată lumea[5].

Persoanele puternice din punct de vedere emoţional nu se aşteaptă să obţină imediat rezultate. Pe măsură ce trec prin viaţă, ştiu că fac parte din ea pe termen lung. Se luptă cu provocările şi o fac cu energie şi forţă morală. Înţeleg că, pentru un succes real, este nevoie de timp. Încearcă lucruri noi şi dau greş. Întâmpină obstacole, dar perseverează. Continuă să meargă şi continuă să muncească. Se concentrează asupra deciziilor corecte pe care trebuie să le ia şi o fac rapid. Îşi dau seama că e posibil să fie nevoie să îşi schimbe brusc direcţia, dar că nu vor ajunge la fel de brusc în punctul dorit. Nu pierd din vedere perspectiva de ansamblu şi nu renunţă. Sunt personificarea atitudinii lui Eric Greitens, autorul cărţii *Resilience*, care scria:

Vei da greş. În special la început. Vei greşi. Şi nu numai că este în regulă, ci şi esenţial. Dacă nu eşti rezistent, primul eşec va fi şi ultimul – fiindcă este finalul. Cei care excelează în munca lor au învăţat să convieţuiască cu eşecul. O persoană cu rezultate excepţionale dă greş mult mai des decât una mediocră. Încep mai multe lucruri. Încearcă mai mult. Atacă mai mult. Adevăraţii maeştri au în urma lor un munte de greşeli[6].

„Dacă nu eşti rezistent, primul eşec va fi şi ultimul – fiindcă este finalul."

– Eric Greitens

Greitens este de părere că, în cazul nostru, al oamenilor, există câteva lucruri pe care trebuie să le facem dacă vrem să trăim bine: să respirăm, să dormim, să bem apă, să mâncăm şi să iubim. Mai crede însă că totul este o luptă. Avem nevoie de provocări pe care să le stăpânim şi de probleme pe care să le rezolvăm dacă vrem să ne atingem potențialul maxim. Putem face acest lucru doar în condițiile în care ne controlăm emoțiile și apreciem luptele pe care le purtăm.

Un individ puternic din punct de vedere emoțional este capabil să o ia în fiecare zi de la capăt și să funcționeze normal. Nu este posibil ca, simultan, să ne agățăm de vechile emoții și să rămânem rezistenți la nivel emoțional.

Mi-am amintit de curând cât de importantă este abilitatea de a lua totul de la început, atunci când am citit un text scris de Steve Jobs, care, în esență, spunea că trebuie să învățăm să ne ștergem din palmares realizările și să ne permitem să fim din nou începători. Și chiar am avut nevoie de acest sfat în momentul în care Margaret și cu mine ne-am împachetat toate lucrurile din casă, fiindcă urma să ne mutăm. Am evaluat totul, încercând să vedem la ce anume putem renunța.

Timp de o lună, am trecut în revistă tot ceea ce se afla în vechile mele dulapuri. Erau acolo materiale pe care le adunasem timp de mai bine de 45 de ani și pe care le folosisem să scriu diverse texte sau să susțin discursuri. Pe măsură ce încercam să îmi dau seama ce să iau cu mine și ce să arunc, am ajuns la concluzia că se transformaseră într-un soi de plasă de siguranță. Atât timp cât aveam acele materiale, știam că am pe ce să mă bazez. Însă în ultima vreme îmi propusesem să scriu și să vorbesc și despre alte lucruri în afara experiențelor mele de viață, să mă analizez mai bine și să descopăr noi idei și perspective inedite, care să nu aibă legătură cu tot ceea ce se afla acolo.

„Șterge toate realizările din palmaresul personal și permite-ți să fii din nou începător."
– Steve Jobs

Așadar, aveam o decizie de luat, iar pentru mine era una emoțională. Acele fișete reprezentau gânduri și idei strânse în mod deliberat timp de 45 de ani. Pe măsură ce mă uitam în fiecare dosar, îmi aminteam de ce le pusesem acolo, cât de mult îmi plăcuseră și cum le folosisem ca să îi ajut pe cei din jur. Însă, oricât de mult mi-aș fi dorit să le păstrez, îmi doream și mai mult să evoluez. Într-un final am luat cu mine mai puțin de zece dosare. Restul le-am aruncat.

Nu mai apelez la ele pentru ajutor. Acum îi cer ajutorul lui Dumnezeu, care m-a creat ca să mă reinventez. Și îmi place tot ceea ce face cu mine. Descopăr că pentru a trece de la siguranță la risc, de la familiar la necunoscut, este nevoie de curaj și credință. Dar și de capacitate emoțională.

Întrebări referitoare la capacitatea emoțională

1. Până acum te-ai considerat o persoană puternică sau slabă din punct de vedere emoțional? De ce?
2. Pe care dintre cele șapte practici ale persoanelor puternice din punct de vedere emoțional o stăpânești cel mai bine?
3. Care dintre cele șapte practici ale persoanelor puternice din punct de vedere emoțional ți se pare cea mai dificilă și de ce? Ce ai putea face să îți îmbunătățești această latură?

5

Capacitatea de gândire – abilitatea de a raționa eficient

Tatăl meu a crescut în orașul Georgetown, din statul Ohio, în perioada Marii Recesiuni. Fiind un tip muncitor și isteţ de felul său, și-a găsit întotdeauna de lucru. În adolescenţă, a reușit să facă diverse comisioane pentru cele trei familii mai înstărite din localitate (și singurele, de altfel). Cât timp a lucrat pentru ele, a descoperit ceva uluitor. Membrii acestor familii gândeau diferit faţă de familia din care provenea el și faţă de toţi ceilalţi din oraș. Mai mult, mentalitatea celor din aceste familii era similară. Așa că, până la terminarea liceului, ajunsese la o concluzie certă: persoanele de succes gândesc diferit de cele care nu au rezultate notabile.

Cei care reușesc gândesc diferit faţă de cei care dau greș.

Concluzia l-a făcut pe tatăl meu să îi studieze mai îndeaproape pe cei care aveau succes, să citească diverse cărţi care să îl ajute să gândească pozitiv și să își dezvolte abilitatea de a gândi eficient. Și ne-a învăţat aceste lecţii pe mine, pe fratele meu, Larry, și pe sora mea, Trish, provocându-ne să gândim corect.

Ca urmare a încurajărilor tatei și a faptului că am urmărit îndeaproape cum gândesc oamenii de succes, am ajuns la aceeași concluzie referitoare la mentalitatea corectă. Și mai cred că, în lipsa ei, este dificil, dacă nu chiar imposibil să ai succes. Este și unul dintre motivele pentru care am scris atât de mult despre acest subiect. Este fundamental. Mai mult, mi-am început cartea *Thinking for a Change* cu câteva idei referitoare la modul de gândire, pe care aş vrea să ţi le împărtăşesc şi ţie. Ele te vor ajuta să înţelegi de ce cred eu că este atât de importantă o gândire corectă.

1. **Totul începe cu o idee.**

Viaţa înseamnă gândurile pe care individul le are pe parcursul zilei.

– RALPH WALDO EMERSON

2. **Suntem ceea ce gândim. Ceea ce suntem determină ceea ce facem.**

Am fost convins întotdeauna că acţiunile unei persoane îi descriu cel mai bine gândurile.

– JOHN LOCKE

3. **Propriile gânduri ne determină destinul. Iar destinul ne determină moştenirea.**

Te afli acum în locul în care te-au purtat gândurile tale. Mâine vei fi acolo unde te vor duce ele.

– JAMES ALLEN

4. **Cei care ajung în vârf gândesc diferit în comparaţie cu ceilalţi.**

Nimic nu limitează succesul într-o măsură mai mare decât gândirea la scară mică; nimic nu extinde mai mult posibilităţile decât imaginaţia dezlănţuită.

– WILLIAM ARTHUR WARD

5. **Ne *putem* schimba modul de gândire.**

Tot ce este adevărat... demn de cinste, drept, curat, tot ce este vrednic de iubit, orice faptă bună şi orice laudă, aceea să vă însufleţească.

– APOSTOLUL PAVEL

Cum să îţi amplifici capacitatea de gândire

Asemenea multor altor lideri plini de energie, şi eu am o înclinaţie naturală către acţiune. Iar îndeplinirea cu succes a propriilor obiective cu siguranţă că presupune acţiune. Însă tendinţa de a acţiona are şi ea niște limite. Am descoperit cu multă vreme în urmă că, dacă voiam să îmi măresc șansele de succes, trebuia să îmi amplific capacitatea de gândire.

Dacă vrei să îți amplifici șansele de succes, atunci trebuie să începi să gândești mai bine.

Iată procesul pe care îl folosesc pentru a-mi aplica în practică ideile și pentru a-mi îmbunătăți în fiecare zi modul de gândire. Dacă îți poți însuși acest proces, vei putea să gândești mai bine. Și pe măsură ce gândirea ți se va îmbunătăți, vei avea și mai multe idei bune. Urmează, firesc, etapa în care îți pui în practică ideile, astfel încât să schimbi viața în bine. Iar o viață frumoasă este creată dacă pui în practică ideile extraordinare.

1. Găsește idei bune – apreciază gândirea corectă

Cei mai mulți oameni nu își dau seama cât de valoroasă este gândirea corectă. Au idei, dar le trec cu vederea și nu le pun niciodată în practică. Cu toate acestea, dacă apreciezi asemenea idei bune, mentalitatea ta per total va fi una mult mai valoroasă. Este punctul din care începi să îți amplifici capacitatea de gândire. Fiindcă eu personal pun mare preț pe o gândire corectă, îmi pun permanent întrebări care să mă ajute să găsesc și să dezvolt noi idei. Iată câteva exemple:

Unde pot găsi idei?

Dacă vrei să începi să gândești mai bine, atunci trebuie să ai și o mentalitate corespunzătoare. Este posibil ca doi oameni să vadă aceleași lucruri, să treacă prin aceleași experiențe, să aibă aceleași conversații, dar cu toate acestea unul dintre ei să aibă permanent idei noi, iar celălalt nici una. Dacă îți dorești să îți mărești capacitatea de a gândi, trebuie „să sapi" după idei. Eu unul așa procedez. Caut *permanent* idei și încerc să le dezgrop. Pentru mine, dacă am bifat următoarele două lucruri, atunci pot spune cu mâna pe inimă că am o zi bună: să schimb cuiva viața în bine și să descopăr o idee nouă.

Pentru mine, o zi bună este una în care am schimbat cuiva viața în bine și în care am avut o idee bună.

Cum o pot folosi?

Există multe persoane cărora le vine o idee, își dau seama că e una bună, și totuși nu o folosesc la nimic. Nu o pun niciodată în aplicare și este păcat, fiindcă o idee bună se aseamănă cu mușchii. Dacă nu îi folosești, se atrofiază.

Îmi amintesc de perioada în care conduceam o biserică din San Diego. Pe-atunci, mentorul meu era Charles Blair, un pastor ce se ocupa de un așezământ religios din Denver, Colorado. La un moment dat, mi-a vorbit despre importanța primei impresii, spunându-mi: „Am construit această biserică pe o mulțime de prime impresii bune."

„Ce idee bună", mi-am spus eu. „Cum aș putea să mă folosesc de ea?" Într-un fel, m-a obligat oarecum să îmi dau seama că prima impresie nici măcar nu avea legătură cu biserica în sine, ci cu parcarea. Așa că m-am asigurat că cei care aveau grijă de locurile de parcare erau extraordinari. Le-am insuflat tot ceea ce trebuia, spunându-le: „Cei care vin la biserică își fac o primă impresie în momentul în care vă văd pe voi." În momentul în care auzi o idee bună, trebuie să te gândești imediat cum o poți folosi.

Cum pot amplifica o idee?

Nu există nici o idee care să fie de la bun început atât de revoluționară pe cât ajunge să fie uneori la final. Fiecare idee poate fi dusă la un nivel superior și poate fi aplicată astfel încât să se dezvolte.

Revenind la experiența pe care am avut-o după sfaturile pe care le-am primit de la Charles Blair, am sfârșit prin a pune în aplicare într-o măsură cât mai mare ideea în sine, îmbunătățind tot ceea ce avea legătură cu biserica. Am reinstruit toți plasatorii, astfel încât să facă o primă impresie extraordinară. Am analizat cu atenție clădirea și ne-am gândit ce impresie face ea oamenilor. Ne-am trimis la cursuri toți angajații. Am pus în practică ideea ajutând oamenii din interiorul organizației, astfel încât fiecare dintre ei să evolueze și să ofere vizitatorilor o experiență pozitivă.

Nici o idee nu este de la început atât de bună pe cât se poate dovedi pe viitor.

De fiecare dată când ai o idee care le poate schimba viaţa celor din jur în bine, ar trebui să o analizezi mai cu atenţie. Pune-ţi următoarea întrebare: „Care este locul în care aş putea amplifica această idee?“ Dacă ea va contribui la extinderea organizaţiei, aplic-o în cadrul ei. De asemenea, vezi dacă ideea se potriveşte cu nivelul profesional la care te afli, dacă te va ajuta să îţi dezvolţi o abilitate sau să evoluezi şi să devii mai bun. Dacă ai o asemenea idee, acordă-i atenţie şi pregăteşte-te pentru următorul pas.

2. Notează-ți ideile pe ceva – încearcă să gândești cât mai clar

S.I. Hayakawa, senator şi preşedintele unei universităţi americane, spunea: „Dacă înveţi să scrii, înveţi de fapt să gândeşti. Nu poţi înţelege nimic pe deplin până când nu vezi în scris totul.“ Cred că e perfect adevărat. Scrisul te ajută să pricepi totul foarte clar. Te obligă să formulezi ideea, transformând-o în ceva vizual.

Nu este deloc simplu. Ernest Hemingway, romancier laureat al Premiului Nobel, a povestit cât de slabe erau primele variante ale fiecărui roman sau nuvelă. Este posibil să fie nevoie de mai multe încercări ca să scrii ceva coerent. Mie personal aşa mi s-a întâmplat la începutul carierei mele de scriitor. Când am scris prima carte, *Think on These Things*, la fiecare pagină păstrată, am aruncat în jur de zece. Crede-mă însă: chiar merită să îţi notezi pe ceva ideile.

3. Găsește un loc în care să îți aduni gândurile – nu îți risipi ideile

Ştii care este principala cauză pentru care oamenii îşi pierd timpul? Căutarea lucrurilor pierdute. Este şi motivul pentru care ai nevoie de un sistem foarte bine pus la punct ca să îţi centralizezi ideile. Şi tot de aceea obiectivul meu principal atunci când am o idee bună este să nu cumva să o uit.

Aşa cum am menţionat într-unul dintre capitolele anterioare, toată viaţa mea am fost un fan al îndosarierii şi arhivării documentelor. Ani de zile am avut în servietă două cărţi: una din care citeam şi un carneţel în care îmi notam ideile. Acum am doar o carte, fiindcă ideile mi le notez în iPhone.

Dacă tot sunt la acest capitol, aş vrea să te încurajez să îţi găseşti un loc în care să îţi *regăseşti* gândurile. Ce vreau să spun mai exact? Trebuie să te obişnuieşti să gândeşti în anumite locuri. În prima parte a vieţii, mă duceam lângă o piatră mai mare din împrejurimi. Mai târziu, mi-am dorit un loc puţin mai confortabil, aşa că am ales un anumit fotoliu de la mine din birou. Nu contează unde se află - alege pur şi simplu un loc, petrece timp acolo şi vei vedea că apar şi ideile bune.

Îmi amintesc de o povestioară pe care am auzit-o la un moment dat despre Charles Kettering, fondatorul Delco, care a făcut pariu cu un prieten, pe o sută de dolari, că îl poate face să cumpere o pasăre. Prietenul s-a gândit că ideea e absurdă, aşa că a fost de acord cu pariul.

De Crăciun, Kettering i-a cumpărat prietenului său o colivie foarte frumoasă, excepţional lucrată şi foarte scumpă, pe care a trimis-o direct acasă la acesta. A rugat curierul să i-o lase la uşa din faţă, astfel încât să o poată vedea toţi oaspeţii.

Omul i-a înţeles strategia lui Kettering, însă nu avea nici cea mai mică intenţie să ia şi o pasăre. Cu toate acestea, de fiecare dată când venea cineva în vizită la el, persoana respectivă îi admira colivia şi se minuna cât de frumoasă este. Urma inevitabil şi întrebarea: „Dar unde e pasărea din ea?"

Într-un final, acesta, exasperat de întrebare, a cedat şi şi-a cumpărat o pasăre. Morala? În momentul în care ai un loc special pentru un anumit lucru - oricare ar fi el - ai sentimentul că trebuie să umpli acel loc. Şi te trezeşti că faci tot ce îţi stă în putinţă să îl umpli. Acest lucru este valabil şi atunci când vine vorba despre gânduri.

4. Analizează-ţi ideile – evaluează-ţi modul de gândire

Următorul pas este probabil cel mai important din tot procesul de gândire, fiindcă este momentul în care renunţi la ideile proaste şi ţi le pui în ordine pe cele bune, astfel încât să se transforme în proiecte extraordinare. Ţi s-a întâmplat vreodată să te trezeşti în toiul nopţii cu o idee în minte? Mie mi se întâmplă tot timpul. Înainte de apariţia telefoanelor inteligente, aveam un caiet de notiţe pe noptieră, cu o mică lanternă şi un pix încorporate. Când scoteai pixul din suport, se aprindea automat lanterna, care lumina hârtia. Mi se părea o soluţie extraordinară, fiindcă îmi puteam nota ideile fără să o trezesc pe Margaret. Acum mi le scriu în notiţele din iPhone.

Deși îmi place foarte mult faptul că am un sistem care mă ajută să nu îmi uit ideile care îmi vin în toiul nopții, există totuși o problemă, care apare atunci când le citesc dimineața. De foarte multe ori, ideea nu e chiar atât de bună pe cât credeam. La lumina zilei, o mare parte dintre ideile care îmi vin noaptea nu merită urmate. Este în regulă însă. Singurul lucru mai rău decât să nu ai un mod de a-ți centraliza ideile bune - și, prin urmare, de a nu profita de ele, este să ai o idee proastă și să încerci să o faci să funcționeze. Dacă nu e bună, uită de ea.

De cele mai multe ori, instinctul meu funcționează destul de bine în a-mi spune dacă o idee e bună sau nu. Cele bune îmi „umblă" încă prin cap și după 24 de ore. Cele proaste nu. Dacă nu știi sigur cum să evaluezi o idee, pune-ți următoarele întrebări. În cazul meu funcționează:

- Ideea îmi spune în continuare ceva?
- Ideea le va spune celor din jur ceva?
- Cum, unde și când voi putea folosi această idee?
- Pe cine voi putea ajuta dacă implementez această idee?

Dacă răspunsurile nu sunt pozitive, probabil că ideea nu merită să parcurgi următorii pași ai procesului.

5. Formulează ideea – exprimarea gândurilor

Pentru a avea cât mai multe beneficii de pe urma unei idei, trebuie nu numai să o analizezi bine, ci și să o exprimi. Ambele etape sunt esențiale, însă ordinea lor depinde de felul în care ești programat să gândești. De exemplu, mie personal îmi place să judec lucrurile mai întâi. S-ar putea să fii destul de surprins, mai ales că sunt specialist în comunicare. Însă mereu mi-am propus să evaluez o idee înainte de a o prezenta și altora. Acest lucru mi-a adus ceva probleme la începutul căsniciei mele cu Margaret, care își dorea să discutăm și să rezolvăm problemele împreună. Eu voiam să rezolv problemele și apoi să îi povestesc și ei. Am fost nevoit, într-o oarecare măsură, să îmi transpun în vorbe gândurile.

La începutul carierei mele de lider, țineam cu dinții de ideile mele și nu discutam despre ele decât în momentul în care știam că am găsit toate soluțiile. Ca mulți lideri tineri, nu voiam să împărtășesc o problemă fără să ofer o soluţie, fiindcă mă temeam ca oamenii pe care îi conduceam să nu mă considere nepregătit şi slab. Nu-mi dădeam seama însă că, dacă soluţia pe care aş fi propus-o era una greşită, tot nepregătit aş fi părut.

Şi acum mi-e greu uneori să discut despre ideile mele. Timp de două decenii, am lucrat la cărţile mele alături de Charlie Wetzel. De cele mai multe ori am scris ideile principale ale fiecărui capitol, iar apoi i le-am dat lui Charlie. El le dezvoltă, adaugă poveşti reale şi se ocupă de întregul proces editorial alături de redactor.

Charlie seamănă cu mine, în sensul că îi place să rezolve singur problemele. La începutul relaţiei noastre profesionale, când mi-a semnalat o chestiune cu care s-a confruntat în timp ce scria cartea, mi-am dat seama că lucrase prea multă vreme izolat. A trebuit să insist să îmi ceară părerea – acum aşa procedează. Formularea ideilor ne ajută să le vedem imediat mai clar.

Acum câţiva ani, am descoperit un alt nivel al importanţei exprimării ideilor. Mi-am dat seama cum stă treaba în perioada în care am lucrat la cartea „Dă sens vieţii" (*Intentional Living*). Am tot cântărit ideea care a stat la baza cărţii timp de doi ani înainte de a vorbi despre ea. La un moment dat însă, m-am lovit de un zid. Am fost suficient de norocos să o cunosc pe Laura Morton, scriitoare şi producător de televiziune, care colaborase cu mai multe persoane publice la cărţile pe care le publicaseră. A stat câteva ore de vorbă cu mine. Întrebările ei m-au obligat într-un fel să îmi formulez mai multe idei care m-au ajutat realmente să îmi duc proiectul la bun sfârşit.

Dacă vrei ca ideile tale să ajungă la alt nivel, trebuie să discuţi despre ele. Iată şi motivele:

Discuţiile te ajută să îţi deschizi sufletul

Notarea în scris a unei idei accentuează latura intelectuală. Te ajută să îţi clarifici gândurile. Discutarea acesteia îi conferă şi o latură emoţională şi face legătura între gândire şi suflet.

Ai observat vreodată că îţi poţi reaminti într-o manieră destul de raţională de un moment extrem de neplăcut din trecut, dar când încerci să povesteşti altcuiva despre el te cuprind emoţiile şi ţi se pune un nod în gât? Explicaţia ar fi aceea că în momentul în care îţi exprimi ideile, stabileşti o legătură cu inima.

Discuțiile purtate cu ceilalți te ajută să îți îmbunătățești ideile

De foarte multe ori când încerci să formulezi o idee, o extinzi. Îi dai viață, îi adaugi detalii și o înțelegi mai clar. Uneori, acest lucru se întâmplă fiindcă ai fost nevoit să o exprimi. Alteori, datorită feedback-ului nonverbal pe care îl primești de la cei care te ascultă, atunci când nu înțeleg ceea ce spui. În alte cazuri, ca urmare a faptului că răspunzi la întrebările care ți se pun referitoare la idee. Toate aceste lucruri te ajută să îți îmbunătățești ideea, dar și să îți extinzi pe viitor capacitatea de gândire.

Ai mai degrabă tendința de a vorbi sau de a gândi? Începe cu ceea ce ți se potrivește mai bine. Asigură-te că îți aloci și momente în care să gândești singur, dar și momentele în care discuți cu alte persoane, astfel încât să îți îmbunătățești capacitatea de gândire.

6. Expune-ți ideea – împărtășește-le și altora ceea ce gândești

Așa cum am mai spus, la începutul carierei eram reticent să le împărtășesc altora ideile de care nu eram sigur, fiindcă credeam că liderul are datoria să rezolve problemele tuturor. Însă pe măsură ce am căpătat experiență în leadership, am descoperit ceva: pur și simplu nu aveam capacitatea să am idei extraordinare tot timpul, de unul singur. Acest lucru mi-a devenit foarte clar în momentul în care am participat la un schimb de idei cu lideri din domeniul meu. Cei mai în vârstă și cu mai multă experiență erau foarte deschiși, își împărtășeau atât ideile, cât și problemele și, pe măsură ce discutau despre ele, ceilalți îi ajutau și veneau cu idei și mai bune.

Este posibil ca acest proces să ți se pară evident, însă pe mine m-a luat prin surprindere. De-atunci am început să vorbesc despre ce mă preocupă și să le cer celorlalți ajutorul. Mi-am schimbat stilul de a conduce și mi-am extins foarte mult capacitatea de gândire. A fost ca și cum am adunat unu plus unu și mi-a dat trei!

Doar foarte rar mi s-a mai întâmplat să nu îmi expun ideile și să le discut cu alți membri ai echipei. De exemplu, când am scris *Cele 21 de legi ale liderului*, în 1997, am prezentat conceptul câtorva persoane, care au venit apoi cu idei, astfel încât am conceput una dintre legi. Și pe măsură ce le prezentam lista lor, îmi spuneau ce părere au. Am lucrat împreună la ele timp ce cinci luni înainte de a mă apuca să scriu primul cuvânt. Fără ajutorul lor, cartea nu ar fi avut nici pe departe succesul de-acum.

Te încurajez să îţi împărtăşeşti ideile cu cei din jur, astfel încât să le îmbunătăţeşti. Pentru asta, urmează paşii enumeraţi mai jos:

- *Expune-ţi ideea.* Nu trebuie să fie o idee extraordinară, ci una bună.
- *Spune-le celorlalţi că vrei să îţi îmbunătăţeşti ideea.* Trebuie să îţi doreşti să ai idei mai bune, nu doar să îţi asumi meritele.
- *Roagă-i pe toţi să participe.* Oamenii ar trebui să ştie că fie intră în joc, fie nu îi mai bagă nimeni în seamă.
- *Pune întrebări.* Nimic nu stimulează mai mult gândirea decât întrebările.
- *Cea mai bună idee să câştige!* Când cea mai bună idee iese câştigătoare, tu câştigi!

Dacă stai la masă cu un grup mic de oameni care gândesc corect și le prezinți o idee interesantă, ei o vor îmbunătăți.

Dacă stai la masă cu un grup mic de oameni care gândesc corect şi le prezinţi o idee interesantă, ei o vor îmbunătăţi. Asigură-te pur şi simplu că ai în jurul tău asemenea persoane care gândesc corect, dar şi că – aşa cum spune prietena mea, Linda Kaplan, cel puţin una dintre ele poate recunoaşte o asemenea idee. În aceste condiţii, ideea va fi mult îmbunătăţită.

7. Aplică în practică ideile – pune gândurile la treabă

Odată ce ideea a fost prezentată şi îmbunătăţită în urma unui brainstorming, este momentul să fie văzută de şi mai mulţi oameni. Este ca şi cum ai ieşi cu căţelul să îl plimbi în parc. Ceilalţi îl văd, reacţionează şi comentează.

Eu personal fac foarte des acest lucru în timpul conferinţelor pe care le susţin. Când am o idee la care am lucrat, o scot în lume şi o pun în practică în faţa celor care mă ascultă. Aşa am procedat şi când mi-am prezentat ideea de a învăţa din eşecuri. Publicul a avut o atitudine atât de pozitivă încât principiul în sine s-a transformat într-o carte. De curând, le-am spus celor care participau la una dintre conferinţele mele următorul lucru: „Tot ceea ce e valoros presupune un drum anevoios." Toţi cei din încăpere au avut o reacţie de uluire, iar energia a crescut simţitor.

Ai foarte multe de învăţat în momentul în care prezinţi o idee unor oameni care nu te cunosc sau care nu iau automat de bun tot ceea ce spui. Dacă singura persoană care îţi aude ideile este propria mamă, atunci ea îţi va spune că toate sunt bune. Dacă le explici unor străini, mai sceptici de felul lor, îţi vei da seama cum sunt ele cu adevărat.

Acum câţiva ani, lucram la conceptul pentru una dintre cărţile mele, concept pe care nu l-am putut „vinde" oamenilor indiferent cât de mult am încercat şi oricât am contextualizat-o. Era vorba despre *transformare*. Nimeni nu a înţeles-o. Ca să fiu sincer, şi mie mi-era greu să o definesc. Îmi era greu s-o fac astfel încât să aibă sens. Într-un final, s-a transformat în principiul referitor la *sensul pe care îl dăm vieţii*. L-am descris într-o manieră convingătoare: acţiuni întreprinse în mod deliberat astfel încât să schimbăm viaţa celor din jur în bine şi să dăm sens vieţii lor. De asemenea, au înţeles că dacă tot ceea ce fac se aliniază cu propriile obiective, atunci viaţa lor va avea însemnătate.

Întotdeauna este mai uşor să te gândeşti la o idee decât să o pui în practică. O idee sună mai bine atunci când nu a fost pusă sub semnul întrebării. Însă o idee care nu ridică probleme decât foarte rar poate fi pusă în aplicare în lumea reală. De aceea trebuie să o expui şi să vezi ce anume se întâmplă.

8. Pune-ţi ideile sub semnul întrebării – extinde-ţi gândirea

Am explicat anterior, când am discutat despre procesul extinderii gândirii, că trebuie să ne analizăm gândurile întrebându-ne dacă, după 24 de ore, mai au sens sau nu pentru noi. În momentul de faţă, este important să ne punem din nou sub semnul întrebării gândirea.

După ce ai pus în practică o idee şi ai testat-o, întreabă-te: „Ce am învăţat de aici?", iar apoi vezi dacă ideea este în continuare viabilă. Nu ar trebui să acordăm niciodată credit unei idei dacă nu am analizat-o în prealabil cu cea mai mare atenţie.

Cu cât îţi pui mai multe întrebări la început, cu atât mai puţine îţi vei pune la final.

Acum câţiva ani, una dintre organizaţiile pe care le conduc a încheiat un parteneriat cu o revistă extrem de cunoscută, în ideea de a scoate pe piaţă o lucrare în format digital care să îi ajute pe oameni să aibă mai mult succes. În perioada în care am lucrat la dezvoltarea ideii, ambele companii erau de părere că este una foarte bună. Însă nu a prins niciodată şi nici nu a avut impactul sperat. Poate că nu ne-am pus suficiente întrebări la început. Cu toate acestea, după lansare şi rezultatele destul de dezamăgitoare, îţi garantez că am început să o facem. Ne doream să înţelegem de ce dăduserăm greş, să învăţăm din greşeli şi să schimbăm pe viitor modul de lucru. Ce anume am descoperit? Cu cât îţi pui mai multe întrebări la început, cu atât mai puţine îţi vei pune la final.

De ce este acest lucru atât de important? Trebuie să luăm în calcul şi alte aspecte, în afară de evitarea unui potenţial eşec. Procesul de punere a întrebărilor îţi extinde modul de gândire, capacitatea, dar şi potenţialul. Ştim acum care sunt cele câteva lucruri pe care ar trebui să le facem, dar şi multe altele pe care să le eliminăm. Iar acum suntem mai buni, tocmai fiindcă am trecut printr-un asemenea proces cât se poate de neplăcut.

9. Adoptă ideea – asumă-ți modul de gândire

În momentul în care o persoană trece de la stadiul în care *crede* într-o idee la cel în care îşi asumă ideea, se întâmplă ceva realmente puternic. Este în regulă să crezi într-o idee, însă principiul în sine te limitează destul de mult. Când crezi într-o idee, este ca şi cum ai investi în ceva folosind banii unei alte persoane. Încerci şi speri că va funcţiona. Cu toate acestea, când îţi asumi ideea, este ca şi cum îţi investeşti propriii bani. Trebuie să faci tot ceea ce depinde de tine ca să funcţioneze. Cu cât este mai mare investiţia, cu atât simţi mai mult că *trebuie să funcţioneze.*

În 2015, când mi-am lansat cartea „Dă sens vieţii" (*Intentional Living*), îmi doream să ajungă la cât mai mulţi oameni, fiindcă eram de părere că le poate schimba viaţa în bine, transformând şi comunităţile în care trăiau. Pentru asta, eu şi echipa mea trebuia să dăm dovadă de maximă creativitate. Am apelat la o firmă de marketing. Am creat programul intitulat „Dă sens vieţii" pentru a ajuta oamenii şi le-am oferit o carte gratuit. Am investit în platforme IT. Şi am împărţit mii de cărţi. Toate acestea au costat o mulţime de bani şi de timp.

De ce am dedicat atât de multă energie și bani acestui demers? Fiindcă mi-am asumat totul. Voiam să fac tot ceea ce depindea de mine să transmit mai departe mesajul acțiunilor întreprinse în mod deliberat, dar și să schimb în bine viața oamenilor, ajutându-i să dobândească însemnătate. Credeam cu tărie în toate aceste lucruri, din adâncul sufletului.

Cred atât de tare în mesajul legat de ideea de a da sens vieții încât investesc și acum timp și bani pentru a-l promova. În 2016, cu ajutorul organizațiilor pe care le conduc, am derulat o acțiune în Paraguay, scopul fiind acela de a instrui 18.000 de oameni să conducă mese rotunde (mici grupuri de discuții) referitoare la valori și la faptele bune întreprinse în cadrul comunităților din care făceau parte. Pentru acest lucru, eu și două sute de traineri certificați din cadrul John Maxwell Team ne-am deplasat în Paraguay, pe cheltuiala noastră și i-am instruit pe cei de acolo în probleme legate de afaceri, organizații guvernamentale, instituții educaționale și comunități din regiunea Asunción și din jurul ei.

Până la momentul scrierii acestei cărți, peste 70.000 de oameni au participat la mese rotunde organizate în Paraguay, pentru a afla ce înseamnă să dai sens vieții și să îți propui să faci fapte bune – și numărul lor crește în fiecare zi. Sper să desfășor acțiuni similare în anii care vin și în alte țări. Acest proces nu ar fi avut însă loc dacă organizațiile pe care le conduc, o parte dintre trainerii mei și cu mine nu ne-am fi asumat pe deplin ideea și nu am fi adoptat-o.

10. Lansează ideea – implementarea modului de gândire

Atunci când lansezi o idee, trebuie să știi cât mai clar ce anume vrei să afle oamenii și ce anume să facă. Când le-am descris coach-ilor lucrurile pe care aveam să le facem în Paraguay, am inclus în descrierea mea și felul în care urma să fie lansată ideea. Oamenii știau astfel ce trebuie să facă – și așa au și procedat.

Lansarea este cel mai important test al unei idei.

Lansarea este cel mai important test al unei idei. Implementarea demonstrează valoarea reală a unei idei – sau lipsa ei de valoare. În momentul în care funcționează, este relevantă, fiindcă toată lumea o vede. Exact așa s-a întâmplat și în Paraguay. Aproape toată lumea auzise de idee. Eforturile antrenorilor au fost prezentate în programele de ştiri şi s-a scris despre ele în ziare. Şi oameni din toată ţara, de la preşedinte la membrii Congresului şi la clienţii restaurantelor din oraş discutau despre asta. Mai mult, ideea a început să atragă atenţia şi celor din alte ţări.

11. Implementează ideea – fă astfel încât modul tău de gândire să funcționeze

Lansarea unei idei îţi poate aduce o mulţime de beneficii, însă rezultatele apar doar după aplicarea ei. Se aseamănă cu modul în care sunt notate gimnastele la competiţii. Am urmărit de-a lungul anilor câteva concursuri, fiindcă două dintre nepoatele mele practică acest sport, una dintre ele obţinând un scor destul de mare. Săriturile în aer ale celor mai bune gimnaste obţin întotdeauna o mulţime de aplauze din partea publicului, însă nu le aduc note bune decât după ce aterizează pe saltea.

Implementarea este foarte importantă. Nu cu multă vreme în urmă, un grup de militari mi-a propus să sar cu paraşuta alături de ei. Trebuie să spun că eram atras de idee, considerând-o captivantă. Cu toate acestea, eram îngrijorat mai degrabă de aterizare decât de momentul în care săream pe uşa avionului. Ştiam că vor avea grijă de mine pe parcurs. Însă aveam nişte probleme la genunchi şi, fiindcă nu eram sigur care ar fi fost impactul la aterizare, am fost nevoit să refuz.

În momentul în care citeşti aceste rânduri, ştim deja dacă acţiunile pe care le-am întreprins în Paraguay au dat roade. Ştim dacă am putut transforma comunităţile şi dacă am schimbat în bine viaţa oamenilor. Sper din tot sufletul că le-am oferit ceva de valoare şi că vor trăi într-un loc mai bun, în care să se ajute unii pe ceilalţi.

12. Îmbunătățește ideea – un mod de gândire matur

Când o idee prinde teren şi are un impact pozitiv, suntem tentaţi să sărbătorim şi să trecem mai departe. Sunt de acord cu celebrarea. Victoriile sunt greu de dobândit şi, în momentul în care câştigăm ceva, ar trebui să le mulţumim celor care ne-au ajutat şi să le recunoaştem meritele. Însă dacă ne mulţumim cu atât şi nu căutăm să ne îmbunătăţim ideea, ratăm o mare oportunitate.

Evoluţia presupune ca ideile tale să fie permanent îmbunătăţite. Eu personal încerc mereu acest lucru. Şi cu cât o fac într-o măsură mai mare, cu atât am mai mult de oferit. Îmi doresc ca tot ceea ce predau azi să fie mult mai bun mâine.

Aşa cum am mai spus, oameni din alte părţi ale Americii Centrale şi de Sud văzuseră ceea ce se întâmplase în Paraguay şi începuseră să mă invite să vorbesc şi la ei în ţară, astfel încât să îmi promovez valorile şi tot ceea ce însemna să dai un sens vieţii tale. Sper să pot onora invitaţiile, dar şi să îmi îmbunătăţesc ideile prezentate, astfel încât procesul să fie unul cât mai bun.

Dacă doreşti să îţi măreşti potenţialul, să îţi amplifici capacitatea şi să ai succes, dezvoltă-ţi gândirea. O capacitate de gândire dezvoltată şi abilitatea de a susţine ceea ce gândeşti îţi vor oferi beneficii mai mari decât dacă eşti inteligent sau munceşti mult. Diferenţa dintre o persoană care gândeşte la nivel mediu şi una care o face la un nivel mai înalt este precum cea dintre cuburile de gheaţă şi un aisberg. Cuburile de gheaţă sunt mici şi nu rezistă mult. Aisbergul este uriaş şi mult mai amplu decât ceea ce se poate vedea cu ochiul liber. Capacitatea lui este enormă.

Întrebări referitoare la capacitatea de gândire

1. Ai un sistem cu ajutorul căruia să îţi centralizezi ideile? Dacă da, cât de bine funcţionează? Dacă nu, ce poţi face astfel încât să începi să îţi notezi ideile, ca să nu se piardă?
2. Care sunt persoanele la care apelezi atunci când vrei să îţi îmbunătăţeşti ideile? Cât de mult te ajută? Ce poţi schimba astfel încât să te ajute mai mult?
3. Eşti înclinat mai degrabă către acţiune sau către gândire? Ce s-ar întâmpla dacă le-ai stăpâni pe amândouă?

6

Capacitatea de relaționare – abilitatea de a construi legături

În 1987, când am împlinit patruzeci de ani, simţeam într-un fel că mă aflu la jumătatea existenţei şi am decis să îmi fac un soi de inventar personal. Trebuie să recunosc că nu am fost deloc mulţumit de ceea ce am descoperit. Deşi îmi stabilisem priorităţile, muncisem mult şi mă concentrasem pe obţinerea rezultatelor, nu aveam încă impactul la care sperasem. Concluzia? Pusesem un accent prea mare pe persoana mea şi pe atingerea propriului potenţial şi nu mă concentrasem suficient pe relaţionare şi pe colaborarea cu ceilalţi.

Această experienţă m-a ajutat să îmi dau seama că ideea de capacitate personală nu se reducea doar la a da ce e mai bun în tine, ci la relaţiile cu oamenii, la modurile de colaborare şi la felul în care talentele se pot completa. Un deceniu mai târziu, amintirea acestei experienţe m-a îndemnat să scriu *Legea Cercului Intern* din *Cele 21 de legi supreme ale liderului*: „Potenţialul unui lider este determinat de cei apropiaţi lui."

În ultimii 30 de ani, am pus în vârful listei mele de priorităţi relaţiile cu oamenii cheie din viaţa mea, aşa că accentul s-a mutat de la „eu" la „noi". Rezultatul a constat în relaţii minunate, productive şi de durată, care mi-au îmbunătăţit foarte mult viaţa, dar şi capacitatea.

Sunt recunoscător pentru oamenii pe care îi am în viața mea

Importanţa relaţiilor interumane mi-a fost scoasă în evidenţă în anul 2015, când Sealy şi Matt Yates, proprietarii agenţiei literare Yates and

Yates, m-au invitat la un restaurant din Las Vegas, ca să sărbătorim cei 25 de ani de relație profesională excelentă. Ne-am amuzat povestind diverse istorioare petrecute de-a lungul acestei perioade. Ne-am emoționat pe măsură ce ne-am dat seama de modul în care relația noastră ne influențase în mod pozitiv. Ne-am exprimat afecțiunea și am promis ca următorii 25 de ani să fie mai buni decât primii. Am ținut fiecare un toast, ne-am oferit cadouri, ne-am îmbrățișat și ne-am spus ce a însemnat pentru noi faptul că am lucrat împreună.

În seara aceea sufletul îmi era plin de recunoștință, așa că am reflectat la cele mai importante relații, care mi-au îmbogățit foarte mult viața. M-am gândit la Margaret, alături de care mi-am petrecut 48 de ani de viață. La Linda Eggers, asistenta mea, care m-a ajutat într-o manieră extraordinară timp de 30 de ani. La Charlie Wetzel, cel alături de care îmi scriu cărțile și care a contribuit la apariția a peste 90 de volume în ultimii 23 de ani. David Hoyt, agentul care se ocupă de conferințele mele, lucrează cot la cot cu mine de 19 ani, de la terminarea facultății. Mark Cole, CEO-ul tuturor companiilor mele, care a luat-o de la munca de jos în urmă cu 17 ani, a devenit acum de neînlocuit.

Acești oameni reprezintă motivul pentru care mă simt binecuvântat. Toți îmi reamintesc într-un fel faptul că cea mai importantă decizie pe care am luat-o vreodată în viața mea profesională a fost să dezvolt relații extraordinare, pe termen lung, cu cei care m-au ajutat să am un impact pozitiv asupra lumii din jur. Capacitatea relațională este cheia succesului personal și profesional.

Cum să ajuți oamenii să își extindă capacitatea

În 2004 am scris cartea *Winning with People* („Câștigă cu oamenii“), din convingerea că toți cei din jur își pot raporta de obicei succesele și eșecurile la relațiile în care sunt implicați. Relațiile pe care le avem ne definesc. Poate că până acum relațiile tale nu au fost neapărat unele pozitive, benefice sau productive, așa cum sperai. Dar nu-i nimic în neregulă, fiindcă poți învăța cum să construiești relații mai bune și cum să îți extinzi capacitatea de relaționare. M-am gândit foarte mult timp la lucrurile pe care le-am făcut și care mi-au permis să leg relații pe termen lung cu alții, iar cei șapte pași prezentați în cele ce urmează te vor ajuta cu siguranță și pe tine.

Oamenii își raportează de obicei succesele și eșecurile la relațiile pe care le au și în care sunt implicați.

1. Apreciază oamenii în fiecare zi a vieții tale

Sunt pasionat de ideea de a schimba în bine viaţa celor din jur, fiindcă eu chiar pun preţ pe oameni. Cel care m-a învăţat să iubesc oamenii a fost tatăl meu, Melvin. La absolvirea colegiului, l-am rugat să îmi dea un sfat așa, ca de început de carieră. Iată ce mi-a spus: „John, în fiecare zi încearcă să apreciezi oamenii, să crezi în ei și să îi iubești necondiţionat." Cuvintele lui mi-au fost o busolă care m-a ghidat timp de mai bine de cincizeci de ani.

Nu îi poţi ajuta pe ceilalţi să își extindă capacitatea decât dacă îi apreciezi și îţi pasă de ei. Dacă nu îţi plac oamenii, dacă nu îi respecţi și nu crezi în valoarea lor, atunci nici nu puteţi avea succes împreună. Nu e posibil să ai o părere proastă despre cineva și să îl ajuţi în același timp să se ridice. Dacă însă apreciezi oamenii, atunci este perfect posibilă dezvoltarea unor relaţii fructuoase.

2. Încearcă să oferi cât mai multă valoare în relațiile pe care le ai

Care este cea mai rapidă cale de a îmbunătăţi o relaţie? Să încerci să evoluezi, astfel încât să ai mai multe de oferit. Pentru asta, este nevoie de o mentalitate setată pe ideea de abundenţă.

Oamenii au întotdeauna potenţialul de a descoperi sau de a crea mai mult. Fiindcă sunt convins de acest lucru, știu că, în general, cu cât ofer mai mult, cu atât am mai mult de oferit. Am început să adopt această atitudine acum câţiva ani, când l-am auzit pe Zig Ziglar spunând: „Dacă îi ajuţi pe ceilalţi să obţină ceea ce își doresc, atunci și ei te vor ajuta să obţii toate lucrurile de care ai nevoie în viaţă."

Încearcă să evoluezi având obiectivul de a oferi celor din jur ceva și vei vedea ce se întâmplă. Pe măsură ce oferi, îţi garantez că și capacitatea ta de a oferi mai mult va crește. Te voi motiva să oferi idei, timp, bunuri, relaţii, influenţă și talent.

Nu există nici un alt mod mai bun de a le arăta oamenilor că îi apreciezi decât să le ceri părerea.

Pornind de la această mentalitate setată pe ideea de abundență, mă străduiesc să ofer zilnic oamenilor ceva de valoare. Le pun o mulțime de întrebări ca să descopăr cum îi pot ajuta mai bine. Este și motivul pentru care îmi place și susțin atât de mult feedbackul. Nu există nici un alt mod mai bun de a le arăta oamenilor că îi apreciezi decât să le ceri părerea. Eu personal procedez tot timpul în acest fel, fiindcă îmi pasă ce cred cei din jur și fiindcă dacă știu ce e important pentru ei, mă ajută să îi ajut. De exemplu, înainte de a ține un discurs, întreb întotdeauna organizatorii ce pot spune sau face pentru a-i ajuta sau pentru a oferi ceva de valoare organizației lor. Comunicarea corectă înseamnă să oferi ceva de valoare celor care te ascultă, nu doar ție.

Cu cât știi mai multe despre oameni și cu cât evoluezi mai mult, cu atât le poți schimba într-o măsură mai mare viața în bine. Anul trecut, la întâlnirea pe care am avut-o cu Sealy și Matt Yates, unul dintre lucrurile pentru care mi-au mulțumit a fost acela că am trimis și alți autori la ei. La o partidă de golf în care am jucat cu Chris Hodges, un prieten foarte apropiat și pastorul Bisericii Highlands, l-am întrebat ce anume îl mai pasionează în ultima vreme. Fața i s-a luminat de bucurie și mi-a povestit despre colegiul pe care îl înființase. „Mi-am pus tot sufletul în acest proiect. Îi învățăm pe copii cum să devină lideri și să schimbe lumea în bine."

Îmi place foarte mult de Chris. Mi-a fost un prieten extraordinar, care a dat valoare organizației mele nonprofit EQUIP. Încerc să fac tot ceea ce pot ca să îi ofer ceva de valoare, așa că i-am „donat" o zi întreagă în care să vorbesc la o conferință din Birmingham, astfel încât el să poată strânge fonduri pentru colegiul lor, contribuind la dezvoltarea comunității. Și așa am și făcut. După ce am planificat totul în prealabil, am vorbit la evenimentul organizat de Chris, unde s-au strâns peste 700.000 de dolari. Iar faptul că am făcut un gest atât de frumos pentru o persoană pe care o apreciez m-a umplut de bucurie.

Un prieten bun mi-a spus mai demult: „John, trebuie să evoluezi permanent. Nu ești suficient de bun ca să rămâi la fel."

Un prieten bun mi-a spus mai demult: „John, trebuie să evoluezi permanent. Nu ești suficient de bun ca să rămâi la fel." Avea dreptate. Îmi doream să evoluez, astfel încât să ajung să fiu bun. Acesta ar trebui să fie și obiectivul tău. Evoluează astfel încât să îi ajuți și pe ceilalți să fie mai buni. De fiecare dată când ajungi să fii puţin mai valoros, poţi oferi mai multă valoare şi celor din jur, care vor avea o capacitate de relaţionare mai mare.

3. Intră în lumea celor din jur

Acum câţiva ani, în timp ce mergeam să ţin un discurs la o convenţie, am dat peste următorul citat al autorului şi profesorului Leo Buscaglia: „De mult prea multe ori subestimăm puterea unei atingeri, a zâmbetului, a cuvintelor amabile, a ascultării atente, a unui compliment sincer sau a grijii – deşi toate au potenţialul de a schimba cuiva viaţa în bine". Mai târziu puţin, am urcat pe scenă, am vorbit în faţa unui public destul de numeros şi am avut succes. Am părăsit pupitrul în aplauze. Mă simţeam destul de bine, însă mi-au revenit în minte cuvintele lui Buscaglia, care m-au făcut să îmi dau seama că mă gândisem doar la mine. Concentrarea fusese direcţionată profund greşit.

În timp ce vorbisem în ziua aceea, îi invitasem pe oameni să intre în lumea mea. Şi am realizat că, în schimb, ar fi trebuit să merg eu la ei şi să intru în lumea lor.

La câteva ore distanţă în ziua aceea, îmi planificasem să dau autografe, aşa că am decis că am ocazia să profit de oportunitate. Tot timpul alocat aveam să îl dedic oamenilor. Într-un final, am petrecut două ore semnând cărţi, personalizându-le cu numele cititorilor, cărora le-am zâmbit şi le-am strâns mâna, stând de vorbă cu ei şi mulţumindu-le că au venit. Le-am urmărit figurile şi am făcut tot ceea ce mi-a stat în putinţă să se simtă apreciaţi şi importanţi.

În seara aceea, în timp ce îmi rememoram ziua, mi-am pus următoarea întrebare: dacă oamenii ar fi avut ocazia să spună ce anume le-a plăcut cel mai mult în cadrul evenimentului, ce ar fi menţionat? Cu siguranţă că momentul în care am dat autografe şi i-am apreciat ca indivizi. Este şi unul dintre motivele pentru care acordarea autografelor a devenit pentru mine o prioritate de fiecare dată când ţin o conferinţă. Am înţeles adevărul din cuvintele lui Leo Buscaglia: „De mult prea multe ori subestimăm puterea unei atingeri".

De aceea, ori de câte ori este posibil, încerc să mă plimb prin mulţime şi să relaţionez cu participanţii înainte de a-mi începe discursul propriu-zis. Când călătoresc în alte ţări, organizatorii încearcă de cele mai multe ori să mă izoleze de public. Însă eu îmi doresc întotdeauna să intru în lumea lor și să dau mâna cu ei dacă este posibil. Mi-am făcut un obiectiv din a mă plimba încet printre oameni, fiindcă sunt mult mai receptivi la mesajul meu în condițiile în care eu am făcut primul pas.

Ai auzit vreodată spunându-se că „te simți destul de singur în vârf?" Nu-mi place ideea. Este un semn care denotă lipsa de conectare. Le spun liderilor că dacă sunt singuri când au ajuns în vârf, înseamnă că nimeni nu îi urmează. Trebuie să coboare de pe munte și să iasă din turnul lor de fildeș, să meargă acolo unde sunt oamenii și să stea de vorbă cu ei. Acestora nu le pasă foarte tare cât de multe lucruri știi decât după ce află că îți pasă de ei.

Încearcă să fii disponibil pentru cei din viața ta. Caută permanent moduri prin care poți ajunge la ei atunci când au nevoie. Uneori nu este nevoie să spui nici un cuvânt. Fii pur și simplu prezent. Spune-le celor din jur ce înseamnă pentru tine. Acum câțiva ani, o prietenă dragă, Kristen, și-a pierdut fiul și, după cum e de înțeles, era complet devastată. În perioada aceea, a avut loc un eveniment la care au participat mai mulți speakeri. Mark Cole, o altă prietenă, Dianna și cu mine ne-am dus la hotelul unde era cazată Kristen. Tot ceea ce am putut face a fost să o iau în brațe. Avea nevoie de atingerea unui prieten. Timp de câteva minute, nu a spus nimeni nimic. Voiam doar să fim lângă ea și să știe că ne pasă. Fiecare dintre noi putem face asemenea lucruri pentru prieteni.

4. În relațiile pe care le ai, pune accentul pe beneficiile celorlalți, nu pe ale tale

În timp ce scriu cartea de față, îmi planific cea de-a șaptezecea aniversare. Aș vrea să fac ceva special, pentru toți oamenii importanți din viața mea, așa că i-am întrebat cum anume le-ar plăcea să sărbătorească alături de mine. Fiecare și-a exprimat dorința, așa că vom face acele lucruri împreună. Îmi doresc foarte mult să îmi umplu acest an aniversar cu activități amuzante, pe care prietenii mei le iubesc. Am procedat la fel și atunci când am împlinit șaizeci de ani. După aproape un deceniu, cei dragi încă mai vorbesc despre cum ne-am distrat.

Pentru a construi relații extraordinare, trebuie să îți dorești mai multe *pentru* oameni decât *de la* ei. Cei care vor să facă lucruri pentru cei din jur și să ofere mai mult decât primesc sunt în avantaj. Cei care iau mai mult decât oferă sunt pe minus. Este o relaţie matematică simplă. Mi-am propus să fiu pe plus în relaţiile mele cu oamenii, iar cu cei foarte apropiaţi să depăşesc acest plus. Dorinţa mea este să fac cinci „depuneri" pentru fiecare „retragere" pe care am făcut-o din acea relaţie. Nu reuşesc întotdeauna, însă aşa mi-am planificat.

Pentru mine a fost o bucurie să fiu, în ultimii 12 ani, pastor la biserica Christ Fellowship din West Palm Beach, Florida. Tom Mullins, cel care a înfiinţat biserica, şi fiul său, Todd, cel care acum o conduce, îmi sunt buni prieteni. Am călătorit prin toată lumea împreună, am împărtăşit nişte experienţe extraordinare şi ne-am clădit o mulţime de amintiri. Ţin predici aici în vacanţă şi, uneori, şi duminicile, ca să îi ajut. Cu toate acestea, nu am considerat niciodată de la sine înţeles privilegiul pe care mi l-au acordat, să fac parte din echipa lor şi să ţin câteva predici pe an. Nu mi-am dorit niciodată să profit. De fapt, cred că ar trebui să rămân în continuare acolo doar dacă voi continua să ofer ceva de valoare bisericii şi congregaţiei. Aşadar, în fiecare an mă întâlnesc cu Tom şi cu Todd şi mă ofer să renunţ la rolul meu. Le subliniez clar că relaţia noastră nu e un motiv suficient ca să mă invite acolo. De fapt, îi întreb dacă nu ar fi momentul să vină în locul meu cineva mai tânăr şi mai relevant pentru enoriaşi.

Până acum, în fiecare an m-au rugat să rămân în echipa lor, însă ştiu că în următoarele douăsprezece luni ne vom întâlni din nou ca să discutăm situaţia. La un moment dat însă, vor accepta demisia mea, fiindcă vor avea de câştigat. Dar, mai presus de orice, relaţia pe care o avem se va îmbunătăţi.

Niciodată nu vreau să consider o relaţie de la sine înţeleasă şi nici să pornesc de la premisa că acea relaţie îmi oferă privilegii care nu îmi aparţin. Presupunerile pot ucide o relaţie. Ele trebuie înlocuite de *conştientizare*. Dacă vrei să îţi amplifici capacitatea de relaţionare, ar trebui să fii permanent conştient că relaţiile nu rămân niciodată la fel. Şi nici nu sunt ţinute în viaţă aşa, pur şi simplu. Ele trebuie cultivate. Ideal este să oferi permanent ceva de valoare, ca să continui să fii un plus în viaţa celor din jur.

5. Fii un prieten pe care te poţi baza

Cred că toată această capacitate de a fi un prieten bun este adesea subapreciată şi mult exagerată în zilele noastre. În cartea sa, *Resilience:*

Hard-Won Wisdom for Living a Better Life („Capacitatea de a rezista: sfaturi înţelepte pentru o viaţă mai bună"), Eric Greitens îşi aminteşte cuvintele filosofului grec Aristotel, pentru a descrie ce înseamnă să fii un prieten bun:

> Aristotel ne spune că cei mai buni prieteni – cei adevăraţi, pe care îi şi numeşte prietenii „perfecţi" – pot fi plăcuţi şi utili, fără să fie însă nevoiţi să se străduiască tot timpul – lucru valabil şi în cazul tău. Nu e în regulă să te temi că cel mai bun prieten îşi va pierde interesul. Cu cei mai buni prieteni, adesea este suficient să fii împreună.
>
> Aristotel susţine că asemenea relaţii de prietenie reprezintă în sine un punct terminus. Nu trebuie să ne implicăm în ele doar fiindcă ne vor ajuta să avem o viaţă mai bună, ci ne străduim să avem asemenea relaţii fiindcă fac parte şi definesc o viaţă mai bună. De fapt, marele filosof grec sugerează – şi eu sunt de acord – că nu putem avea o viaţă frumoasă şi nici nu ne putem transforma în cea mai bună versiune a noastră dacă nu avem asemenea relaţii de prietenie.
>
> Cei mai buni prieteni ne oferă sprijin, ne provoacă şi ne inspiră. Iar noi putem face acelaşi lucru pentru ei[1].

Care este cheia unor relaţii precum cele descrise de Greitens? Ele sunt construite pe coerenţă şi constanţă. Relaţiile volatile, cu suişuri şi coborâşuri, nu sunt deloc uşoare. Ele nu oferă deloc şi momente de pauză. Nu e nimic plăcut să ai o relaţie în care să fie nevoie continuu de „mentenanţă". Nu poţi fi prieten bun cu diferite persoane în condiţiile în care trebuie să păşeşti mereu pe coji de ouă sau în care orice discuţie ar putea pune capăt relaţiei.

Ca să fii genul de prieten descris de Aristotel, trebuie să fii demn de încredere şi constant. Prietenii tăi trebuie să ştie că se pot baza pe tine.

Când le vorbesc oamenilor care vin în fiecare an la conferinţele certificate de speakeri profesionişti John Maxwell Team, le spun adesea: „Bună ziua, numele meu este John şi sunt prietenul vostru", tocmai fiindcă vreau să îmi perceapă de la bun început intenţiile şi să ştie că se pot baza pe mine.

M-am străduit din răsputeri să fiu constant şi demn de încredere în relaţia cu cei care se bazează pe mine şi aş vrea să îţi împărtăşesc câteva metode care m-au ajutat de-a lungul anilor.

Cred ce e mai bun despre oameni

Poetul Rudyard Kipling spunea: „Prefer întotdeauna să cred ce e mai bun despre oameni, fiindcă mă scutește de o mulțime de necazuri." Avea dreptate. Încerc să văd individul așa cum ar putea fi, nu neapărat așa cum este. Când crezi ce e mai bun despre oameni, nu simți nevoia să îi corectezi sau să îi schimbi. De câte ori văd pe cineva care încearcă să își schimbe prietenii zâmbesc, gândindu-mă: „Oare nu își dau seama că nici ei nu sunt perfecți?" Abia dacă am timp să mă schimb pe mine – fiindcă este un job cu normă întreagă!

„Prefer întotdeauna să cred ce e mai bun despre oameni, fiindcă acest lucru mă scutește de o mulțime de necazuri."
– Rudyard Kipling

Indicat este să crezi întotdeauna ce e mai bun despre oameni, chiar dacă este posibil să nu ai mereu dreptate. Încrederea mea în oameni se poate să nu fie tot timpul cea mai îndreptățită, însă dacă nu aș proceda așa, nu aș avea cum să îi ajut – nici pe ei, nici relația noastră. Oamenii acceptă mult mai ușor schimbarea dacă cei din jur cred în ei.

Nu permit să fiu controlat de comportamentul altora

De foarte multe ori, oamenii permit ca acțiunile celor din jur să le influențeze atitudinea și emoțiile. Lasă lipsa de constanță a altora să îi facă pe ei inconstanți. Trebuie să înțelegi însă că, în asemenea situații, ei sunt cei care și-au dat acordul. Ființele umane au capacitatea să își formuleze și să își controleze atitudinea și emoțiile. Trebuie să facem asemenea alegeri în fiecare zi, fiindcă altfel cei din jur ajung să ne controleze.

O să îți spun ce anume fac eu astfel încât să nu mă las condus de comportamentul oamenilor mai dificili. Asociez fiecare persoană pe care o cunosc cu două cifre. Prima denotă încrederea pe care o am în ea. Este ca și cum i-aș așeza un zece în creștetul capului. Pe o scară de la 1 la 10, consider că toată lumea are potențialul de zece. Aleg să procedez așa fiindcă vreau să mă port frumos cu toți. În plus, știu că cei mai mulți oameni se ridică la înălțimea așteptărilor pe care le avem de la ei, așa că dacă îi consideri pe toți de nota zece, le creezi conjunctura să ajungă la acest nivel. Cea de-a doua cifră este bazată pe experiența mea personală şi pe interacţiunea pe care am avut-o cu persoana respectivă. Este ceea ce eu numesc numărul *experienţei*. Deşi aleg în prealabil să le acord încredere la nivelul maxim, cifra experienţei derivă din comportamentul celuilalt. În cadrul diverselor interacţiuni, dacă persoana respectivă îi tratează aşa cum trebuie pe alţii, dacă îşi respectă cuvântul dat, dacă îşi ajută semenii, dacă este competentă ş.a.m.d., cifra va fi una mai mare. Dacă, în schimb, este egoistă, disfuncţională, abuzivă şi negativistă, cifra va fi mai mică. Pe măsură ce am mai multe experienţe cu ea, cifra se poate schimba. Dacă, în timp, interacţiunile noastre sunt mai degrabă negative, iar cifra aferentă este una scăzută, aleg să ne întâlnim din ce în ce mai rar. În acest fel îi împiedic pe ceilalţi să mă controleze.

Pun mare preţ pe relaţii, chiar şi în situaţiile mai dificile

Uneori este destul de greu să gestionezi relaţiile cu cei din jur. Ca lider, din când în când sunt nevoit să mai concediez pe cineva. Deşi pentru organizaţia în sine poate fi ceea ce trebuie, ideal este să ne asigurăm că am procedat bine şi din punct de vedere al relaţiei. Port întotdeauna la plecare o discuţie cu persoana respectivă, ca să învăţăm împreună ceva din experienţele avute, dar şi pentru a-i spune că sunt dispus să ne continuăm legătura de prietenie.

Dacă este posibil, încerc să continui relaţia. Uneori, persoana respectivă nu-şi mai doreşte acest lucru, ceea ce e în regulă. Nu pot determina eu cum va proceda altcineva, ci pot hotărî doar ce voi face eu, şi anume să rămânem prieteni.

Iubesc oamenii necondiţionat

Dragostea necondiţionată este cel mai mare dar pe care îl putem oferi celor din jur. Ea le permite să se simtă în siguranţă, să fie vulnerabili, să ştie că valorează ceva şi să descopere cum sunt în realitate. De unde ştiu acest lucru? Mama m-a iubit necondiţionat. Şi îmi doresc ca tuturor oamenilor să li se întâmple aşa ceva.

L-am auzit la un moment dat pe preşedintele George W. Bush spunându-i fiicei lui: „Te iubesc foarte mult şi nimic pe lumea asta nu mă va împiedica să o fac, aşa că nu te mai strădui să încerci." Am râs, dar apoi am reflectat la faptul că, deşi dragostea necondiţionată poate fi testată, trece întotdeauna acest test.

Cred că toţi oamenii tânjesc să aibă un prieten fidel care să îi iubească, să creadă în ei şi să le ofere sprijin indiferent de circumstanţe. Dacă eşti dispus să joci acest rol pentru alţii, nu numai că îţi vei dezvolta capacitatea de relaţionare, ci vei avea şi o viaţă mult mai frumoasă.

De asemenea, e posibil să îţi treacă prin cap şi următorul lucru: „Nu pot face aşa ceva cu toată lumea, fiindcă unii oameni sunt pur şi simplu mai dificili". Este perfect adevărat, în cazul fiecăruia dintre noi. Debbie Ellis aseamănă aceste persoane cu un porc spinos. Când eram pastor, consideram că merită o atenţie suplimentară. Poate că toţi merităm uneori. Poate că cei care se confruntă cu cele mai mari provocări sunt cei care au în familie asemenea persoane dificile. Un prieten mi-a spus la un moment dat: „Familia mea este un circ şi în fiecare zi este vedetă un alt clovn." Viaţa de familie este cel mai important teritoriu în care trebuie să înveţi cum să gestionezi persoanele dificile.

Iată şi sfatul lui Michael Leunig, renumitul creator de benzi desenate: „Să ne iubim unii pe ceilalţi şi vom fi fericiţi. Atât de simplu este – şi de dificil în acelaşi timp." Da, este şi simplu, dar şi dificil. La final, scopul nostru este să îi tratăm pe ceilalţi mai bine decât ne tratează ei pe noi şi să le oferim valoare într-o măsură mai mare decât s-ar aştepta. Îmi place foarte mult cum a fost descris Nelson Mandela de Brian Bethune. Preşedintele sudafrican este un exemplu extraordinar de persoană cu o înaltă capacitate de relaţionare. Iată ce spunea Bethune despre Mandela: „Era mai măreţ decât meritau duşmanii lui, mai măreţ decât o mare parte dintre liderii ţărilor occidentale, care ulterior s-au grăbit să îl elogieze; mai măreţ decât propria familie, ai cărei membri s-au certat după moartea lui pe moştenire... dar a dat totuşi dovadă de îngăduinţă şi generozitate.[2]" Nu am în fiecare zi o asemenea atitudine, dar mă străduiesc să o cultiv.

6. Creează-le oamenilor nişte amintiri extraordinare

Din ceea ce am observat eu de-a lungul timpului, cei mai mulţi oameni nu profită de experienţele pe care le-au avut în viaţă. În acest sens, sunt esenţiale două aspecte: caracterul deliberat de la începutul fiecăreia şi reflectarea de la sfârşit. Prin urmare, de fiecare dată când poţi ajuta pe cineva să facă aceste lucruri, momentul se transformă în ceva special, iar tu vei crea o amintire pozitivă.

În timp ce scriu aceste rânduri, Margaret şi cum mine suntem la schi alături de copii şi nepoţi – da, recunosc, doar ei schiază, eu mă bucur pur şi simplu de privelişte. Este al doilea an când mergem în această staţiune. Seara trecută, la masa de seară, le-am pus două întrebări: „Ce amintire v-a plăcut cel mai mult în ultimul an?" Răspunsurile au adus cu ele căldură, râsete şi sentimentul de conexiune. A doua întrebare a avut ca scop încurajarea faptelor deliberate: „Care ar fi lucrul de care nu v-aţi ocupat în ultimul an şi pe care îl veţi face în următorul?" Şi de această dată, răspunsurile au fost interesante, dar diferite. Ne-am ascultat unii pe ceilalţi cum descriem, experimentăm, încercăm şi învăţăm lucruri noi. A fost chiar amuzant să auzim că ne dorim cu toţii să ieşim din zona noastră de confort. La sfârşitul cinei, toată lumea era fericită şi îţi garantez că îşi vor aminti seara aceea. De ce? Fiindcă, prin faptul că am pus acele întrebări, am creat o amintire familiei mele, având această intenţie şi reflectând. Eu personal încerc să creez amintiri multor oameni, nu doar familiei mele.

Am citit de curând despre un bărbat care ţinea un jurnal al recunoştinţei pentru soţia lui. Mi s-a părut o idee extraordinară! Aşa că, începând de-atunci, completez şi eu aşa ceva pentru Margaret. Acord atenţie lucrurilor pe care le face pentru mine şi care mă emoţionează. Notez şi calităţile pe care le apreciez la ea în fiecare zi. La sfârşitul fiecărui an, am completat un jurnal întreg.

Când se apropie Ziua Recunoştinţei, îi fac o surpriză şi îi înmânez jurnalul. De cele mai multe ori îi dau lacrimile şi îmi spune că e cel mai frumos cadou pe care l-a primit vreodată. Interesant este că întregul proces mă emoţionează şi pe mine în aceeaşi măsură. Completarea jurnalului mă face să caut toate aspectele pozitive pe care le pot găsi la soţia mea, ceea ce mă îndepărtează de orice detaliu negativ. Astfel, amândoi avem de câştigat.

Pentru mine, este o temă des întâlnită în viaţă. Amintirile pe care le creez în mod deliberat celorlalţi îmi aduc satisfacţii enorme. De fiecare dată când mă aflu în preajma oamenilor, mă întreb ce pot să spun sau să fac astfel încât să fie o experienţă memorabilă pentru ei – de exemplu, să îşi amintească ceva ce le-am spus sau am făcut împreună. Ce rezultat sper eu să obţin? Simplu: le arăt oamenilor cât de mult îi preţuiesc.

Anul trecut am fost invitat la masă de renumitul jucător de golf Jack Nicklaus şi de soţia lui, Barbara, ca să sărbătorim Anul Nou. Era prima dată când mă aflam în anturajul lor. Auzisem că, de treizeci de ani, acel grup de prieteni se strângea acasă la Jack de Revelion. Aproape de miezul nopţii, am observat că toată lumea se strânge pe terasă, aşa că am ieşit şi eu. Imediat după aceea, Jack şi Barbara au sunat dintr-un clopoţel, cu câteva secunde înainte ca ceasul să arate ora douăsprezece noaptea. Rând pe rând, fiecare invitat a sunat la rândul lui din clopoţel să ureze bun-venit noului an, după care era îmbrăţişat pe rând de cele două gazde. Cu adevărat extraordinar mi s-a părut faptul că, timp de treizeci de ani, clopoţelul şi îmbrăţişările s-au transformat într-o tradiţie care a creat amintiri extrem de frumoase, pe care abia le aşteptau la următoarea ocazie. Jack şi Barbara au transformat Revelionul într-o amintire specială pentru toţi prietenii lor.

Cei mai mulţi dintre noi avem tradiţii şi amintiri din asemenea zile speciale, însă vreau să te provoc să îţi creezi amintiri şi ca urmare a experienţelor de zi cu zi. Cum poţi face acest lucru? De fiecare dată când te afli în preajma cuiva, pune-ţi următoarele întrebări:

- Ce aş putea spune astfel încât să îi susţin pe cei care îmi sunt alături?
- Ce întrebare aş putea pune astfel încât să li se pară interesantă?
- Ce pot face astfel încât să fie diferit şi amuzant?
- Ce ştiu că şi-ar dori să ştie?
- Am cumva un secret pe care ar trebui să îl ştie?

Toate aceste lucruri pot duce la nişte amintiri extraordinare şi trebuie să îţi spun că ultima întrebare, cea referitoare la secret, chiar funcţionează. Împărtăşirea unui lucru care are un caracter privat este un act care denotă acceptare şi includere, invitându-i pe ceilalţi în viaţa ta şi dându-le de înţeles că îi apreciezi. Te invit să încerci: „Îţi pot dezvălui ceva despre care nu am mai vorbit nimănui niciodată?“ Brusc, le vei capta atenţia. Secretul nu trebuie să se refere la ceva de amploare, dar – evident – este obligatoriu să ai permisiunea să îl spui. Punctul de atracţie pentru interlocutor este faptul că el este primul care îl află.

Multe fapte mărunte făcute repetat în mod deliberat au un efect mai mare decât cele mari făcute ocazional. Le poţi crea celorlalţi momente speciale, însă ideal este să îţi propui acest lucru.

7. Îndreaptă-te către relațiile pe care ți le dorești în viața ta

Ultima metodă pe care ţi-o sugerez dacă vrei să îţi extinzi capacitatea de relaţionare este să te pui în poziţia care îţi permite cel mai mult să cunoşti şi să îţi petreci timpul cu oamenii potriviţi. Foloseşte în acest sens Principiul Proximităţii, care spune aşa: „Apropie-te de zece persoane care te pot ajuta să ajungi la un nivel superior."

Pune în practică Principiul Proximității, care spune așa: „Apropie-te de zece persoane care te pot ajuta să ajungi la un nivel superior."

Am început să fac acest lucru la vârsta de 24 de ani. Ca tânăr pastor, voiam să construiesc o biserică de succes. Aşa cum am menţionat anterior, una dintre cărţile care m-au influenţat foarte mult a fost lucrarea lui Elmer Towns. Imediat ce am citit-o, mi-am dorit să cunosc liderii celor zece biserici despre care scrisese. Cum aş fi putut oare? Trebuia să îl cunosc pe Elmer. Îmi imaginam că, dacă a scris cartea, îi ştie personal pe cei zece lideri.

Mi-a luat ceva timp, însă am făcut rost de programul de conferinţe al lui Elmer Towns şi m-am decis să particip la cea din Waterloo, Iowa. Acolo am făcut cunoştinţă şi i-am povestit despre dorinţa mea de a intra în legătură cu cei zece lideri. Cu ajutorul său, am stabilit întâlniri cu doi dintre ei. După ce am stat de vorbă, m-au ajutat să ajung şi la ceilalţi opt. Aceste discuţii m-au ajutat ca lider la început de drum şi mi-au pavat într-un fel calea către succes.

Începând de-atunci, am pus în practică Principiul Proximităţii. Mi-am dorit întotdeauna să îmi petrec timpul cu oameni care ştiu mai multe ca mine şi de fiecare dată când am în preajmă asemenea oameni, îi întrebi: „Cunoşti pe cineva pe care ar trebui să cunosc şi eu?" Răspunsurile la această întrebare mi-au oferit nişte recompense extraordinare. Cea mai bună manieră dacă vrei să afli pe cine ar trebui să cunoşti este să întrebi acest lucru pe cineva care te cunoaşte.

Vreau să te încurajez să faci tot ceea ce poţi ca să legi relaţiile pe care ţi le doreşti. Dacă aştepţi ca persoanele potrivite să te contacteze pe tine, nu vei mai cunoaşte pe nimeni. Nu am aşteptat niciodată să se alinieze planetele înainte să acţionezi – şi nici tu nu trebuie să o faci. Găseşte o planetă corespunzătoare şi îndreaptă-te în direcţia ei.

Cu ce fel de persoane ar trebui să încerci să stabilești legături? O să-ți dau un sfat pe care l-am aflat într-o seară când am luat masa cu Margaret și cu prietenii noștri, Paul și Vicky Saunders. Discutam despre cele mai bune povețe pe care le-am primit de-a lungul timpului. La un moment dat, Paul a spus: „Cer întotdeauna sfatul celor care sunt mai mari ca mine cu zece ani și întrebarea pe care le-o adresez este: «Ce ai învățat despre tine și despre viață în general și ar trebui să știu și eu acum?»" Mi-a stârnit curiozitatea, așa că l-am rugat să îmi explice. Ceea ce mi-a spus mi s-a părut apoi cât se poate de elementar.

Mi-a zis că încearcă să stabilească relații cu persoane mult mai avansate decât el, care au cunoștințe și o experiență pe care el personal nu le posedă, însă suficient de apropiate de vârsta sa astfel încât să aibă legătură cu ceea ce consideră că e important. „Dacă diferența de vârstă e mai mare de zece ani, descopăr că au uitat ceea ce trebuie să știu eu sau au sentimentul că nu este important. Vreau să fie suficient de apropiați de mine ca să știe în ce punct mă aflu, dar destul de departe însă să fi trecut prin experiențele prin care și eu voi trece în următorul deceniu." Poți folosi și tu această regulă pe măsură ce începi să cauți persoane ce te pot ajuta să înveți și să te dezvolți.

De ce este atât de important să îți faci relațiile de care ai nevoie în viață? Fiindcă ai nevoie în jurul tău de persoanele corespunzătoare ca să îți atingi potențialul maxim de relaționare. Este un concept pe care l-am învățat de la Jim Collins, autorul cărții *Good to Great* („Excelența în afaceri"), care mi-a spus că cea mai importantă șansă pe care o putem avea în viață este să cunoaștem pe cine trebuie: „Persoanele pe care le întâlnești în viață și cu care dezvolți relații îți vor determina în mare măsură succesul."

Am descoperit că este perfect adevărat. Fără Harvey, nu l-aș fi întâlnit pe Lou. Fără Scott, nu aș fi încheiat niciodată un parteneriat cu Paul. Fără Joy, nu aș fi avut niciodată discuțiile acelea creative cu Pat. Fără Dave, nu aș fi ascultat-o niciodată pe Linda și nici nu am fi creat vreodată ceva împreună. Fără Dan, nu aș fi stabilit o legătură și nu aș fi colaborat cu Kevin.

Pe cine știi care cunoaște pe cineva cu care ar trebui să te întâlnești? Este singura persoană dintre tine și acel mentor de care ai nevoie în viață. Să nu te gândești vreodată că nu ai succes fiindcă nu cunoști pe cine trebuie, ci spune-ți în felul următor: „Îmi pot controla propriul succes și voi căuta acei oameni care mă pot ajuta."

Capacitatea de relaţionare are o importanţă uriaşă. Ea va ajunge la un nivel profund superior imediat ce îţi vei da seama cât de mare nevoie ai în viaţa ta de oamenii potriviţi. Marele filantrop Andrew Carnegie spunea: „Este foarte important pentru dezvoltarea noastră să conştientizăm faptul că cei din jur ne pot ajuta să evoluăm mult mai mult decât am face-o de unii singuri." Primeşti ajutorul solicitat dacă eşti dispus să le spui că ai nevoie de ei. În tinereţe, spuneam mai degrabă „Te vreau lângă mine" decât „Am nevoie de tine", fiindcă eram de părere că mă pot descurca şi pe cont propriu dacă e nevoie. Însă după o vreme, am descoperit că nu pot avea succes de unul singur şi că trebuie să solicit ajutorul celorlalţi. Abia atunci am fost dispus să spun că am nevoie de cineva. Şi am mai aflat şi că oamenii îşi doresc cu adevărat să ajute pe cineva care nu poate reuşi fără ei.

Ştiu că pentru unii aceste lucruri pot reprezenta nişte provocări. Este posibil să nu ai un talent înnăscut atunci când vine vorba despre relaţionare. Îţi tot spui că nu te pricepi să stabileşti relaţii. Dacă aşa stau treburile, atunci înseamnă că această capacitate nu se numără printre punctele tale tari. Însă chiar poţi evolua, una dintre modalităţi fiind să îi rogi pe cei cu abilităţi puternice de socializare să te ajute. Lasă-i să te completeze. Nu uita că îi poţi aduce pe oameni lângă tine dacă le spui că ai nevoie de ei.

Fiul meu, Joel, este strălucit. Nu doar inteligent, ci strălucit. La orice întrebare pe care i-o pui, are un răspuns. Este extrem de talentat în tot ceea ce ţine de tehnologie. A devenit un om de afaceri de succes şi sunt foarte mândru de el. Totuşi, nu se pricepe foarte tare la relaţionare. Deşi s-a străduit să îşi îmbunătăţească această latură, a încercat să se înconjoare cât mai mult de persoane care să îl completeze. Poţi proceda şi tu la fel.

Cu cât apreciezi mai mult oamenii, cu cât intri mai mult în lumea lor, cu cât încerci să le oferi mai multă valoare şi să fii prietenul lor cel mai bun, cu atât mai frumoasă va fi viaţa ta. Şi nu numai atât, dar toate aceste lucruri îţi vor extinde capacitatea de relaţionare şi îţi vor îmbunătăţi potenţialul. Nu uita niciodată că merită mereu să depui eforturi să îi ajuţi pe cei din jur.

Întrebări referitoare la capacitatea de relaționare

1. Când interacţionezi cu oamenii, către ce anume îţi îndrepţi atenţia? De obicei te gândeşti cum îi poţi ajuta sau cum te ajută ei pe tine? Ce trebuie să faci astfel încât, în relaţiile tale, să pui accentul pe beneficiile celorlalţi?
2. Care sunt persoanele care te-ar descrie drept un prieten de nădejde? Care sunt cele care nu te-ar descrie în acest fel? Ce trebuie să schimbi astfel încât să devii un prieten de încredere pentru toată lumea?
3. Care este relaţia pe care ţi-o doreşti ca să te ajute să ai o viaţă mai bună? Care este primul pas pe care trebuie să îl faci ca să facilitezi o asemenea conexiune?

7

Capacitatea creativă – abilitatea de a identifica opțiuni și de a găsi răspunsuri

În 1965, abia intrasem la colegiu. Într-una din zile, la cursul de bazele psihologie, ni s-a dat un test pentru creativitate, iar când am primit rezultatele, am fost şocat să descopăr că mă număram printre codaşii clasei.

Eram devastat.

Am dat de-a lungul vieţii o mulţime de teste. Am trei diplome de licenţă. Însă dintre toate testările la care am fost supus, acest scor extrem de mic reprezintă şi acum cea mai mare dezamăgire pe care am avut-o vreodată.

Ştiam deja că voi avea o carieră în care voi comunica cu oamenii, aşa că ideea de a fi un speaker plictisitor mi se părea de neconceput. Cum procedezi ca să fii creativ în condiţiile în care nu eşti o persoană creativă?

După ce am ieşit de la oră, m-am gândit la două lucruri. În primul rând, nu aveam să îmi ating niciodată potenţialul dacă nu reuşeam să îmi amplific nivelul de creativitate. În al doilea rând, trebuia neapărat să găsesc o cale de a deveni creativ, indiferent ce ar fi presupus asta.

Să derulăm timpul înainte, peste cincizeci de ani. În prezent, mulţi oameni îmi spun că mă consideră destul de creativ. Membrii echipei pe care o conduc apelează adesea la mine ca să discutăm opţiuni creative şi să găsim soluţii inedite. De asemenea, sunt cunoscut pentru creativitatea pe care o am atunci când vine vorba despre comunicare.

Toate acestea sunt dovezi care arată ce progrese extraordinare am făcut. Şi la fel poţi face şi tu.

Dezvoltarea capacităţii creative îţi poate îmbunătăţi foarte mult viaţa. Persoanele creative fac alegeri mai bune. Se îndreaptă mult mai repede în direcţii noi. Se pricep mai bine să găsească soluţii la probleme aparent de nerezolvat. Continuă să vadă noi posibilităţi şi colaborează mai eficient cu alţii pentru a îmbunătăţi situaţiile cu care se confruntă. O persoană care îşi dezvoltă abilitatea creativă îşi descoperă un curaj nebănuit cu ajutorul căruia abordează provocările mari.

Soluţii pentru îmbunătăţirea capacităţii creative

Este adevărat că unii oameni sunt extrem de creativi din naştere? Evident. Sunt acei câţiva foarte puţini la număr care respiră pentru a crea, înzestraţi cu tot ceea ce au nevoie ca să schimbe lumea din acest punct de vedere.

Există specialişti care susţin că fiecare dintre noi ne naştem cu gena creativităţii, pe care unii o pierd însă pe măsură ce înaintează în vârstă. Romanciera Madeleine L'Engle spunea: „Toţi copiii sunt nişte artişti şi este vina culturii noastre că atât de mulţi îşi pierd creativitatea şi imaginaţia neîncătuşată spre vârsta maturităţii."

Poţi reactiva toată această creativitate care se află deja în interiorul tău, dar şi să cultivi maniere noi în care să o dezvolţi. Dacă eu am putut, atunci poţi şi tu.

Aş vrea să parcurgem împreună cele opt modalităţi de creştere a capacităţii creative pe care le-am folosit ca să ajung din ultima în prima bancă din clasă. Aplică-le pe fiecare dintre ele şi vei sesiza imediat că ai o abilitate mult mai dezvoltată de a identifica noi opţiuni, de a rezolva probleme şi de a găsi răspunsuri.

1. Cred că există întotdeauna un răspuns

Cuvintele *reactiv* şi *creativ* sunt compuse din aceleaşi litere. Singura diferenţă dintre ele este locul pe care îl ocupă litera *c*. Prima decizie pe care am luat-o în călătoria mea către creativitate a fost să schimb locul acestui *c* – mai exact, să-mi modific maniera în care analizez provocările. Mi-am propus să cred că există întotdeauna un răspuns, indiferent de situaţie sau de întrebare, dar şi să pun în practică toate posibilitățile. Tot acest demers însemna să mă întreb „Care este răspunsul?", nu să mă gândesc dacă există vreun răspuns.

Creativitatea înseamnă să te întrebi „Care este răspunsul?", nu să te gândești dacă există vreun răspuns.

Această schimbare a mentalității mi-a atras critici din partea mai multor oameni, care mă considerau încăpățânat. Însă atitudinea adoptată nu mi-a adus decât beneficii. Și totul mi s-a confirmat când l-am auzit pe Jeff Bezos, fondatorul Amazon, spunând: „Am optimismul în gene. Mi s-a spus că mă păcălesc singur, că anumite probleme sunt de nerezolvat. Însă nu am fost de acord. Este nevoie doar de timp, de răbdare și de experimentare.[1]" Creativitatea înseamnă să te întrebi „Care este răspunsul?", fără să te mai gândești dacă există vreun răspuns.

De ce sunt dispuși indivizii creativi precum Jeff Bezos să acorde timp, să aibă răbdare și să experimenteze soluții la probleme aparent de nerezolvat? Fiindcă creativitatea presupune întotdeauna timp, răbdare și experimentare. Trebuie doar să demarezi procesul ferm convins că există un răspuns.

Această convingere m-a ajutat să am niște experiențe minunate. La un moment dat, am plecat cu Margaret, dar și cu fratele meu, Larry, și cu soția lui, Anita, într-o croazieră, iar una dintre opriri a fost Melbourne. Am închiriat un microbuz cu ghid și am făcut un tur de oraș. La un moment dat, am trecut pe lângă Stadionul Rod Laver, iar ghidul ne-a spus că în ziua aceea se juca semifinala Australian Open, între Roger Federer și Andy Murray.

„Opriți puțin", am spus eu. „Aș vrea să cobor și să intru la meci."

Fusesem la US Open, în New York, și îmi dorisem mereu să ajung și la Wimbledon, la French Open sau la Australian Open – celelalte turnee majore de tenis. Știam că vasul nu va pleca din port decât la ora 23.

„Aveți bilete?", ne-a întrebat ghidul.

„Nu."

„Atunci nu veți putea intra, căci s-au vândut toate", ne-a spus el. „Cele mai multe sunt vândute acelorași familii, de generații. Nu aveți cum să faceți rost."

„În regulă", am răspuns eu. „Să mă lăsați aici."

„Doriți să vă așteptăm astfel încât să vă continuați drumul după ce vă convingeți că nu mai sunt bilete?"

„Nu, mergeţi înainte fără mine."

„Să ne dai SMS când termini", mi-a strigat Larry înainte ca microbuzul să se îndepărteze.

M-am îndreptat spre casa de bilete, m-am aplecat la geam și am spus: „Aș vrea să cumpăr un bilet pentru semifinale". Când cel de-acolo mi-a explicat că nu mai sunt bilete disponibile, am arătat cu degetul înspre gardul de protecţie, unde erau literalmente mii de oameni, și am întrebat: „Adică toţi cei de-acolo au bilete și pot intra?"

„Nu, cei mai mulţi nu au. Dar au plătit 30 de dolari să intre în spate. Vor urmări meciul pe niște ecrane gigant."

Am achitat și eu suma cerută și am intrat înăuntru. Era primul pas spre rezolvarea unei probleme aparent de nerezolvat.

M-am dus la altă casă de bilete și am încercat din nou. Mi s-a spus iar că nu mai au nimic la vânzare. „Dar dacă vă duceţi la fereastra de-acolo, e posibil să aibă bilete returnate de cei care au renunţat în ultimul moment."

M-am îndreptat glonţ într-acolo și am zis: „Aș vrea să cumpăr un bilet la meciul de astă seară, în cazul în care cineva nu îl mai folosește."

„Îmi pare rău, dar nu e posibil", mi-a răspuns bărbatul.

„Nu mai aveţi?", am întrebat eu.

„Ba da, avem. Chiar acum am douăsprezece", a zis el. „Vedeţi însă coada aceea de aproximativ două sute de persoane? Asta așteaptă. În cel mai bun caz, vor fi doar douăzeci de bilete disponibile. Oamenii nu prea le returnează."

M-am îndreptat spre capătul cozii, gândindu-mă: „Nu am nici o șansă!" Așa că am început să îmi explorez opţiunile. Prima dată, m-am dus în faţă să văd dacă nu mă pot împrieteni cu cineva care ar fi dispus să mă ajute. Mă învârteam pe-acolo vorbind cu unul și cu altul, dar abia a cincea sau a șasea persoană m-a băgat în seamă: „Îmi doresc foarte mult un bilet. Dacă ajungeţi să luaţi și vă rămâne unul și pentru mine, vi-l plătesc triplu. Vreau să intru și eu." Interlocutorul mi-a confirmat că mă ajută dacă poate.

Mă simţeam puţin mai bine, însă îmi doream să am și un plan de rezervă și să mă asigur că, într-un fel sau altul, o să intru acolo. M-am dus la un plasator și l-am întrebat: „După ce începe meciul, rămân locuri libere dacă nu toţi spectatorii reușesc să ajungă?"

„E posibil", mi-a răspuns el.

„Dacă cineva nu apare, mă lăsaţi pe mine să stau acolo?"

„În primul rând, trebuie să așteptați până se termină primul set, fiindcă uneori oamenii întârzie."

„Foarte bine, nu mă deranjează."

„Mai stați pe-aici și vedem ce se întâmplă după primul set."

Găsisem și a doua opțiune. Mă gândeam că nu pot urmări întreaga partidă, dar măcar o parte... tot era bine. Mă tot uitam în jur să găsesc și alte posibilități. Am mai întrebat pe unul și pe altul, însă auzeam același răspuns: „Nu puteți intra dacă nu aveți bilet". Cred că de cel puțin 50 de ori mi s-a spus asta.

Începusem să mă uit după un bișnițar, dar am aflat imediat că era ilegal să vinzi bilete la suprapreț. Nu voiam însă să renunț. Nu uita, eram sigur că există *întotdeauna* un răspuns.

Se apropia momentul începerii semifinalei și mă aflam acolo de peste două ore. Începusem deja să mă îngrijorez că nu pot să intru. Uitându-mă de jur-împrejur și încercând să găsesc o soluție, am fost strigat de o femeie. Făcându-și loc prin mulțime, s-a îndreptat direct spre mine și m-a întrebat: „Trebuie să plec neapărat, s-a ivit o urgență. Vreți să îmi cumpărați biletul?"

„Da, chiar mi-ar plăcea", i-am răspuns eu.

M-am uitat cât costă și am întrebat-o dacă aș putea să îi plătesc mai mult. Mi-a răspuns că nu, vrea doar cât dăduse pe el. Așadar, amândoi eram mulțumiți.

La intrarea pe stadion, mă întrebam ce loc voi avea. Biletul nu fusese foarte scump, așa că mă gândeam că e undeva în partea de sus a tribunelor. Unul dintre portari m-a direcționat însă spre partea de jos. Într-un final, am ajuns la 12 rânduri deasupra terenului. Uau!

La câteva minute după ce ajunsesem acolo, cineva m-a bătut prietenește pe umăr. Era prietenul meu, Nabi Saleh, președinte și CEO al Gloria Jean's Coffee, celebrul lanț de cafenele cu sediul central în Australia.

„John, cum Dumnezeu ai făcut rost de acest loc? Aici stau cei care își cumpără bilet pentru tot sezonul!", mi-a spus el. Familia lui Nabi avea bilete acolo de patruzeci de ani. A râs când i-am povestit ce făcusem.

Îți garantez că m-am simțit de minune. Și nu știu dacă acest lucru se datorează faptului că am asistat la Australian Open sau că reușisem să cumpăr bilete folosindu-mă de propria creativitate, sfidând șansele care îmi fuseseră potrivnice.

Creativitatea este un mod de gândire. Trebuie să crezi că răspunsurile și soluțiile există undeva acolo, dacă ești dispus să lupți și să le cauți.

Ştiu, e posibil să gândeşti ceva de genul: „Nu am ajuns până în Australia şi nu am bani oricum să îmi cumpăr bilete la cel mai aşteptat turneu de tenis." Răspunsul meu este acela că, în general, creativitatea ţine de mentalitate. Trebuie să crezi că răspunsurile și soluţiile există undeva acolo dacă eşti dispus să te lupţi pentru ele. Dacă l-aş fi ascultat pe ghid, nu m-aş fi dat niciodată jos din microbuz. Dacă nu m-aş fi dat jos din microbuz, nu aş fi descoperit niciodată că există şi mă aşteaptă un bilet de 30 de dolari care îmi va asigura un loc în apropierea terenului. Dacă nu aş fi cumpărat biletul de 30 de dolari, nu aş fi ajuns să stau de vorbă cu cineva în măsură să îmi ofere un bilet pe teren şi nici nu aş fi ajuns să văd meciul. Fiecare uşă pe care o deschizi te conduce către o altă uşă. *Una* dintre aceste uşi te va conduce într-un final la răspunsul tău.

2. Cred că există mai multe răspunsuri

Unul dintre cuvintele mele preferate este *opţiuni*. Cu toate acestea, nu întotdeauna am fost de această părere. În tinereţe le dădeam oamenilor rapid ceea ce credeam eu că reprezintă *unicul* răspuns la întrebările pe care mi le puneau. Eram încrezător, aveam opinii clare și eram sigur pe tot. Mă întrebai cum trebuie crescuţi copiii şi îţi dădeam răspunsul. Mă întrebai cum poţi aduce mai mulţi enoriaşi la biserică şi îţi spuneam cum procedez eu, fiind absolut sigur că aşa trebuie făcut. Mă întrebai care e cea mai bună echipă de fotbal, cea mai bună carte de leadership, cel mai bun loc în care să trăieşti, cea mai bună manieră de a face orice şi îţi dădeam singurul răspuns, pe care oricum îl consideram perfect.

La un moment dat am avut eu însumi trei copii și am descoperit că am foarte puţine răspunsuri. Și am cunoscut persoane aflate la cârma unor biserici mult mai de succes decât a mea, care reuşiseră în alte moduri. Evident că echipa mea preferată uneori nici măcar nu ajungea în Super Bowl. Și aşa mai departe. Treptat, auzind în jurul meu idei noi, după ce am ajuns la o anumită maturitate şi mi-am făcut o evaluare mai serioasă, am început să îmi dau seama că, în orice situaţie de viaţă, nu există niciodată doar un singur răspuns.

În prezent, la aproape 70 de ani, am mult mai puţine certitudini decât aveam la 30 de ani. Şi mi se pare perfect normal. În tinereţe credeam că, dacă te documentezi temeinic, găseşti singurul răspuns valabil. Acum am o perspectivă mult mai amplă şi caut cât mai multe răspunsuri posibil. Abia atunci când am o lungă listă de opţiuni, le pun pe hârtie şi întreb: „Care este *cea mai bună* opţiune?" Şi îmi dă o stare de bine faptul că efectiv descopăr mai multe moduri de a duce un lucru la bun sfârşit şi că am la dispoziţie o paletă mai largă de opţiuni.

Dacă ai o funcţie de conducere, îţi recomand să foloseşti o metodă la care eu personal apelez cu oamenii mei. De fiecare dată când vine cineva la mine cu o problemă, îl rog să se gândească la cel puţin trei soluţii, tocmai pentru a-l ajuta să fie mai creativ, mai deschis la minte şi mai dispus să ia în considerare mai multe idei sau opinii. Dacă dă dovadă de flexibilitate şi demonstrează abilitatea de a se adapta la situaţiile schimbătoare, va fi mult mai eficient şi mai productiv. Ştiu din propria experienţă că am început să fiu mai creativ din momentul în care am încercat să văd dacă există mai multe răspunsuri la o problemă. Creativitatea s-a amplificat mult când am descoperit soluţii multiple.

3. Sunt de părere că oricine poate evolua

Persoanele creative, indiferent că vorbim despre artişti, inventatori, oameni de afaceri sau profesori, sunt convinse că există mereu şi o altă manieră mai bună de a proceda, pe care o şi caută. Monte Haymon, fost preşedinte şi CEO al Packaging Corporation of America, recomanda:

> Nu îţi limita aşteptările! Ceea ce consideri astăzi că e imposibil este aşa doar în contextul paradigmei actuale. Poate că ar fi bine să îl lăsăm pe William Wordsworth să aibă ultimul cuvânt pe acest subiect al potenţialului nedescoperit pe care îl avem. Referindu-se la fiinţele umane în general, el a spus: „Suntem mult mai buni decât ne dăm seama." Este valabil pentru noi ca indivizi, dar şi la nivel de instituţii sau de societate. Abia dacă ne putem bănui adevărata putere. Şi o putem avea doar dacă renunţăm la paradigma prezentă şi ne punem la treabă imaginaţia.

„Nu îţi limita aşteptările!"
– Monte Haymon

La vârsta mea, sunt nevoit să gestionez atât realitatea, cât şi posibilităţile. Realitatea este următoarea: îmbătrânesc şi nu mai pot face tot ceea ce făceam odată. Posibilităţile: evoluez, inclusiv din punct de vedere al creativităţii. Va fi valabilă această situaţie mereu? Sau vor mai fi şi zile în care mă voi trezi şi nu voi mai avea nici o idee? Sper să nu se întâmple aşa ceva, căci, dat fiind că sunt speaker şi scriitor, este obligatoriu să fiu în continuare creativ. Vestea cea bună este că, deşi am aproape şaptezeci de ani, am scris prima mea carte pentru copii, am dezvoltat companii care oferă zilnic ceva de valoare oamenilor şi am descoperit un mod de a-i învăţa şi pe alţii ceea ce ştiu, mai exact să organizez mese rotunde, demers care contribuie la dezvoltarea diferitelor naţiuni. Acest lucru îmi dă încredere şi nu mă mai întreb dacă voi rămâne sau nu vreodată fără creativitate. În schimb, îmi pun următoarea întrebare: „Voi mai avea suficient timp la dispoziţie să reacţionez într-o manieră creativă la toate oportunităţile care mi se deschid în faţă?"

În momentul în care crezi că orice sau oricine poate evolua, ai încredere că poţi ajuta oamenii şi că le poţi schimba viaţa în bine. Iar acest lucru te inspiră să cauţi modalităţi de a rezolva problemele şi de a căuta oportunităţi.

4. Înţeleg faptul că întrebările mă ajută să fiu mult mai creativ

Întrebările stimulează întotdeauna creativitatea. De ce? Fiindcă întrebările te fac să explorezi şi să cauţi răspunsuri. Sintagma „Ce-ar fi dacă?..." este una dintre preferatele mele, fiindcă reprezintă de fapt startul unui proces care poate duce câteodată la răspunsuri extraordinar de creative.

Acum câţiva ani am scris o carte intitulată *Good Leaders Ask Great Questions* („Liderii buni pun întrebări extraordinare"). Descriu acolo unele dintre întrebările pe care mi le pun în calitate de lider, dar şi cele pe care le pun membrilor echipei mele astfel încât toată lumea să evolueze. Îţi voi prezenta în cele ce urmează unele dintre întrebările pe care le folosesc eu pentru îmbunătăţirea capacităţii creative.

Cum putem îmbunătăți lucrurile?

Dacă ai deja succes, este o întrebare foarte bună pe care să ți-o pui ție și echipei tale. De fiecare când ne reușește ceva, există tentația să ajungem să avem un sentiment de falsă siguranță, dat de senzația că am ajuns la final. Însă cel mai mare impediment în obținerea succesului este faptul că ne bazăm pe reușitele din trecut.

Cel mai mare impediment în obținerea succesului este faptul că ne bazăm pe reușitele din trecut.

Legendarul antrenor John Wooden mi-a mărturisit la un moment dat că în fiecare zi se întreabă cum să procedeze astfel încât echipa lui să fie mai bună. Gândește-te la următorul lucru: Wooden a câștigat zece campionate naționale și a fost cel mai titrat antrenor din istoria campionatelor universitare de baschet, dar cu toate acestea nu era mulțumit. Își punea în continuare întrebări și descoperea moduri creative prin care să își ajute echipa.

Ce pot face astfel încât să ajung să fiu mai bun?

Sunt obsedat de ideea de a fi mai bun pe zi ce trece. Nu mă gândesc aproape deloc la toate premiile și recunoașterea pe care le-am primit în trecut. Sunt încântat de ele, dar îmi dau seama că onorurile le primești doar pentru meritele din trecut. Întrebarea pe care mi-o pun mereu este ce anume fac eu în prezent.

De-a lungul vieții, m-am reinventat de cinci ori. Constant a rămas faptul că scriu și susțin conferințe despre succes, dezvoltare personală, leadership, relații și însemnătate. Însă companiile și rolurile mele în cadrul lor au fost unele flexibile, astfel încât să îndeplinesc nevoile oamenilor și să nu îmi pierd din vedere mesajul. Dacă vreau să evoluez și să îmi extind influența, este obligatoriu ca eu și oamenii mei să fim din ce în ce mai buni.

Ești înconjurat de persoanele potrivite?

În capitolul referitor la capacitatea de relaționare, am explicat conceptul lui Jim Collins, care ne spune cât de important este să cunoști persoanele potrivite. Cei care te înconjoară fac diferența atunci când vine vorba despre creativitate. Ai nevoie de oameni care sunt dispuşi să caute răspunsuri cu aceeaşi tenacitate ca tine. Este şi motivul pentru care prietena mea, Linda Kaplan Thaler, un adevărat geniu al advertisingului, susţine că cele mai bune idei vin în a doua oră de discuţii. Tot ea ne spune însă că trebuie să ne asigurăm că discutăm cu persoane care pot recunoaşte o idee extraordinară, pe care să o dezvolte ulterior.

Cum pot face o conexiune între diferitele situaţii cu care mă confrunt şi creativitate?

Cel mai mare progres pe care l-am înregistrat în ceea ce priveşte creativitatea s-a produs în momentul în care am descoperit că, în general, creativitatea înseamnă să faci conexiuni între diferite situaţii. Ca tânăr teolog care ţinea predici de câteva ori pe săptămână, mi-am dat seama că trebuie să citesc şi să îmi arhivez zilnic materiale şi idei, astfel încât să am întotdeauna la îndemână surse de inspiraţie pentru lecţiile mele. Pe măsură ce am acumulat mai multe materiale şi cunoştinţe, am început să mă întreb din ce în ce mai des unde şi când le-aş putea folosi. La un moment dat, după toţi aceşti ani în care am acumulat cunoştinţe, am început să fac legătura între diverse idei, dar şi între cunoştinţe şi practică. De-atunci, mi s-au deschis o mulţime de posibilităţi şi am reuşit să gândesc mult mai strategic şi mai creativ.

Graficul lui Hugh MacLeod arată impactul pe care îl au conexiunile asupra cunoştinţelor teoretice şi al experienţei.

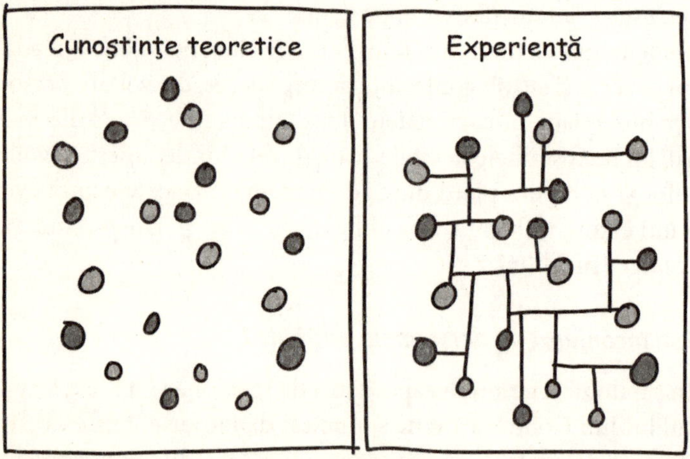

Așa cum spunea Steve Jobs: „Creativitatea înseamnă pur și simplu să faci conexiunile potrivite. Când întrebi o persoană creativă cum a procedat într-o anumită situație, se simte puțin vinovată, fiindcă în realitate nu prea a făcut mare lucru, ci doar a văzut ceva. Abia după o vreme i se pare evident."

Ani la rând, de fiecare dată când încercam să inovez sau să creez ceva, mă concentram pe o anumită idee și apoi căutam modalități să fac diverse conexiuni. Este vorba despre ceea ce eu numesc creativitate prin intermediul conexiunilor. Având această idee în minte, caut diferite moduri de a lega între ei oameni, experiențe, citate, povești, oportunități sau întrebări - de fapt, tot ceea ce îmi trece prin minte.

De curând, mi-am propus să atrag mai multe persoane care să construiască ceva - oameni care pot conduce departamente și pot duce la bun sfârșit proiecte. În fiecare zi caut asemenea gânduri, povești, trăsături, exemple, experiențe, sfaturi și întrebări. Tot ce fac din acest punct de vedere are ca scop crearea unei legături strategice între ceea ce știu deja și modurile noi în care îmi pot îndeplini țelurile.

Creativitatea mea a fost stimulată cel mai mult (raportat la celelalte metode) prin crearea acestor conexiuni. Dacă vrei să fii mai creativ, începe să identifici relații noi între diverse situații.

5. Nu am nimic împotriva ideilor dezvoltate doar pe jumătate

În tinerețe, îmi țineam ideile pentru mine foarte multă vreme înainte de a le împărtăși celor din jur. Motivul? Îmi doream foarte tare să fie cât mai bune și să nu cumva să dau greș. Nu voiam sub nici o formă să fie respinse și abia așteptam să îmi fie recunoscute meritele. La vremea aceea, pentru mine era mai important să fac o impresie bună decât să fac bine.

Schimbarea s-a produs în momentul în care o persoană pe care o respectam foarte mult a venit la mine, mi-a prezentat o idee și mi-a cerut părerea: „Am început să mă gândesc la asta și mă întreb dacă ai vrea să mi te alături."

Eu? Să lucrez cu el?

Mi-a vorbit despre ideea lui și am stat la discuții aproape o oră întreagă. Spre sfârșitul conversației, l-am întrebat: „De ce ai făcut publică ideea atât de rapid?" Răspunsul său m-a lăsat cu gura căscată: „Cu cât am mai repede și alte perspective, cu atât mă apropii mai mult de găsirea răspunsului."

Încrederea și punctul lui de vedere m-au inspirat să îmi schimb abordarea. De asemenea, m-au ajutat să găsesc formula optimă a creativității:

Expunerea ideii în fața persoanelor potrivite
\+ **Exprimarea** unor puncte de vedere diferite
= **Extinderea** respectivei idei dincolo de ceea ce puteam face singur

Dacă vrei să ai o creativitate mai mare, îți recomand să folosești și tu această formulă.

Acum îmi plac foarte mult ideile pe jumătate dezvoltate și sunt dispus să le vorbesc și celor din jur despre ele. De ce? Fiindcă doar așa putem avea cel puțin următoarele trei beneficii:

Ne mărim șansele de succes

Dacă vrei să ai realizări notabile, trebuie să încerci variante diferite – chiar dacă simți că nu ești încă pregătit. Dan Ariely, profesor universitar și autorul cărții *Irrationally Yours: On Missing Socks, Pick-up Lines, and Other Existential Puzzles*, spune că dacă încerci treizeci de lucruri noi în acest an, te poți trezi cu cincisprezece experiențe formidabile. Dar dacă aștepți să încerci lucruri noi doar în momentul în care ești sigur de succes, atunci probabil că doar de trei ori vei reuși.

Dobândim mai multă experiență practică în urma ideilor creative

Folosirea imaginației este esențială pentru gândirea creativă și rezolvarea problemelor. Pentru asta este nevoie de practică. Din nefericire, pe măsură ce îmbătrânesc, cei mai mulți oameni nu prea mai dau dovadă de creativitate, încetând să își mai folosească imaginația. Stephanie Carlson, profesor și director pe probleme de cercetare la Institutul pentru Dezvoltarea Copilului de la Universitatea din Minnesota, spune că există și motive pentru care creativitatea se diminuează pe măsură ce ne maturizăm. Unul dintre ele – cele mai importante – este că, în perioada școlii, copiii sunt obligați să își îndrepte atenția spre logică, rațiune și fapte concrete, folosindu-și timpul și puterea minţii pe aspectele care au legătură cu realitatea, nu cu imaginaţia. Prin urmare, se dezobişnuiesc să fie creativi[2]. Faptul că încercăm să dezvoltăm idei ne obligă să ne folosim imaginaţia şi să ne punem în practică gândirea creativă.

Nu ne mai deranjează atunci când dăm greș

Dacă eşti genul de persoană cu multe idei, pe unele ajungi să le pui în practică, pe altele nu. Ceea ce e foarte bine. Nu poţi avea succes dacă nu încerci. Iar dacă încerci în mod repetat ceva, dar ratezi ţinta, însă îţi dai seama că e foarte bine aşa, atunci vei căpăta încredere să încerci în continuare.

Persoanele creative dau greş câteodată, la fel şi cele excepţionale. Se aseamănă întrucâtva cu cei mici, care testează o idee imediat ce le vine şi, dacă nu funcţionează, trec la următoarea. Şi continuă să încerce până când o descoperă pe cea care funcţionează cel mai bine. Dacă vrei să fii mai creativ, obişnuieşte-te să mai şi ratezi.

„Singura variabilă – și cea mai importantă – atunci când vine vorba despre creativitatea angajaților este dacă percep sau nu că li s-a acordat permisiunea să acționeze."

– David Hills

În calitate de fondator al celor cinci companii pe care le şi conduc, trebuie să fiu un exemplu de lider creativ, care nu se teme să mai şi rateze uneori. Dacă sunt nehotărât şi nu acţionez decisiv, dacă sunt precaut şi nu creativ, atunci nici nu am cum să dezvolt o cultură organizaţională caracterizată de creativitate. O organizaţie care nu inovează dispare mai devreme sau mai târziu. Profesorul David Hills, de la Universitatea Stanford, spunea: „Studiile arată că singura variabilă – şi cea mai importantă – atunci când vine vorba despre creativitatea angajaţilor este dacă percep sau nu că li s-a acordat permisiunea să acţioneze." Ca lider, eu personal trebuie să modelez această permisiune.

6. Nu am nimic împotrivă să renunț la ceea ce a funcționat în trecut

De curând, am avut o conversaţie deosebit de interesantă în timp ce luam cina cu Bob şi Ann Hammer. Bob este preşedinte şi CEO al

Commvault, o companie care creează soluţii de protecţie a datelor, de tip firewall, pentru firme mari. În mod regulat, Bob angajează oameni ca să încerce să îşi depăşească propriile aplicaţii software. Ştie că atunci când sunt pe cale să reuşească, ideal este să fie pregătiţi să lanseze următorul produs. La un moment dat, a spus un lucru care mi-a atras atenţia: „Rămânem pe piaţă fiindcă continuăm să creăm. Nimic din ceea ce a funcţionat ieri nu mai funcţionează şi astăzi."

Bob ştie că, pentru a avea succes, trebuie să renunţe la tot ceea ce a mers pe parcursul ultimului an. Ca să reuşească, trebuie să creeze continuu. Singura diferenţă între el şi noi este faptul că el conştientizează situaţia, iar noi – de cele mai multe ori – nu.

Când muncim asiduu la ceva, de obicei ne e greu să renunţăm. Roger von Oech, autorul mai multor cărţi şi expert în creativitate, spunea: „E simplu să vii cu idei noi; partea cea mai dificilă este să renunţi la lucrurile pe care le-ai iubit şi care au funcţionat acum doi ani, dar care însă în curând vor fi depăşite." William Faulkner, renumitul scriitor laureat al Premiului Nobel, denumeşte tot acest proces „a ucide ceea ce iubeşti". Iată câteva exemple de acţiuni la care am renunţat:

Organizam lunar un club al celor care ascultau literatură motivaţională înregistrată pe casete. Lecţiile mele au ajutat sute de mii de oameni, numărul casetelor vândute ajungând la câteva milioane. Astăzi el nu mai există. Am fost nevoit să ucid ceea ce iubeam.

La un moment dat, vorbeam foarte mult despre succesul meu şi despre modul în care am reuşit să fac atât de multe lucruri. Acum vorbesc mai degrabă despre propriile eşecuri şi despre luptele pe care le-am purtat. Am fost nevoit să ucid ceea ce iubeam.

Obişnuiam să încep procesul de scriere a lecţiilor prin a-mi răsfoi dosarele şi a aduna materialele de care aveam nevoie, iar acum scriu totul din suflet. Am fost nevoit să ucid ceea ce iubeam.

Şi aş putea continua. Trecutul meu este plin de situaţii în care am fost nevoit să ucid ceea ce iubeam. În cazul tău cum stau lucrurile? Când a fost ultima dată când ai spus la revedere unor acţiuni speciale pentru tine, dar care acum nu mai funcţionează?

Când a fost ultima dată când ai spus la revedere unor acțiuni speciale pentru tine, dar care acum nu mai funcționează?

Sunt întrebat adesea cum de pot renunţa atât de repede şi de simplu la diverse lucruri. Răspunsul meu a fost următorul: „La început, nu-mi era uşor." Însă de-a lungul timpului, am putut să trec mai departe, fiindcă am învăţat nişte lecţii:

- **Este mai uşor să renunţi la ceva dacă există şanse să obţii ceva mai bun.** Nu renunţi doar de dragul de a renunţa. Renunţi doar fiindcă ziua de mâine arată mai promiţător decât cea de ieri.
- **Oamenii ies de obicei din situaţiile neplăcute mult prea târziu.** Fratele meu, Larry – un om de afaceri iscusit de altfel – m-a învăţat în urmă cu mai mulţi ani să evit să aloc timp, energie sau bani pentru demersuri lipsite de orice şansă de reuşită. „John, încearcă ca prima pierdere suferită să fie şi ultima". Nu m-am conformat întotdeauna, însă acum stau mult mai bine la acest capitol.
- **Excelenţa este posibilă doar dacă este însoţită de lipsa de satisfacţie creativă.** Dacă ne simţim mulţumiţi de noi, nu mai încercăm să evoluăm. Reversul medaliei? Dacă nu suntem satisfăcuţi, dar nici nu ne gândim să atingem excelenţa, ajungem deprimaţi. Cu toate acestea, dacă lipsa de satisfacţie este însoţită de dorinţa de îmbunătăţire, atunci devenim adevăraţi inovatori.
- **Nu poţi da dovadă de creativitate maximă dacă structura în care lucrezi este una rigidă.** Dacă pui preţ pe structură, reguli şi regulamente, încetezi să mai fii creativ. Richard Branson, fondatorul Virgin Group, a formulat foarte bine ideea: „Oamenii îmi spun mereu cât de minunat este faptul că mai mereu compania mea are o mentalitate care iese din tipare. Şi sunt surprinşi când află că nu gândim în afara tiparelor, ci că nu le permitem de la bun început să se instaleze." Tiparele şi creativitatea nu au cum să coexiste.

Eşti dispus să renunţi la lucrurile la care ţii? Dacă nu, atunci vei trece probabil prin momente mai dificile când vei încerca să fii creativ şi să fii mai bun mâine decât ai fost până acum.

7. Apelez la persoane creative care să mă ajute

Am mai spus în capitolul anterior că îmi place întotdeauna să am lângă mine oameni care să mă ajute. Includ aici și momentele în care încerc să fiu creativ. De exemplu, când am început să lucrez la cartea de față, am rugat mai mulți oameni despre care știam că inovează permanent și au și o creativitate foarte mare să mă ajute să explorez ideea de *capacitate*. Unele perspective au fost extraordinare, altele bune, iar multe îngrozitoare. Dar așa se întâmplă când încerci să faci ceva creativ. Și e în regulă. Trebuie să-ți gestionezi cât mai bine eșecurile dacă vrei să îți atingi ținta. Când apelezi la persoane creative care să te ajute, obiectivul tău nu se rezumă doar la organizarea unei ședințe de gândire creativă, ci și să inviți la respectiva ședință persoanele *potrivite*. Ce calități trebuie să aibă? Iată ceea ce caut eu:

- **Fluență** – abilitatea de a avea mai multe idei astfel încât să existe mai multe soluții
- **Flexibilitate** – abilitatea de a avea idei diferite, în diverse categorii, pentru o problemă dată
- **Elaborare** – abilitatea de a completa, îmbunătăți sau dezvolta o idee
- **Originalitate** – abilitatea de a veni cu idei proaspete, unice, neobișnuite și diferite
- **Complexitate** – abilitatea de a desluși, dar și de a conceptualiza idei dificile, care au mai multe fațete
- **Îndrăzneală** – disponibilitatea de a fi curajos, de a încerca lucruri noi și de a-și asuma riscuri
- **Imaginație** – abilitatea de a inventa, a vedea și a conceptualiza idei noi, ingenioase
- **Siguranță** – disponibilitatea de a aprecia ideile altora și de a nu ține cu dinții de cele proprii
- **Valori** – abilitatea de a gândi și de a crea în concordanță cu valorile și prioritățile mele

Acestea sunt persoanele care te pot ajuta să creezi. Nu mai apela pentru moment la analiști, critici, editori, educatori sau la cei care se pricep la implementare, fiindcă aripile creative ale grupului vor fi tăiate înainte de a-și lua zborul.

8. Îmi aleg un loc în care să stau singur și să gândesc creativ

Deşi îmi plac foarte mult sesiunile de brainstorming la care participă mai mulţi oameni, prefer să îmi petrec uneori timpul singur, tocmai pentru a mă putea gândi la ceea ce se petrece. De ce? Fiindcă am nevoie şi de inspiraţie din interior. Solitudinea este cealaltă faţetă a creativităţii.

În momentele în care eşti singur, creativitatea înfloreşte pur şi simplu. Pentru mine asemenea perioade sunt esenţiale. Vei fi creativ în măsura în care îţi aloci timp special pentru acest lucru. Eu personal încerc să îmi planific timp zilnic pentru asta. Există o relaţie directă între planificarea momentelor de creativitate şi faptul că te simţi inspirat să creezi.

„Scriu doar atunci când mă simt plin de inspirație. Din fericire, inspirația mă lovește în fiecare dimineață la ora nouă fix."
– William Faulkner

Acum câţiva ani, am descoperit că dacă fac ceea ce trebuie, indiferent că mă simt sau nu inspirat, ajung să fiu într-un final, tocmai fiindcă am făcut ceea ce trebuie. Soluţia dezvoltării capacităţii creative este să îţi aloci timp special în acest sens şi să te aştepţi să fii creativ în perioada aceea. Disciplina de a-ţi forma deprinderi îţi oferă rezultatele pe care le doreşti. Poate că de aceea mulţi autori, printre care şi William Faulkner, au făcut declaraţii de genul: „Scriu doar atunci când mă simt plin de inspiraţie. Din fericire, inspiraţia mă loveşte în fiecare dimineaţă la ora nouă fix."

În această dimineaţă mi-am propus să mă aşez la birou şi să scriu textul acestui capitol. E greu să descriu cât de încântat m-am simţit când am intrat în încăpere, am luat pixul cu patru culori şi m-am apucat să îmi notez pe caiet ideile. În timp ce scriu aceste cuvinte, anticipez cu bucurie modul în care cuvintele mele te vor ajuta să îţi extinzi capacitatea creativă. Sunt singura persoană din birou, dar nu sunt singur. Îmi imaginez că mă aflu alături de tine, împărtăşindu-ţi lucrurile care m-au ajutat, având certitudinea că îţi vor folosi şi ţie. Vom parcurge călătoria împreună astfel încât tu să îţi atingi potenţialul maxim.

De ce cred asta? Fiindcă ani la rând am primit asemenea sfaturi, citind cuvintele altora. Am simţit că am o conexiune cu autorii şi am fost recunoscător pentru ajutorul de care beneficiam. Acest lucru a fost posibil însă doar fiindcă ei s-au aşezat la masa de scris.

Ce anume poţi crea doar atunci când eşti singur? Dacă semeni cu mine, ai nevoie să petreci uneori timp şi singur astfel încât să creezi - pentru tine şi pentru ceilalţi. Timpul creativ petrecut în solitudine îţi poate aduce recompense extraordinar de mari

Viaţa mea a fost dedicată leadershipului, iar din ceea ce am observat eu, cei mai mulţi lideri nu îşi planifică suficiente momente în care să gândească creativ fără să fie înconjuraţi de alţii. Majoritatea au o înclinaţie către acţiune, renunţând adesea la aceste momente de autoanaliză, fiindcă vor să întreprindă ceva concret. Însă nu doar ei au de suferit, ci şi subalternii, fiindcă nu le oferă un model de creativitate. Oamenii merită un lider care vine cu soluţii găsite în momentele în care gândeşte singur.

Iată, aşadar, care sunt lucrurile care m-au ajutat pe mine să mă transform din tipul acela care a obţinut cea mai mică notă la testul de creativitate în cel care a făcut un efort în fiecare zi, timp de cincizeci de ani, să îşi extindă această capacitate, astfel încât să îşi poată câştiga existenţa şi să transforme lumea într-un loc mai bun.

Dacă îţi doreşti să fii mai creativ, atunci o poţi face. Îţi poţi propune să începi să vezi în jurul tău diferitele posibilităţi. Poţi învăţa să găseşti răspunsuri. Poţi deveni genul acela de persoană care întotdeauna oferă opţiuni. De asemenea, poţi colabora cu alte persoane ca să ajungi să fii mai inventiv şi mai inovator. Dacă în acelaşi timp mai eşti şi productiv - aspect despre care vom discuta în următorul capitol - atunci îţi vei putea extinde realmente capacitatea.

Întrebări referitoare la capacitatea creativă

1. Când vine vorba despre probleme, provocări şi obstacole, crezi că există *întotdeauna* o soluţie? Explică răspunsul.
2. Ţi se pare dificil sau simplu să renunţi la succesele şi soluţiile care au funcţionat în trecut? De ce? Cum poţi avea cât mai multă încredere în viitor astfel încât să poţi lăsa trecutul în urmă?
3. Reuşeşti să strângi laolaltă un grup de persoane creative, astfel încât să veniţi cu idei noi sau să gândiţi în tăcere? Ce anume ai putea face să îţi dezvolţi laturile la care nu excelezi?

8

Capacitatea de productivitate – abilitatea de a obține rezultate

Pe măsură ce mă gândesc la cele şapte capacităţi pe care te provoc să ţi le dezvolţi şi despre care discutăm în această secţiune a cărţii – energie, emoţii, gândire, relaţionare, creativitate, productivitate şi leadership – îmi dau seama că talentul şi abilităţile naturale sunt implicate în fiecare dintre ele. Însă, dintre toate, productivitatea poate fi amplificată indiferent de cât de înzestrată este o persoană. Capacitatea de a fi productiv poate fi foarte mult mărită, într-o perioadă scurtă de timp, dacă îţi propui acest lucru. Dacă eşti dispus să lucrezi la acest aspect, poţi avea cu adevărat succes.

Capacitatea de a fi productiv poate fi foarte mult mărită, într-o perioadă scurtă de timp, dacă îți propui acest lucru.

Nimeni nu a fost vreodată în situaţia să fie nevoit să *îşi diminueze* capacitatea. Acest lucru este natural. Cei din jur încearcă să ne spună că trebuie să muncim din greu. Ajungem astfel să ne convingem singuri că nu putem avansa sub nici o formă. Simţim că ne prăbuşim şi că viaţa noastră o ia la vale. Vor exista chiar şi oameni care îţi vor spune că alţii te-au adus în situaţia respectivă, că sistemul este măsluit şi totul e aranjat dinainte, că cei care au succes te-au împins în jos şi că au urcat căţărându-se pe tine.

Ei bine, am veşti bune pentru tine. Eu personal am succes şi nu intenţionez să te pun la pământ, ci vreau să te ajut să urci şi să ai o viaţă productivă. Capacitatea de a produce este în mâinile tale şi cred că tot ceea ce urmează să citeşti îţi poate schimba viaţa – dacă vrei.

Tot ceea ce are valoare este anevoios

Aş vrea să încep prin a-ţi spune adevărul: în viaţă, tot ceea ce are valoare – tot ceea ce vrei, tot ceea ce îţi doreşti să realizezi, tot ceea ce aştepţi să primeşti – este anevoios. Problema este că cei mai mulţi dintre noi au visuri îndrăzneţe, dar deprinderi greşite. Este şi motivul pentru care există un blocaj în ceea ce priveşte capacitatea productivă.

În viață, tot ceea ce are valoare – tot ceea ce vrei, tot ceea ce îți dorești să realizezi, tot ceea ce aștepți să primești – este anevoios.

Să vedem în continuare care este diferenţa între situaţia în care o iei la vale şi cea în care ai un parcurs anevoios:

COBORÂREA	URCAREA
Nimic de valoare	Totul are valoare
Stimă de sine scăzută	Stimă de sine ridicată
Elan negativ	Elan pozitiv
Pierderi	Câștiguri
Moral scăzut	Moral ridicat
Impact pozitiv inexistent	Impact pozitiv ridicat
Nu există îmbunătățiri	Evoluție personală
Zero obiective	Obiective clare
Sentimentul de gol	Împlinire

Dacă stăm să comparăm aceste două liste, ne dăm seama că nu ne dorim o viaţă în care să nu facem altceva decât să coborâm. Suntem însă dispuşi să muncim astfel încât să avansăm? Aceasta este întrebarea. Aşa că voi repeta: tot ceea ce are valoare este anevoios. Chiar mi-aş dori să aprofundezi ideea şi să îi percepi implicaţiile. Pentru a înţelege mai bine conceptul, să analizăm fiecare componentă în parte:

Totul este inclus. Şi vreau să spun absolut totul. Nu este nimic exclus.

Valoros este un cuvânt foarte bun. Înseamnă dezirabil, recomandat, adecvat, bun pentru tine.

Ascendent presupune ideea de solicitare. Înseamnă că experienţa va fi istovitoare, obositoare, dură, severă şi extenuantă.

Cuvântul *totul* induce ideea de promisiune. Ne place foarte mult acest lucru. Cuvântul *valoros* este atrăgător. Ne dorim lucruri valoroase. Dar *anevoios*? E provocator. Cei mai mulţi dintre noi nu ne dorim să avem de-a face cu aşa ceva.

Pe de altă parte, să o iei în jos e uşor. Nu există nici un fel de cerinţe. Nu e nevoie de nici un fel de efort. Este ca şi cum resimţi efectele gravitaţiei, care ne trage în jos încontinuu. Un stil de viaţă în declin este caracterizat de lipsa intenţiei, de mulţumire de sine, de contradicţii şi de scuze. Nu există o viziune de ansamblu referitoare la viitor, ci doar satisfacţii imediate.

Lucrul potrivit pe care trebuie să îl faci şi cel mai greu lucru de făcut coincid de cele mai multe ori.

Este greu să urci, fiindcă este nevoie de acţiuni deliberate, energie, determinare, muncă asiduă şi coerenţă. Înseamnă să ai permanent o imagine de ansamblu, să fii hotărât, să dai dovadă de caracter şi să termini totul la timp. Lucrul potrivit pe care trebuie să îl faci şi cel mai greu lucru de făcut coincid de cele mai multe ori. Din ce în ce mai mulţi oameni încearcă să nu facă ceea ce trebuie, fiindcă e greu, aşa că aleg ce e mai simplu. Prin urmare, o apucă în jos în loc să urce.

Te-ai gândit care este capacitatea ta referitoare la productivitate?

Benjamin E. Mays, activist pentru susţinerea drepturilor civile, observa: „În viaţă, tragedia nu este reprezentată de faptul că am dat greş, ci mai degrabă că ne complacem în anumite situaţii; nu de faptul că facem prea multe, ci că facem prea puţin; nu de faptul că ne depăşim abilităţile, ci că nu ne atingem potenţialul maxim."

Provocarea cu care se confruntă fiecare individ atunci când vine vorba despre capacitatea personală apare în momentul în care încetează să mai facă ceea ce a tot făcut până atunci şi devine ce este capabil să fie. Chiar vreau să te încurajez să procedezi aşa. Îmi doresc să te provoc să te transformi într-un soi de alpinist. Este posibil să ţi se pară un demers intimidant. Poate că nu te-ai descurcat până acum atât de bine precum te-ai fi aşteptat şi ţi se pare greu. O să-ţi spun însă un lucru: dacă nu o faci pentru tine, te gândeşti atunci la familia ta sau la prieteni? Viaţa pe care alegi să o ai nu începe şi nici nu se termină cu tine. Acţiunile tale îi influenţează şi pe cei din jur.

Dacă simţi că o iei în jos în loc să avansezi şi să obţii rezultatele pe care ţi le doreşti, trebuie să abordezi cu totul şi cu totul altfel productivitatea. În primul rând, este obligatoriu să îţi asumi nivelul actual la care te afli, oricare ar fi el, fiindcă tot ceea ce s-a întâmplat în trecut ţine strict de tine. În al doilea rând, trebuie să adopţi obiceiuri care să te ajute să îţi extinzi capacitatea referitoare la productivitate.

Aş vrea să discutăm puţin despre productivitate. Şi voi începe prin a-ţi face cunoştinţă cu Paul Martinelli, preşedintele John Maxwell Team. În fiecare zi avansează pe plan profesional şi ia alături de el pe drum mii de traineri autorizaţi. Am cunoscut foarte puţini oameni de-a lungul timpului care să aibă capacitatea lui de a produce. În 2011, nu avea altceva decât o simplă idee. M-a abordat prin intermediul unui prieten comun, Scott Fay, şi mi-a spus: „John, ce-ai zice să înfiinţăm o companie de coaching, care să ajungă cunoscută în toată lumea?“ Nu mă mai gândisem până atunci la asta.

Ca să fiu sincer, nici nu eram sigur că îmi doresc aşa ceva. Nu ştiam dacă vreau să îmi împrumut numele unor oameni pe care nu îi cunoşteam personal şi nici nu eram convins că am putea asigura o certificare de valoare. Însă Paul era foarte convingător, aşa că am decis să facem un parteneriat. Eu acordam programului numele meu şi le predam trainerilor sistemul meu de valori, iar Paul se ocupa de restul.

În doar şase ani, Paul a făcut minuni, ajungând să coopteze peste 15.000 de traineri. A demarat totul din sediul central situat în Florida de sud şi s-a extins în 145 de ţări din întreaga lume. Înainte să înceapă, a ţinut câteva workshop-uri sau grupuri de discuţii cu oameni de afaceri pe care îi cunoştea personal. În prezent, aceste persoane ţin asemenea ateliere pe tot globul şi aproape un milion de oameni au absolvit un curs ţinut de un trainer autorizat. Şi, de la zero dolari, Paul estimează că trainerii au produs venituri de aproape un miliard de dolari în companiile lor. Dacă activezi în sfera afacerilor, pun pariu că ţi-am atras deja atenţia! Însă nu trebuie neapărat să lucrezi în domeniu ca să înveţi ceva de la Paul sau să îi apreciezi povestea.

Un urcuş anevoios

Paul a crescut în Mount Lebanon, un cartier pentru clasa de mijloc, din Pittsburgh, Pennsylvania, alături de o soră şi doi fraţi mai mari. O aveau doar pe mama lor alături, fiindcă tatăl îi părăsise până să se nască Paul. Comunitatea în care locuiau era una destul de drăguță, însă ei nu o duceau deloc bine. Imposibil să nu fi auzit pe cineva spunând la un moment dat: „Eram sărac în copilărie, dar nu am conștientizat..." Ei bine, Paul mărturisește: „Eram sărac și știam acest lucru. O simțeam în fiecare zi."

Nimeni nu îi dădea lui Paul vreo șansă, fiindcă avea și un defect de vorbire. Pe vremea aceea, sistemul de învățământ îl trata ca și cum ar fi avut o dizabilitate. Prietenii râdeau de el și îi spuneau adesea că e prost. Paul gestiona toată această situație muncind. Și-a petrecut practic copilăria livrând ziarul de dimineață, apoi ediția de seară. Strângea sticle goale, vindea becuri din ușă în ușă, strângea frunzele toamna și curăța iarna aleile de zăpadă. Făcea tot ceea ce putea ca să mai câștige cinstit niște bănuți.

Paul își folosea banii ca să își ajute familia. Mi-a povestit două dintre amintirile cu care se mândrește cel mai mult. Prima are legătură cu sărbătoarea Crăciunului. În copilărie, el, mama lui și ceilalți frați așteptau în fiecare an ca tatăl lor să le aducă un brăduț. Nu știau niciodată când îl vor primi – și când sosea (de cele mai multe ori în Ajun), îl lăsa pur și simplu pe verandă. Într-un an, Paul s-a gândit: „De ce trebuie să așteptăm până de Crăciun ca să avem și noi un brad?" Așa că s-a dus la piață și a cumpărat unul. Avea *nouă* ani.

La câtiva ani distanță, David, fratele lui Paul, făcea parte din echipa de atletism a liceului și era destul de bun, însă nu avea bani să își cumpere încălțăminte corespunzătoare. Totul se întâmpla chiar în perioada în care s-a lansat pe piață Nike. Paul s-a dus și i-a cumpărat lui David o pereche de Nike, pe care a dat 38 de dolari. Și mereu făcea asemenea lucruri frumoase.

Renunțarea

La 15 ani, Paul era destul de descurajat atunci când venea vorba despre școală, așa că a decis că e mai bine să se angajeze. A renunțat la liceu și a început să lucreze alături de o echipă de muncitori care montau acoperișuri. În aceeași perioadă, s-a înscris și în Guardian Angels, într-un grup de voluntari care patrulau pe străzi și al căror obiectiv era descurajarea crimei și a violenței. Guardian Angels era o organizație nonprofit cu sediul în New York, înființată în anul 1970 de Curtis Sliwa. Odată cu deschiderea filialei din Pittsburgh, au fost recrutați adolescenţi mai duri, care să îşi dorească să ajute oamenii. Paul era unul dintre ei.

Nu după multă vreme, Paul avea rezultate chiar foarte bune. Recrutase rapid în jur de o sută de tineri. Se pricepea atât de bine să atragă voluntari şi să adune fonduri încât a devenit în scurt timp adjunctul filialei şi începuse să bată ţara în lung şi-n lat alături de Sliwa.

Când cei de la Guardian Angels au vrut să deschidă încă o filială în oraş, l-au ales pe Paul ca să o conducă. Ulterior, tânărul nostru a înfiinţat puncte de lucru în Chicago, Minneapolis, Atlanta, Jacksonville, Tampa şi Miami. Ultimul a fost cel din Palm Beach, unde, în cele din urmă, s-a şi mutat. Totul se petrecea în perioada epidemiei de cocaină, iar Palm Beach era zona prin care drogurile intrau în ţară.

Antreprenoriatul

Lui Paul îi plăcea foarte mult funcţia lui de la Guardian Angels, însă după şapte ani petrecuţi acolo, i s-a făcut din nou dor să demareze ceva pe cont propriu, aşa că s-a hotărât să îşi înfiinţeze propria firmă. De Ziua Recunoştinţei, când toată familia se strânsese la masă şi se bucura de curcanul perfect şi de lasagna (să nu uităm de originile lui italiene), a decis să facă anunţul.

În perioada în care renunţase la liceu, mama lui se supărase atât de tare încât îl dăduse afară din casă. Acum însă, ea şi restul familiei erau foarte mândri de ceea ce Paul reuşise să facă la Guardian Angels. În clipa în care i-a anunţat că va pleca de-acolo şi că îşi va înfiinţa propria firmă, timpul s-a oprit în loc. Paul povesteşte că aproape toţi au lăsat furculiţele din mână, holbându-se la el.

„Ce-ai zis, ai înnebunit?"

„Ce firmă vrei să-ţi deschizi?"

„O firmă de curăţenie", a răspuns el.

„O firmă de curăţenie! Îţi mai aduci aminte cum arăta camera ta când locuiai aici? Ce ştii tu despre curăţenie?"

Paul povesteşte că, deodată, era ca şi cum devenise invizibil, iar toţi ceilalţi începuseră să îi planifice viaţa.

Mamma mia, a exclamat mirată bunica lui. „Ia s-o sunăm pe Ro..." Se referea la Rose, verişoara lui Paul, care lucra la un oficiu poştal. Se gândeau că doar ea îl poate salva, găsindu-i un loc de muncă în administraţia publică.

Ferm decis, Paul și-a înființat propria firmă, la vârsta de 22 de ani. În timpul zilei, mergea din ușă în ușă în clădirile de birouri și dădea telefoane pentru a convinge potențialii clienți să încheie contracte de curățenie. Noaptea, se ducea el însuși să lucreze. Inițial era asociat cu încă doi parteneri, însă în mai puțin de un an, aceștia au renunțat. Paul era de-acum pe cont propriu.

Timp de 16 ani, după multe suișuri și coborâșuri, Paul și-a condus compania și a făcut-o extrem de profitabilă. A învățat în toată această perioadă o mulțime de lecții și principii legate de productivitate, despre care vom vorbi în cele ce urmează. În momentul în care și-a vândut afacerea, avea o sută de angajați cu normă întreagă, care făceau curățenie în 150 de locuri pe noapte – sedii de birouri, restaurante, cluburi, cinematografe, centre medicale și chiar o grădină zoologică." Mottoul lui era următorul: „Dacă e ceva de curățat, o facem."

În timp ce el însuși învăța și evolua, Paul a ajuns la concluzia că își dorește să îi ajute și pe alții să aibă succes pe plan profesional. Așa că s-a apucat să predea principiile pe care le citise într-o carte care îi schimbase viața la modul propriu: *Think and Grow Rich* („De la idee la bani"), de Napoleon Hill. Recompensele au fost atât de mari, încât a înființat o organizație care i-a permis să își obțină certificarea ca speaker. A început să țină conferințe și cursuri în perioada în care încă mai avea firma de curățenie. În câteva luni, a devenit cel mai de succes antreprenor din acea rețea de speakeri. Fondatorul organizației a văzut acest lucru și i-a propus să îl angajeze și să îi conducă firma care organiza conferințele, așa că Paul și-a vândut compania și și-a schimbat din nou cariera. Cinci ani mai târziu, mă aborda în legătură cu înființarea John Maxwell Team.

Nouă principii ale persoanelor cu adevărat productive

Mie personal, povestea lui Paul mi se pare remarcabilă. Ea ilustrează puterea perseverenței și a productivității. Despre primii săi ani, Paul spune: „Deși înveți încă de mic să fii precaut și să îți joci cărțile în funcție de locul în care le plasezi, o parte din mine a știut permanent că aș putea lua acele cărți și să le arunc înapoi, în centrul mesei vieții mele. Doar că nu știam cum să fac asta. Eram însă conștient de faptul că viața îmi pregătise mult mai mult, că aș putea să mi-o schimb în bine. Nu știam totuși de unde să o apuc. Nu știam ce presupunea. Nu știam cum să procedez, însă în sufletul meu eram convins că e posibil."

Paul a descoperit o cale, pe care am dorit să ți-o împărtășesc. Principiile lui pot fi aplicate indiferent de proiectul pe care îl ai sau de domeniul în care lucrezi. Dacă vrei să fii mai productiv, iată despre ce este vorba:

1. Vizualizează rezultatul perfect

În cartea sa, *The 7 Habits of Highly Effective People* („Cele șapte deprinderi ale persoanelor eficace"), Stephen R. Covey ne sfătuiește să începem întotdeauna având în minte rezultatul final. Paul a dus ideea puțin mai departe, vorbindu-ne despre „crearea unui model mental de perfecțiune". Nu vrea să știe doar încotro se îndreaptă, ci și să vizualizeze rezultatul *perfect*, cât mai detaliat posibil. Înainte de a înființa John Maxwell Team, Paul își schițase deja mental produsul final: echipa de traineri, numărul de traineri autorizați, numărul orașelor cu parteneri care să dețină licență – toate extrem de exacte. Voia să știe cum arată perfecțiunea, astfel încât să se străduiască să o atingă.

Paul face o legătură între această situație și ceea ce face un specialist în peisagistică. În mintea lui, are o imagine legată de cum trebuie să arate copacul perfect. Când se apucă să îl toaleteze, își păstrează această viziune în minte și se apucă de treabă. Poți vedea rezultatele în bonsaii care au fost cultivați cu atenție în forme ideale sau în grădinile în care un tufiș a fost „sculptat" astfel încât să reprezinte o formă geometrică sau silueta unui personaj familiar.

Ai o viziune referitoare la lucrurile pe care vrei să le îndeplinești? Ți-ai creat un model mental de perfecțiune vizavi de ceea ce îți dorești să realizezi? Dacă nu, atunci străduiește-te să găsești una, fiindcă va fi punctul din care pornești. Detaliaz-o cât mai mult posibil. La final va fi la fel de perfectă? Nu, bineînțeles. Însă ideea în sine este locul din care trebuie să pornești.

2. Începe să lucrezi înainte de a ști cum să îți pui în practică viziunea

Procesul productivității lui Paul începe cu ideea de perfecțiune. Cu toate acestea, pasul următor pare a fi exact la polul opus. Este vorba despre renunțarea la ideea de a ști exact cum să procedezi. Iată ce spune el: „Sunt productiv fiindcă fac ceea ce știu cel mai bine și nu insist să mă ocup de lucrurile la care nu mă pricep." Cu alte cuvinte, demarează procesul. Fă ceva, orice.

„Sunt productiv fiindcă fac ceea ce ştiu cel mai bine şi nu insist să mă ocup de lucrurile la care nu mă pricep."
– Paul Martinelli

„Foarte mulţi oameni nu sunt productivi fiindcă au trecut deja în revistă toate lucrurile pe care nu ştiu să le facă", explică Paul, „iar asta se transformă în «cauză». «Nu pot să fac acest lucru, fiindcă nu mă pricep», «Nu pot să fac acest lucru, fiindcă nu am resursele necesare», «Nu pot să fac acest lucru, fiindcă nu am timp», «Nu pot să fac acest lucru, fiindcă nu am bani», «Nu pot să fac acest lucru, fiindcă nu am relaţiile necesare». Fac doar lucrurile pe care le stăpânesc și consider că aceasta este relaţia corectă de cauzalitate."

În momentul în care vrei să realizezi ceva, trebuie să ai în minte o viziune mai largă asupra a ceea ce încerci să faci, dar și să fii dispus să acţionezi de fiecare dată când nu te simţi sigur pe tine. Recomandat este să te gândești foarte bine ce anume ţintești, dar și să ai înclinaţia către acţiune astfel încât să fii productiv. Ideea este să accepţi să faci câte un pas pe rând – și mă refer, cel mai probabil, la pași mici.

Cei mai mulţi oameni vor să înceapă curajos, cu un salt mai mare. Își doresc să demareze grandios. Însă Paul subliniază că doar foarte rar există un asemenea salt cuantic. Dacă eşti dispus să faci un pas mic, apoi zece, apoi o sută, atunci probabil că sunt şanse mai mari să faci ulterior un salt. Cei din jur pot avea senzaţia că este vorba despre un succes apărut peste noapte, dar în realitate este rezultatul mai multor succese la scară mai mică. Şi aceste reușite mai mici nu le ai dacă nu eşti dispus să faci un *prim* pas nesigur.

Paul mi-a dat un exemplu, destul de amuzant de altfel, din copilărie. La un moment dat, s-a hotărât să facă niște bani dând zăpada la o parte din curţile vecinilor. S-a dus în garaj, a luat o lopată și a început să ciocăne la uși. Dacă ai locuit într-o zonă în care e ninsoare (ca în cazul meu, în Ohio), ştii cum arată o lopată de zăpadă. Este mare și lată și are o lamă curbată, astfel încât să poţi lua dintr-odată mai multă. Ce avea Paul la el? O lopată pentru săpat găuri în grădină.

„Acum îmi vine să râd", spune Paul. „Nu aveam lopată de zăpadă. Toată lumea avea, unele foarte drăguţe. Dar eu nu. Am găsit o săpăligă în garaj. Habar n-aveam că există șapte tipuri de lopeți. Știam doar că am așa ceva, că o iau și mă apuc de treabă. Ceea ce am și făcut."

Aceasta este mentalitatea potrivită dacă vrei să devii mai productiv. Indiferent de resursele pe care le ai la dispoziție, trebuie să fii dispus să demarezi procesul, chiar dacă nu știi cum să ajungi acolo unde îți dorești.

3. Greșește repede, greșește din prima și greșește des

Și acest pas pare să contravină ideii de perfecțiune. Ca să fii productiv, trebuie să fii dispus să mai dai și greș din când în când. Unul dintre lucrurile pe care le-am admirat la Paul a fost acela că a încercat chestii noi și a mers mai departe, fără să se lase tras înapoi de ceva ce îl deranja. Paul nu își judeca acțiunile ca fiind corecte sau greșite - respectiv succese sau eșecuri. Se întreabă doar dacă ceea ce a întreprins îl aduce mai aproape de viziunea perfectă. Dacă da, atunci a câștigat. Dacă nu, se concentrează pe feedbackul primit. Face ajustările necesare și încearcă din nou, imediat.

„Greșește repede, greșește din prima și greșește des."
– Paul Martinelli

Ești dispus să dai greș? Ești dispus să dai greș de mai multe ori? Ești dispus să înveți din tot ceea ce nu a funcționat? Fiindcă asta va trebui să faci dacă vrei să îți turezi motoarele la capacitate maximă.

4. Rămâi concentrat mai multă vreme decât ceilalți

Paul a învățat o mulțime de lecții în copilărie, când, pentru a câștiga niște bani, presta diverse munci. Una dintre cele mai importante a fost aceea de a nu-și pierde concentrarea. „Dacă privesc în urmă", spune Paul, „îmi dau seama că îmi pot menține concentrarea mai multă vreme decât ceilalți. Când toți ceilalți copii ieșeau alături de mine să curețe zăpada, nu rezistau mai mult de o jumătate de oră și luau - poate - trei-patru dolari. După aceea se dădeau bătuți. Eu puteam rămâne pe poziții, indiferent de ceea ce îmi distrăgea atenția sau de condițiile de-afară. Iar acest lucru mă ajuta să am și rezultate."

Pentru a fi mai productiv, încearcă de mai multe ori un lucru, nu o singură dată mai multe lucruri.

Acest lucru îl ajută pe Paul să aibă rezultate – și te va ajuta și pe tine. Paul a început să muncească din greu fiindcă oamenii i-au spus că nu este inteligent. Acum știe cât de deștept este și, în plus, are aceeași etică a muncii. Așa că voi pune următoarea întrebare: cât vei mai continua să te agăți de ceva ca să funcționeze? Și cât de mult vei munci în tot acest timp? Îți vei păstra concentrarea? Iată ce trebuie să înveți din exemplul lui Paul: el a încercat de mai multe ori un lucru, nu o singură dată mai multe lucruri. Este o abordare ce poate fi adoptată de toată lumea, indiferent de talentele pe care le are, de inteligență, resurse sau oportunități.

5. Fă inventarul propriilor abilități și resurse

La aproape doi ani de când își înființase firma de curățenie, Paul s-a lovit de un zid. „Făceam tot ceea ce mi se spusese toată viața", mărturisea Paul. „Mi se zisese că dacă muncesc din greu și sunt cinstit, totul va fi în regulă. Și muncisem din greu. Fusesem cinstit, dar nimic nu mergea bine. Câștigam un client nou, apoi pierdeam alți doi. Instruiam un angajat bun, care pleca apoi pentru 25 de cenți pe oră mai mult să lucreze în altă parte. Vorbim despre proverbiala situație «un pas înainte, doi înapoi», pe care nu știam cum să o schimb. Mă aflam într-un blocaj. Și o să fiu sincer: e foarte greu să fii blocat."

În momentul acela, Paul nu știa cum să iasă din acea situație. Așa că a început să se gândească bine la sine și la abilitățile pe care le avea. Și-a dat seama că trebuie neapărat să evolueze. „Dacă nu te dezvolți", spune Paul, „nu îți trăiești viața la adevărata capacitate. Iar dacă nu îți atingi adevărata capacitate, atunci te blochezi și ajungi într-o situație imposibilă, deoarece contravine menirii noastre pe care o avem ca ființe umane."

Una dintre cărțile pe care le-a citit Paul a fost *Psycho-Cybernetics*, a lui Maxwell Maltz, care l-a ajutat să își dea seama că își blocase singur propria capacitate. Își crease fără să conștientizeze adevărate limitări, având așteptări negative de la sine. „Mă gândeam: «Dacă ai renunțat la liceu, nu ai cum să ajungi foarte departe»", spune Paul. „Însă după ce am citit cartea lui Maltz, mi-am dat seama că îmi pot controla capacitatea de a fi mult mai productiv. Nu îmi trecuse niciodată prin minte că îmi pusesem singur toate acele limitări. Mă așteptam să nu am vreodată mare succes, nici să fiu foarte fericit... de fapt, credeam că ceilalți trebuie să schimbe toate aceste lucruri în locul meu și că nu se va întâmpla niciodată așa ceva."

Una dintre ilustrațiile din cartea lui Malty evidenția diferența dintre un termometru și un termostat. Paul fusese doar un simplu termometru, care se raportase la propria stare și condiție. Se transformase însă într-un termostat, care *schimbase* această condiție. Dacă vrei să fii mai productiv, trebuie să îți asumi responsabilitatea și să devii un adevărat termostat.

6. Încetează să te mai ocupi de lucrurile pe care nu le faci foarte bine

Făcând un fel de inventar al propriilor aptitudini, Paul a luat o decizie. Nu avea să încerce să fie speaker - deși asta își propusese în momentul în care își vânduse firma de curățenie. Era un vorbitor bun, dar nu extraordinar, genul acela care să umple stadioane. Și nici nu era dispus să facă tot ceea ce trebuia ca să ajungă la un asemenea nivel.

Și-a dat seama că cel mai bine i se potrivește să conducă de pe a doua poziție. E-adevărat că ridicase de unul singur o companie de succes, însă cel mai bine se descurcase de pe locul al doilea. Prima dată își dăduse seama de acest lucru în perioada în care lucrase alături de Curtis Sliwa, în Guardian Angels. Și a descoperit că este valabil și cu mine, în cadrul John Maxwell Team.

Îți vei extinde foarte mult capacitatea de a fi productiv dacă încetezi să te mai ocupi de lucrurile la care nu te pricepi foarte bine, concentrându-te în schimb pe ceea ce faci cel mai bine. Găsește modalități de a-ți dedica timpul și atenția astfel încât să elimini din programul tău tot ceea ce nu îți aduce beneficii foarte mari.

7. Stabilește o legătură strânsă cu membrii propriei echipe

Paul crede că, în general, productivitatea sa ridicată se datorează echipei pe care o are. „Dacă mă uit la succesele mele", spune Paul, „văd echipe. Guardian Angels: o echipă de oameni. Firma de curățenie „At

Your Service": o echipă de oameni. John Maxwell Team: o echipă de traineri, de specialiști în vânzări și în marketing, dar și o echipă de traineri certificați. Unele dintre aceste persoane au lucrat cu mine 10-12 ani. Cheryl Fisher îmi este alături de 22 de ani. Eu nu vreau angajați. Eu vreau o echipă. Am nevoie de echipe, fiindcă mi-am dat seama că propria mea capacitate este limitată. În momentul în care reunesc o echipă pentru a îndeplini un obiectiv, automat crește și capacitatea mea, fiindcă, altfel, singur nu aș fi reușit. Productivitatea se amplifică și ea, exponențial."

Fiindcă Paul știe cât de importantă este echipa, face tot ceea ce îi stă în putință să aibă o relație excepțională cu oamenii săi. În fiecare zi sună pe câte cineva sau îi face o vizită ca să stea pur și simplu de vorbă. Se uită ce postează oamenii săi pe conturile de socializare și vrea să știe ce mai fac. „Trebuie să ajungi neapărat să știi care este vibrația tribului", spune Paul.

Și eu procedez așa. Încerc să iau masa din când în când cu cei mai importanți angajați și îi iau cu mine la evenimente, astfel încât să ne petrecem timpul împreună. Sunt conștient de faptul că cei apropiați îmi determină nivelul de succes, astfel încât mi-am propus să dezvolt relațiile cu ei și să le ofer în schimb ceva de valoare. Dacă vrei să ai o productivitate cât mai mare, trebuie să îți pui la punct o echipă, să ții legătura strâns cu ea și să oferi, la rândul tău, valoare.

8. Ia deciziile de zi cu zi astfel încât tu și echipa ta să avansați

În momentul în care Paul se apuca de ceva nou, primul obiectiv era să demareze proiectul și să îl facă să funcționeze. De exemplu, când a înființat John Maxwell Team, nici măcar nu avea un site, însă acest lucru nu l-a oprit. Proceda așa cum știa el și făcea îmbunătățiri pe parcurs. Se concentra foarte mult și aloca foarte multă energie producției propriu-zise. Acest proces presupune însă abilitatea de a lua decizii în fiecare zi.

Unul dintre lucrurile care mi s-au părut întotdeauna interesante la Paul a fost acela că nu își apreciază deciziile ca fiind greșite sau corecte, bune sau rele. El le apreciază doar în funcție de parcursul pe care l-a avut echipă raportat la ceea ce își propuseseră. „Există o mulțime de lucruri pe care nu le facem bine, fără să însemne însă că decizia a fost proastă, fiindcă ne-am mişcat totuşi în direcţia corectă. Nu iau foarte mult în seamă eşecurile, aşa că nu îmi pasă. Întrebarea pe care mi-o pun este următoarea: «Ne îndreptăm spre perfecţiune?» Mă gândesc doar la traiectorie, nu neapărat la atingerea ţintei. Sunt un futurist. Nu prea sunt preocupat de prezent, fiindcă el se va schimba. Vreau să mă asigur că sunt pe drumul cel bun. Dacă stai de vorbă cu cei din cadrul John Maxwell Team, o să-ţi spună că cel mai des le dau următorul sfat: «Sări şi construieşte-ţi aripile pe parcurs.»"

Vei putea atinge nivelul maxim de productivitate doar dacă eşti dispus să iei deciziile corecte. Felul în care a procedat Paul te poate ajuta. Când vine vorba despre caracter și decizii etice, există, într-adevăr, unele corecte și unele greșite. Dar dacă ne referim la productivitate și la realizări, nu mai există ideea de bun sau rău. Fie funcţionează, fie nu. Fie te conduce pe drumul cel bun, fie nu. Dacă te obişnuieşti să iei decizii rapid, să încerci lucruri noi şi să le evaluezi în funcţie de cât ai avansat, atunci vei fi mai productiv.

9. Încearcă să stabilești permanent ceea ce ai putea îmbunătăți

Persoanele productive se străduiesc întotdeauna să evolueze și să găsească modalități mai eficiente de a duce lucrurile la bun sfârșit. Cu siguranță că acesta a fost și scopul lui Paul, care a reevaluat constant totul. De fiecare dată când găzduia evenimentul organizat de două ori pe an pentru certificarea trainerilor, își dezvolta anumite abilități. De fiecare dată când își modifica planul de marketing și de vânzări, obținea rezultate și mai bune. În perioada aceasta, regândește procesul anterior trainingului propriu-zis, inclus în programul de certificare. De asemenea, își reevaluează și capacitatea de predare. Toate aceste laturi funcționează deja și au avut succes în trecut. Însă își dorește să fie și mai bune, fiindcă încearcă să se îndrepte către modelul de perfecțiune pe care îl are permanent în minte.

Paul este motivat și își dorește să evolueze permanent. „Eu văd lucrurile în felul următor", spune el. „În viață avem trei opțiuni. Putem fi istorici, reporteri sau futuriști. Istoricul vrea să ne reamintească tot ceea ce s-a petrecut până acum, filtrând totul prin această prismă. Reporterul este realmente atașat de condițiile și circumstanțele din prezent. Futuristul se concentrează pe tot ceea ce nu s-a făcut încă. Avem însă multe de făcut. Putem face mai mult. Ne putem extinde capacitatea. Există încă o parte nedescoperită a potențialului nostru." Paul consideră că este vorba despre un proces prin care trăim în viitorul apropiat. Eu aş spune că acționăm astăzi cu intenția de a face din ziua de mâine una mai bună. Locul în care se întâlnesc ziua de azi și mâine este cel unde poți crea o schimbare pozitivă. Singurul moment în care ai controlul este cel de acum. Nu mai poți schimba ziua de ieri. Și nici nu poți controla ziua de mâine. Poți alege însă ce faci acum, dacă scopul tău este ca mâine să îți fie mai bine. Profesorul Edward Banfield, de la Universitatea Harvard, a confirmat cât de important este să ne concentrăm asupra viitorului, în cartea sa, *The Unheavenly City* („Orașul impur"). Ne vorbește despre „perspectiva pe termen lung", despre care studiile arată că este elementul pe baza căruia se prognozează cu cea mai mare acuratețe mobilitatea socială și economică din America – mai important decât mediul familial, educația, rasa, inteligența, conexiunile sau orice alt factor. Dacă vrei să fii productiv și să ai succes, gândește-te la viitor, dar acționează acum.

Îl cunosc pe Paul de șase ani și sunt uimit nu numai de nivelul său de productivitate, ci și de modul în care aceasta continuă să crească. Paul spune: „Care este rolul potențialului dacă nu ai capacitatea de a-l exprima?" Și, crede-mă, el chiar și-l exprimă.

Importanța „perspectivei pe termen lung" – sau a concentrării pe ceea ce se va întâmpla în viitor – este elementul pe baza căruia se poate prognoza cel mai bine mobilitatea socială și economică în America.

Puține lucruri vor avea un impact mai mare și mai rapid asupra potențialului tău succes decât creșterea capacității tale productive. Dacă te poți inspira din exemplul lui Paul, apucă-te imediat de treabă. Învață de la el și aplică zilnic totul, până când se transformă într-un obicei. Urmărește apoi ceea ce se întâmplă.

Întrebări referitoare la capacitatea de productivitate

1. Înclinația ta naturală este cea de istoric, care analizează trecutul, de reporter, care observă și comentează prezentul, sau de futurist, care acționează astăzi cu intenția ca ziua de mâine să fie mai bună? Ce anume ai putea face să te concentrezi într-o măsură mai mare asupra viitorului apropiat?
2. Folosind ca punct de inspirație povestea lui Paul, cum ai descrie viziunea referitoare la un viitor cât mai bun? Cum ai proceda concret? Descrie cât mai detaliat posibil.
3. Ce obiceiuri nepotrivite ai în prezent care te împiedică să obții ceea ce îți dorești? Ce obiceiuri bune ar trebui să adopți astfel încât să le înlocuiești pe cele neproductive?

9

Capacitatea de leadership – abilitatea de a-i inspira și de a-i conduce pe ceilalți

Au trecut mai bine de 40 de ani de când mi-am dat seama că totul se dezvoltă sau se prăbușește odată cu leadershipul. Din acel moment, m-am străduit să devin un lider mai bun. De-a lungul drumului, am ajuns la concluzia că leadershipul înseamnă influenţă, aşa că îmbunătăţirea lui însemna automat că am o capacitate mai mare de influenţare.

Cu cât învățam mai mult, cu atât înțelegeam mai bine cât de multe nu știu.

În anii '70, l-am auzit pe Earl Nightingale spunând următorul lucru: „Dacă o persoană petrece o oră pe zi, timp de cinci zile pe săptămână, studiind un singur subiect, atunci va deveni expert în subiectul respectiv. Primul gând care mi-a trecut prin minte a fost ceva de genul: „Uau! O să-mi ia doar cinci ani să ajung expert în leadership."

Am transformat leadershipul în punctul meu central de interes. După cinci ani, am învăţat două lucruri. În primul rând, pot deveni un lider mai bun. Al doilea: nu poţi deveni expert în leadership în doar cinci ani. Și, cu cât învăţam mai mult, cu atât înţelegeam mai tare cât de multe lucruri nu ştiu. Situaţia este valabilă şi astăzi, dar nu face decât să mă motiveze să învăţ şi mai mult. Conştientizarea la nivel personal mi-a permis să anticipez într-o măsură şi mai mare dezvoltarea viitoare.

Este adevărat că, în sfera leadershipului, meritele mi-au fost recunoscute. În 2014, Asociaţia Americană de Management m-a considerat cel mai proeminent lider din zona de business. În acelaşi an, revistele *Business Insider* şi *Inc.* m-au numit cel mai influent expert în leadership din lume. Însă nu mă simt defel un expert, ci o persoană care adaugă nişte straturi suplimentare la tot ceea ce ştie despre arta de a conduce. De fiecare dată când învăţ ceva nou, adaug la ceea ce ştiam deja despre leadership şi aplic. Şi nu mă opresc niciodată. Obiectivul meu este să evoluez permanent, dobândind cunoştinţe noi care le completează pe cele mai vechi, ajungând la un nivel de profunzime şi mai mare.

O să-ţi dau şi un exemplu. În momentul în care, la zece ani de la prima ediţie, editorul meu m-a invitat să scriu o ediţie revizuită a cărţii *The 21 Irrefutable Laws of Leadership* („Cele 21 de legi supreme ale leaderului") am acceptat imediat. Mă gândeam că voi termina repede, în sensul că mai modific puţin câteva părţi ale cărţii. M-am înşelat. Când am recitit cartea, eram complet descurajat. În cei zece ani care trecuseră de la prima ediţie, învăţasem foarte multe lucruri noi despre arta de a conduce. Evoluasem şi mă schimbasem. Aprofundasem concepte şi căpătasem experienţă. Însă cartea rămăsese la fel. Ceea ce mă aşteptasem să fie o corectură minoră s-a transformat într-o revizie majoră. Am schimbat 70% din carte, adăugând o mulţime de straturi de leadership peste ceea ce scrisesem deja.

A fost pentru prima dată când mi-am dat seama la modul conştient că lucrurile noi pe care le înveţi se adaugă peste cele pe care le ştiai deja şi efectul de multiplicare este unul extraordinar. Aşa m-am obişnuit să leg cunoştinţele nou dobândite de cele mai vechi. Îţi aduci aminte de ilustraţia din capitolul referitor la capacitatea creativă, în care creativitatea este legată de cunoaştere? În acelaşi mod fac o legătură şi între învăţare şi înţelepciune. Învăţătura îţi oferă puncte noi, iar înţelepciunea le leagă între ele. Continuă să faci asemenea legături şi ele se vor înmulţi formând noi straturi.

Cele două faţete ale leadershipului

Continui şi acum să evoluez în tot ceea ce ţine de leadership. În capitolul 3, am povestit deja despre programul Exchange, un eveniment pe care John Maxwell Company îl organizează în fiecare an. Ediţia din 2015 a avut loc în San Francisco, iar unul dintre speakerii principali a fost Liz Wiseman, fost director executiv la Oracle şi preşedintele în funcţie al Wiseman Group, din Silicon Valley. Liz este şi autoarea mai multor cărţi, printre care şi *Multipliers: How the Best Leaders Make Everyone Smarter* („Efectul de multiplicare: cum reuşesc cei mai buni lideri să facă oamenii mai inteligenţi").

În acel an, Liz a vorbit despre „cele cinci discipline ale unui multiplicator". Am fost intrigat când au auzit că descrie un multiplicator ca fiind „acel lider care formează genii şi care scot la iveală inteligenţa celorlalţi". Pe măsură ce a aprofundat subiectul, trebuie să recunosc că am ajuns să fiu din ce în ce mai entuziasmat, fiindcă aveam sentimentul că mă descrie pe mine.

- **Magnetul de talente** atrage oamenii înzestraţi şi îi foloseşte astfel încât aceştia să contribuie la bunul mers al lucrurilor cu ceea ce ştiu ei mai bine să facă. („Mi se potriveşte", m-am gândit eu.)
- **Eliberatorul** creează un mediu intens, în care oamenilor li se cere să gândească şi să lucreze cât mai bine. („Da, şi asta mi se potriveşte.")
- **Provocatorul** defineşte o oportunitate care îi ajută pe oameni să îşi extindă capacitatea. („Asta chiar fac.")
- **Cel care provoacă dezbateri** determină luarea unor decizii dificile în urma unor dezbateri riguroase. („Îmi place la nebunie.")
- **Investitorul** le oferă celorlalţi sentimentul că îşi asumă rezultatele şi investeşte în succesul lor. („Extraordinar. Şi asta fac. Mi se potriveşte 100%.)

Doamne, cât de bine mă simţeam! Începusem să mă întreb dacă nu cumva Liz şi-ar fi dorit să pună pe copertă poza mea, astfel încât cititorii să ştie cum arată un multiplicator.

Însă înainte să mă ofer să o las să mă pozeze, a început să explice modul în care multiplicatorii îşi pun în umbră, fără să vrea, propriii oameni:

- **Tipul cu idei** îşi expune ideile pentru a-i stimula şi pe alţii să aibă idei, însă rezultatul este că aceştia se simt copleşiţi şi de cele mai multe ori renunţă să mai vorbească. („Vai! Chiar procedez aşa.")
- **Întotdeauna în priză**: are tendinţa să inunde încăperea cu energia lui şi îşi expune punctele de vedere, însă, ca urmare, consumă

tot spaţiul emoţional, iar ceilalţi nu mai vibrează pe aceeaşi lungime de undă cu el. („Mda... Şi asta")

- **Salvatorul** are tendinţa să se asigure că oamenii au succes şi le protejează reputaţia, făcându-i însă dependenţi de el, ceea ce îi afectează propria reputaţie. („Al treilea lucru pe care chiar îl fac.")
- **Cel care stabileşte ritmul de lucru** are tendinţa să impună un standard ridicat de calitate, însă oamenii ajung să fie simpli spectatori sau renunţă, fiindcă nu pot ţine pasul. („Am procedat aşa de mai multe ori pe cât îmi place să recunosc.")
- **Cel care reacţionează rapid** are tendinţa de a le impune oamenilor din organizaţia lui să se mişte rapid, însă urmarea este că aceştia o iau destul de încet, fiindcă se lovesc de aglomeraţie, dar şi de mult prea multe decizii ori schimbări. („Da, şi asta.")
- **Optimistul** are tendinţa de a instaura convingerea că oamenii lui pot face orice, însă aceştia se întreabă dacă el ştie cât de grea e călătoria în sine sau dacă ia în calcul riscul de eşec. („Of, şi asta!")

Uau! Pe măsură ce descria şi explica tendinţele acestui tip de lider, m-am făcut mic undeva pe scaunul meu. În mai puţin de o oră şi jumătate, am coborât de pe acoperişul lumii până la capătul cel mai de jos. Habar nu avusesem că punctele mele tari au atât de multe puncte slabe. Realitatea m-a lovit drept în faţă. Înainte de a pleca din San Francisco, i-am strâns laolaltă pe câţiva dintre cei care făceau parte din cercul meu interior, am recunoscut în faţa lor că am trăsăturile descrise de Liz şi i-am rugat să mă ajute. Fiindcă nu aş fi putut remedia toate cele şase probleme deodată, i-am întrebat cu care dintre ele să încep. Au fost cu toţii de acord: trebuia neapărat să îmi temperez tendinţa de a fi optimist. În următoarele câteva luni, am lucrat la asta. Încă mai am un drum lung de parcurs, însă evoluez.

Cea mai bună parte? Ştiu că mă ajută să devin un lider mai bun. Este ca şi cum aş adăuga un nou strat la perspectiva şi experienţa mea. Iar acest lucru îmi va extinde capacitatea de leadership.

Extinderea capacităţii de leadership

Îmi doresc foarte tare să îţi dezvolţi capacitatea de leadership pe măsură ce citeşti acest capitol. Dacă ai citit şi celelalte cărţi ale mele având ca temă arta conducerii, poate că te întrebi despre ce voi vorbi.

Voi aborda tot ceea ce am învăţat nou în ultima vreme. Unele idei sunt o completare a celor despre care am mai discutat. Altele sunt vechi, dar am tras pornind de la ele concluzii noi. Sper ca toate acestea să te ajute să îţi extinzi capacitatea, aşa cum m-au ajutat şi pe mine.

1. Pune întrebări și ascultă răspunsurile pentru a înțelege și a găsi oamenii potriviți

De curând, în timpul unui interviu, am fost întrebat: „John, care este principala diferenţă între modul în care conduci în prezent, la aproape 70 de ani, şi modul în care îţi conduceai companiile la 30 sau 40 de ani?" Am răspuns aproape instantaneu: „Acum, în timp ce conduc, pun permanent întrebări."

Comunicarea este limbajul leadershipului. Jurnalistul şi autorul William H. Whyte spunea: „Am descoperit că cel mai mare inamic al comunicării este iluzia că aceasta are loc." Ani la rând am trăit cu iluzia că, atât timp cât vorbesc şi ofer îndrumare, se produce efectiv şi comunicarea. La începutul carierei mele de lider, îmi plăcea foarte mult să ofer răspunsuri. Voiam ca echipa mea să fie impresionată de tot ceea ce ştiu şi mă interesa în principal să duc lucrurile la bun sfârşit. Înainte, mă concentram asupra viziunii. Credeam că leadershipul are legătură cu mine şi cu ceea ce îmi doresc eu. Acum vreau ca oamenii să mă cunoască, iar eu să îi cunosc, la rândul meu.

„Am descoperit că cel mai mare inamic al comunicării este iluzia că aceasta are loc."
– William H. Whyte

La începutul carierei, stilul meu de comunicare nu era unul foarte interactiv. Nu voiam niciodată să includ în conferinţele sau şedinţele mele şi o sesiune de întrebări şi răspunsuri. Îmi doream să îi învăţ pe ceilalţi ceea ce ştiam şi ceea ce credeam eu că e important. În prezent, încurajez desfăşurarea unor asemenea sesiuni. De ce? Fiindcă este cea mai rapidă şi mai uşoară modalitate de a te conecta cu publicul şi de a îndeplini nevoile participanţilor. Ani de zile am dat răspunsuri la întrebări pe care nu mi le punea nimeni!

Încet-încet, am învăţat că leadershipul este ca o stradă cu două sensuri. Eu personal am avut nevoie de timp să descopăr ceea ce ulterior am numit Legea Comunicării: liderii ating inimile înainte să ceară o mână de ajutor. Ani de zile am sărit peste partea cu inima şi am trecut direct la cea cu mâna. Totul s-a schimbat însă în momentul în care am început să pun mai multe întrebări şi să ofer mai puţine îndrumări. Mi-am propus să mă concentrez asupra celor din jur. Întrebările sunt cheile care deschid uşa către viaţa altei persoane şi am început să le folosesc astfel încât să învăţ mai multe despre oameni.

De asemenea, pun întrebări şi pentru că mă ajută să identific persoanele de care am nevoie. În tinereţe, nici nu ştiam că e nevoie de aşa ceva. Acum ştiu că pentru a găsi oamenii care vor să te ajute pe tine, ca lider, trebuie să pui întrebări şi să asculţi răspunsurile cu atenţie. În prezent, când fac cunoştinţă cu cineva, prima dată mă gândesc ce întrebări să pun astfel încât să stabilesc cât mai repede o legătură.

Înainte de a încerca să facem ceea ce trebuie ca lideri, trebuie să vedem cât mai clar ceea ce se petrece.

Întrebările ne deschid uşi şi ne permit să stabilim legături cu ceilalţi. Ele pun în valoare interlocutorul şi ne permit să avem o perspectivă diferită. Înainte de a încerca *să facem* ceea ce trebuie ca lideri, trebuie *să vedem* cât mai clar ceea ce se petrece. Cel mai mare compliment pe care îl poţi face cuiva este să îi ceri părerea.

Cu toate acestea, nici una nu funcţionează dacă nu asculţi. Dacă întrebările reuşesc să deschidă uşi, ascultarea le ţine deschise. Întrebările dau startul conversaţiei, însă ascultarea o încurajează să continue. Ascultarea arată că îmi doresc să înţeleg pe cineva înainte să îmi doresc să fiu înţeles de interlocutor. Întrebările alături de ascultare compun o conversaţie de calitate. Iar o conversaţie de calitate înseamnă un leadership de calitate.

Am fost nevoit să învăţ cum să ascult, fiindcă nu făceam altceva decât să vorbesc. În prezent, de cele mai multe ori îmi rog interlocutorul să vorbească mai întâi şi să îmi spună tot ceea ce vrea să ştiu. Ascult cu atenţie, privindu-l aproape permanent. Nu îl întrerup şi încerc să îi ofer tot timpul de care are nevoie. De ce? Fiindcă vreau să simtă că îl înţeleg. Când se opreşte, îl mai întreb o dată: „Asta este tot ce voiai să îmi spui? Dacă mai e ceva, te rog să continui. Nu mă grăbesc.“ Doar după ce a terminat de tot încep şi eu să vorbesc.

Aproape toate reperele mele legate de leadership vin din faptul că îi ascult pe ceilalţi. Pentru a găsi oamenii potriviţi şi a-i înţelege, pun întrebări şi ascult. Abia atunci îi pot direcţiona eficient.

2. Stabileşte o legătură cu oamenii înainte să le ceri să se schimbe

Prin natura sa, leadershipul înseamnă schimbare. Ca lider, le ceri oamenilor să îşi schimbe energia, punctele cărora le acordă atenţie şi, uneori, chiar direcţia în viaţă, de dragul echipei şi al punerii în practică a viziunii. Cum ajungi să îi faci pe oameni să aibă încredere în tine şi să demareze atât de multe schimbări? Fundamentul încrederii trebuie să fie construit pornind de la nişte relaţii sănătoase, iar relaţiile sănătoase încep prin conexiunile corecte. Aşa cum explic în cartea mea *Everyone Communicates, Few Connect* („Toţi comunicăm, dar puţini stabilim şi relaţii"), conectarea se produce optim atunci când există un teren comun.

Dacă eşti genul acela de persoană orientată către îndeplinirea sarcinilor, este posibil să îţi fie destul de greu să stabileşti conexiuni. Dacă punctul tău forte este relaţionarea, atunci ţi se va părea ceva firesc să o faci. Însă trecerea de la construirea relaţiilor la acţiunea propriu-zisă presupune ceea ce eu numesc *schimbare de accent.* Acest schimb este reprezentat de tranziţia de la relaţionarea cu cei din jur la faptul că îi ajuţi să facă schimbările necesare, de pe urma cărora să beneficieze toată echipa.

La începutul carierei mele de lider, această tranziţie a fost pentru mine o provocare. Mă pricepeam doar la partea de relaţionare. Consideram leadershipul un fel de legătură bazată pe prietenie. Vestea cea bună este că oamenii mă plăceau. Vestea proastă era că nu mă urmau întotdeauna. Nu puteam să îi fac să treacă din punctul în care ne aflam în cel în care trebuia să ajungem.

Îţi poţi presa oamenii în acele zone care ţin de alegeri, însă trebuie să ai răbdare cu ei în acele laturi legate de propriul background, experienţă sau abilităţi.

De curând, la o sesiune de coaching sponsorizată de John Maxwell Company, trainerul Matthew Mitchell, de la Universitatea Lady Wildcats din Kentucky, m-a întrebat: „John, ca lider, când trebuie să îmi împing oamenii de la spate și când trebuie să am răbdare cu ei?" Este o întrebare pe care și-o pune orice lider. Răspunsul meu este următorul: „Îți poți împinge oamenii de la spate în zonele pe care trebuie să și le însușească, de exemplu atitudine, responsabilitate sau etică a muncii. Însă trebuie să ai răbdare cu ei în laturile legate de propriul background, experiență sau abilități.

De cele mai multe ori, este nevoie de răbdare acolo unde membrii echipei au în spate un background dificil. Poate că nu au avut aceleași privilegii sau oportunități precum ceilalți membri ai echipei. Lipsa de experiență presupune, de asemenea, răbdare. De exemplu, în meciurile de baschet dintre echipele universitare, nu e rezonabil să te aștepți ca un începător să ia deciziile cu aceeași rapiditate cu care o fac seniorii. Iar jucătorii mai puțin talentați trebuie tratați cu mai multă răbdare decât cei cu abilitățile deja dezvoltate. Cu cât abilitățile sunt mai avansate, cu atât trebuie presați mai mult. Cu cât sunt mai nedezvoltate, cu atât mai mare trebuie să fie și răbdarea.

Una dintre metodele prin care îți poți ajuta membrii echipei să implementeze cu succes schimbările este să stabilești de la bun început ce așteptări ai, fiindcă acest lucru amplifică șansele de a se produce o schimbare pozitivă mai târziu, pe parcursul relației. Așa cum spunea Stephen M.R. Covey în cartea sa, *The Speed of Trust* („Viteza încrederii"): „Este important să ne concentrăm de la bun început pe o viziune împărtășită de toți. Este o măsură într-un fel preventivă. Atunci când așteptările nu sunt clar definite din start, se diminuează atât încrederea, cât și viteza. Se irosește o mulțime de timp din cauza unor lideri care nu își definesc clar așteptările. Faptul că nu sunt clarificate duce la situații în care oamenii din subordine trebuie să le ghicească. Când se obțin rezultate, nu sunt foarte apreciate." Este vorba despre ceea ce eu numesc Principiul Așteptărilor: stabilirea acestora în momentul demarării unui proiect mărește șansele îndeplinirii lor la final.

Aș vrea să trecem împreună în revistă cei șase pași pe care îi folosesc pentru a-mi stabili așteptările. Cred că îți vor pava drumul către succes pe măsură ce relaționezi cu ceilalți și îi inviți să adopte schimbarea.

Spune-le celor din jur că îi apreciezi

Cel mai mare cadou pe care un lider îl poate face membrilor echipei sale este să creadă în ei și să le spună că îi apreciază. Este extraordinar ca oamenii să își preţuiască liderul, dar este și mai bine dacă liderul își preţuiește oamenii. De ce? Din punctul meu de vedere, ca lider, le arăt că îmi pasă. Și cu cât apreciez mai mult o persoană, cu atât mai mult investesc în ea. Evaluarea valorii stabilește și cuantumul investiţiei. Dacă eu, ca șef al tău, nu te apreciez, voi încerca să te manipulez în avantajul *meu* în loc să investesc în tine în avantajul *tău*.

Evaluarea valorii stabilește și cuantumul investiției.

Așadar, atunci când stabilesc așteptările pe care le am de la oamenii mei, le comunic clar cât de mult îi apreciez pe fiecare în parte ca indivizi, nu ca angajaţi – ceea ce înseamnă că îmi pasă de ei suficient de mult încât să îi înfrunt. Îi preţuiesc prea mult ca să le permit să rămână la fel. În condiţiile în care știu că așteptările pe care le am de la ei izvorăsc din aprecierea pe care le-o acord, am stabilit premisele colaborării viitoare.

Stabilește care este valoarea pe care cred că o au

Așa cum am mai spus, modul în care liderii îi văd pe cei din jur determină și măsura în care vor investi în ei. Iar modul în care se văd pe ei înșiși determină măsura în care vor investi în ei. Și în acest caz, evaluarea valorii stabilește cuantumul investiției. Valoarea pe care crezi că o ai determină nivelul personal de angajament față de tine însuți, dar și față de cei din jur. Valoarea personală reprezintă fundamentul încrederii. Dacă ai mai multă încredere în tine, atunci vei fi mult mai implicat în propria dezvoltare.

Dacă cei din echipa ta nu cred în ei înșiși, atunci tu, în calitate de lider, trebuie să încerci să îi ajuți să își recapete această încredere, încurajându-i. Recunoaște-le meritele când este cazul și ai față de ei o atitudine pozitivă. Rolul tău este să îi înveți, dar și să îi ajuți să fie mândri de reușitele personale. Funcționează întotdeauna? Nu. Însă dacă stima lor de sine nu crește, atunci nici performanțele nu vor fi unele notabile.

Spune-le că te aștepți ca ei să evolueze

În 2012, am scris cartea intitulată *The 15 Invaluable Laws of Growth* („Cele 15 legi supreme ale dezvoltării personale"). Primul capitol conține

Legea Intenţiei: dezvoltarea personală nu apare pur şi simplu de la sine. Dacă ne dorim să evoluăm, trebuie să ne stabilim ţinte clare şi să acţionăm ca atare. Dacă vrem ca cei pe carc îi avem în subordine să evolueze, trebuie să îi ajutăm să facă acelaşi lucru.

Ca lider care își stabilește așteptările de la propriii oameni, trebuie să fim pregătiți să răspundem la două întrebări: „Ce anume vreau să știe?" și „Ce anume vreau să facă ei?"

Ca lider care îşi stabileşte aşteptările de la propriii oameni, trebuie să fim pregătiţi să răspundem la două întrebări: „Ce anume vreau să ştie?" şi „Ce anume vreau să facă ei?" Fiindcă ai un rol de conducător, îţi doreşti ca oamenii tăi să evolueze şi vrei ca ei să ştie asta. Dacă sunt conştienţi de responsabilităţile pe care le au, atunci şansele de dezvoltare cresc semnificativ. Una dintre cele mai mari greşeli pe care le fac liderii este să vorbească despre aşteptările pe care le au, fără să menţioneze şi nivelul de responsabilitate pe care trebuie să şi-l asume fiecare subaltern.

Arată-le că schimbarea este obligatorie

Este imposibil să fii mai bun fără să faci uneori şi nişte schimbări. Nimeni nu rămâne în acelaşi loc, reuşind, în acelaşi timp, să evolueze. Disponibilitatea de a face diverse schimbări este unul dintre preţurile pe care le plătim în momentul în care apucăm pe drumul dezvoltării personale.

Liderii buni îşi ajută oamenii să fie conştienţi şi să accepte acest preţ. Îşi sprijină membrii echipei să înţeleagă că, adesea, cea mai lungă distanţă între două puncte este o scurtătură, fără să existe însă şi metode ocolitoare atunci când vine vorba despre dezvoltarea personală. Oamenii trebuie să fie dispuşi să facă toate schimbările necesare pentru a evolua. Nu există varianta în care liderul să facă aceste schimbări în locul lor, dar îi pot îndruma, încuraja sau sprijini.

Încearcă în mod constant să stabilești noi legături

Am vorbit de curând despre Principiul aşteptărilor, în faţa unui grup de directori. La un moment dat, în timp ce explicam, mi-am pus mâna pe spatele unuia dintre ei. Voiam ca oamenii să aibă o imagine vizuală a modului în care liderii trebuie să mențină legătura cu cei pe care îi conduc. Este obligatoriu ca aceștia să simtă permanent presiunea – fie ea cât de mică – a liderului care îi îndeamnă să meargă mai departe. De ce? Fiindcă în momentul în care ne luăm mâna de pe ei, elanul li se mai tempereazǎ. Când vine vorba despre așteptări, liderii nu pot spune niciodată „Mi-am definit așteptările și gata, mi-am făcut treaba." Doar foarte rar se întâmplă ca oamenii să avanseze singuri sau să își corecteze greșelile pe parcurs atunci când ies de pe traseul recomandat.

Dacă ești părinte, de câte ori trebuie să repeți un lucru copiilor tăi? De zeci, de sute sau de mii de ori? Caracterul constant al conexiunii influențează în mod direct coerența acțiunilor. În momentul în care, ca lideri, rămânem conectați, sunt comunicate două aspecte.

Membrilor echipei li se reamintește în mod constat că este nevoie de efort dacă vor să se ridice la înălțimea așteptărilor. Iar liderul știe exact cum reacționează aceștia, așa că, în cazul în care opun rezistență, pot fi corijați.

Prietenul meu, Kevin Turner, fost director de operațiuni la Microsoft și în prezent CEO la Citadel Securities, spune: „Oamenii vor să fie judecați în funcție de intențiile lor, nu ca urmare a acțiunilor." Cred că e perfect adevărat. De asemenea, vor să aibă putere de decizie. Însă de cele mai multe ori au nevoie să fie responsabilizați. Dacă menții permanent legătura cu ei și îi împingi ușor de la spate, îi încurajezi și îi responsabilizezi în același timp.

Pune următoarea întrebare: „Mă vei ajuta să te ajut?"

Dacă ai așteptări pentru oamenii tăi, dar ei nu le percep ca atare, atunci nu vor avea niciodată succes. În momentul în care le ceri să te ajute să îi ajuți, le poți măsura nivelul de implicare și de angajament. Dacă reușești să îi determini să îți vorbească despre laturile în care consideră că au nevoie de ajutor ca să evolueze, vei obține întreaga lor participare. Dacă nu se țin de cuvânt, îi poți trage la răspundere pentru ceea ce au spus că vor face. Ideea este următoarea: nu e în regulă să îți consumi timpul și energia cu persoane care îți cer sfatul, dar apoi nu fac niciodată ceea ce le-ai recomandat. Ideal este să lucrezi cu oameni care *își doresc* schimbarea.

3. Dă dovadă de transparență înainte să îți provoci oamenii

Unul dintre cele mai valoroase lucruri pe care le poți face pentru a-ți extinde capacitatea de leadership este să fii cât mai onest și mai transparent cu oamenii, dar și să le spui povestea ta, în special înainte de a-i provoca să încerce ceva mai dificil.

Am mai spus deja că este extrem de important ca liderii să își pună următoarea întrebare: „Ce anume vreau ca ei să știe și ce anume vreau să facă ei?" De asemenea, mai există o chestiune la care liderii trebuie să se gândească: „Cum vreau să se simtă oamenii mei?"

Ca lideri, ne îndreptăm atenția asupra viziunii, agendei, proiectelor, culturii organizaționale sau a următoarelor sarcini. Toate sunt importante și trebuie să comunicăm mai departe detalii despre ele. Însă mai cred și că povestea unui lider are potențialul de a schimba vieți și de a pregăti oamenii să acționeze – atât timp cât vorbește sincer, este deschis și își arată vulnerabilitatea atunci când este cazul.

Mult prea mulți lideri sunt de părere că trebuie să își proiecteze imaginea perfectă ca să fie credibili ca lideri. Au sentimentul că trebuie să arate doar latura lor bună. Nu înțeleg însă că uneori ea are și puncte slabe. Nu iau în calcul cât de relevantă este imperfecțiunea propriei povești. Faptul că vorbește deschis despre luptele purtate sau despre modul în care a evoluat îi poate determina pe cei din jur să își schimbe viața în bine.

Pentru asta este nevoie de curaj. Rollin King, fondatorul companiei Southwest Airlines, spunea: „Am adoptat filosofia conform căreia nu vreau să ascund nimic angajaților... nici una dintre problemele noastre." Oamenii respectă liderii care spun adevărul, dar care își respectă permanent viziunea, ducându-și echipa înainte.

„Am adoptat filosofia conform căreia nu vreau să ascund nimic angajaților... nici una dintre problemele noastre."
– Rollin King

Mi-am dat seama cât de mare este impactul unei atitudini transparente în momentul în care am invitat câțiva traineri cu experiență din cadrul John Maxwell Team să mi se alăture în procesul de transformare pe care l-am derulat în Paraguay. Așa cum am menționat în capitolul 5, obiectivul nostru era să instruim 700.000 de lideri în cinci ani. Voiam să rog peste 200 de traineri să îmi doneze o săptămână din timpul lor, să își plătească singuri toate cheltuielile până la Asunción și să lucreze 12 ore pe zi, organizând mese rotunde în cadrul cărora să învețe oamenii să fie facilitatori la diverse workshop-uri.

Însă înainte de a îi invita, le-am împărtășit viziunea mea, care mi se părea una extrem de grandioasă. Primisem o invitație de la președintele țării. Așteptările erau foarte mari. Știam că drumul va fi unul lung și greu. Șansele de a transforma o întreagă națiune erau foarte scăzute. Nu mai condusesem la acest nivel până atunci și existau o mulțime de necunoscute. Știam că mă depășește puțin și că, dată fiind vârsta pe care o aveam, nu eram sigur dacă pot termina proiectul. Le-am spus oamenilor toate aceste lucruri, adăugând că aveam sentimentul că nu am altă opțiune. Mă simțeam obligat. Urma să conduc un proiect așteptându-mă într-un fel să dau greș la ceva la scară mare. Așadar, fiindcă era clar că am nevoie de ajutor, i-am întrebat: „Veți intra alături de mine în acest proiect?“

Două sute cincizeci de lideri au răspuns provocării și au acceptat să se adapteze diferențelor culturale, să aloce timp și bani ca să facă parte din această viziune și să își asume misiunea. Rezultatul? La începutul anului 2016, trainerii au ajuns în Paraguay și, în mai puțin de o săptămână, au instruit 17.000 de lideri astfel încât să poată organiza mese rotunde, la care au participat ulterior 70.000 de oameni să își însușească valorile predate. Procesul de transformare începuse.

Punerea în practică a viziunii presupune ca liderul să aibă două calități importante: consecvență și intensitate.

Dacă ești lider, nu e suficient să ai o viziune. Trebuie să o și simți. Dacă te mulțumești pur și simplu să ai o viziune, există riscul să ți se distragă atenția și să pierzi din vedere detalii. Dacă o simți însă, ea nu poate fi atât de ușor de dat la o parte. Punerea în practică a viziunii presupune ca liderul să aibă două calități importante: consecvență și intensitate. Dacă te ridici la înălțimea provocării și suporți greutatea viziunii, te vei maturiza ca lider. În altă ordine de idei, dacă dai dovadă de transparență legat de ceea ce simți față de viziunea ta, cei care te urmează vor fi inspirați și o vor adopta.

4. Pune-i pe ceilalți înainte de propriile interese

Ultimul lucru pe care aş vrea să ţi-l împărtăşesc în ideea de a-ţi extinde capacitatea de leadership este o lecţie pe care am învăţat-o şi am început să o pun în practică în anul 1976. Timp de 40 de ani am dezvoltat continuu mai multe straturi pornind de la acest adevăr legat de leadership şi cred că dacă vei proceda la fel, vei deveni un lider mai bun. În tot ceea ce are legătură cu ideea de a conduce, trebuie să pui accentul pe „noi", nu pe „eu".

La începutul carierei, toată munca mea de leadership avea legătură cu mine. Nu făceam decât să mă întreb: „Oare această persoană vrea să afle care este viziunea mea? Vrea să îmi ajute echipa? Vrea să mă ajute pe mine? Ce anume poate face pentru mine." Acest lucru s-a schimbat în momentul în care am început să îi „înzestrez" pe ceilalţi şi să le acord putere de decizie. Iar în ultimii 20 de ani am încercat să îi deservesc pe cei din jurul meu şi să fac tot ce pot ca să le schimb viaţa în bine.

Aş vrea să te încurajez să începi să pui şi tu accentul pe ideea de „noi", nu de „eu" – asta dacă nu ai făcut-o deja. De ce? Fiindcă sunt de părere că următorii factori te vor ajuta să faci o schimbare reală:

Realitatea – pe măsură ce provocările sunt mai mari, nevoia de a lucra în echipă creşte.

Visurile mele sunt mai mari decât propria persoană. Şi la fel se întâmplă şi în cazul tău. Fiecare vis valoros este mai amplu decât persoana care îl are. Dacă admitem acest adevăr, devenim mult mai motivaţi să cerem altora ajutorul.

De asemenea, oricât de mult mi-ar plăcea să îmi mobilizez echipa să mă ajute să îmi îndeplinesc un vis, îmi place şi să îi ajut pe ceilalţi să şi le îndeplinească. Am descoperit că de foarte multe ori ştiu ce anume le trebuie altor lideri ca să îşi transforme visul în realitate, putând astfel să îi ajut. Ca speaker, mă aflu în poziţia unică de a face pentru cei din jur ceea ce nu pot face singuri, de exemplu să îi inspir şi să îi ajut să îşi facă oamenii să îi urmeze. Şi îmi place tare mult poziţia pe care o am.

De curând am avut şansa să fac acest lucru cu Rick Hendrick, proprietarul companiilor Hendrick Automotive Group şi Hendrick Motorsports. Am avut cu el câteva şedinţe de consiliere, asigurate de John Maxwell Company. Ca parte a programului de training, am purtat un interviu cu Rick, în timpul căruia mi-am luat şi notiţe. Voiam ca Rick să crească în ochii propriilor oameni. Așa că, la sfârșitul sesiunii, le-am spus sutelor de persoane cu funcție de conducere care lucrau pentru el că vreau să le împărtășesc ceea ce am aflat ca urmare a interviului.

Publicul a început să șușotească. Știam că sunt surprinși. Domnul Hendrick mă adusese acolo să îi învăț diverse lucruri, fiindcă mă considera un expert în leadership, dar cu toate acestea le împărtășeam ceea ce aflasem despre șeful lor. Așa că am putut să le spun cât de mult îl respectam și îl admiram pe Rick - și le-a plăcut foarte mult. I-am făcut să își dorească să lucreze pentru el și să își dea toată silința.

Maturitatea – cu o singură excepție, foarte mică, lumea este compusă din ceilalți oameni

Eu personal consider că maturitatea înseamnă lipsa de egoism, să fii capabil să vezi lucrurile și din perspectiva celorlalți, din simplul motiv că îi apreciezi. Înseamnă să construiești scări pe care ceilalți să se poată urca, nu să te lupți cu ei să urci doar tu pe scară. Să fii un constructor de scară înseamnă ca succesul tău să vină din faptul că i-ai ajutat pe alții să aibă succes. Este posibil să poți ajuta pe cineva să își facă drum în vârf sau e posibil să îl ajuți să urce doar una sau două trepte. Nu contează. Eu îmi ajut oamenii să urce atât cât pot, iar atunci când nu îi mai pot ajuta să avanseze nici măcar o treaptă, fie fiindcă m-au depășit, fie fiindcă au nevoie de alt fel de îndrumare, ies din schemă.

Eu personal consider că maturitatea înseamnă lipsa de egoism.

Am procedat de curând în acest fel cu o persoană pe care o respect foarte mult. Voia să știe de ce m-am retras, așa că i-am explicat: „Dacă încep să am mai mult de câștigat decât tine de pe urma acestui parteneriat, nu voi mai continua să mă implic." Îmi doresc să ofer mai multă valoare celor din jur decât mie. Sau cel puțin balanța să fie echilibrată, însă ideal mi se pare să dăruiesc eu mai mult.

Profitabilitatea – măsoară-ți succesul în funcție de ceea ce oferi, nu de ceea ce câștigi

Dorința de a le schimba celor din jur viața în bine a fost pentru mine întotdeauna mai puternică decât câștigul financiar. Probabil fiindcă la începutul carierei am fost pastor și nu am considerat niciodată banii ca unitate de măsură a realizărilor. Însă indiferent de ceea ce faci pe plan profesional, ar trebui să îți judeci succesul în funcție de cât de mult îi ajuți pe cei din jur. Într-un final, viața este despre oameni. Nu uita niciodată acest lucru. Așadar, încearcă să ai grijă de oameni, nu doar de propria carieră.

Mark Cole, CEO-ul companiilor mele, mi-a povestit de curând care a fost lecția pe care a învățat-o ca urmare a faptului că am colaborat timp de mai bine de un deceniu. Este vorba despre ceea ce el numește „Viața lui John Maxwell, orientată către interesul acordat oamenilor". Iată și cele trei aspecte esențiale:

1. Nu te concentra niciodată doar pe câștigul financiar – ci pe dezvoltarea oamenilor.
2. Nu te concentra niciodată pe înființarea companiilor – ci pe cooptarea oamenilor.
3. Nu te concentra niciodată pe creșterea producției – ci pe evoluția celor din jur.

Nu pot să îmi asum creditul pentru cele de mai sus, însă cu siguranță sunt de acord.

Dacă ești dispus să faci tot posibilul ca să îți extinzi capacitatea de leadership și să ții cont permanent de cei din jur și de abilitatea ta de a le schimba viața în bine, vei avea o satisfacție de nedescris. Cel puțin în cazul meu așa stau lucrurile. Iar oamenii în care investesc îmi reamintesc de ce continui să procedez la fel. În timp ce scriu aceste rânduri, am în mână un stilou pe care scrie „Tu îți pui în lumină propria viață". Mi-a fost făcut cadou de membrii echipei. Și asta îmi doresc să fac și pe viitor. Să pun viața celor din jur în lumină și să îi ajut să evolueze.

Când am împlinit 69 de ani, prietenii mei, John și Celeste Li, mi-au făcut cadou o cină restrânsă, la care au mai participat câteva persoane. Toată lumea era extrem de destinsă și ne-am simțit foarte bine. La un moment dat, Frank Bantz s-a ridicat și a ținut un toast. Ulterior, mi-a trimis un bilețel cu vorbele pe care le-a rostit:

> Viața noastră este ca respirația pe care o cunoaștem până în străfunduri,

Și cu toate astea umbra ta i-a ajutat pe mulți să crească,
Să inspiri alți lideri e o chemare reală,
Iar semințele pe care le-ai plantat cresc cu o viteză uluitoare.
De-abia acum urmează să scrii cele mai bune cărți și să ne dai cele mai bune sfaturi.
Te-așteaptă zile pline de bucurii,
Așa că, la 69 de ani,
Dumnezeu are cu tine noi planuri.

Nu știu ce vârstă ai. Eu mai am puțin și împlinesc 70 de ani, așa că aproape toți cei pe care îi întâlnesc par să fie mai mici decât mine. Însă indiferent de anii pe care îi ai, aș vrea să îți pun o întrebare: pentru ce anume îți dorești să fii cunoscut? Pe măsură ce înaintezi în vârstă și te apropii de final, ce fel de impact vrei să ai asupra lumii din jur? Sper că vei alege să oferi ceva de valoare. Sper că vei alege să devii un lider al cărui punct forte este capacitatea. Cu cât îți dezvolți mai mult influența, cu atât mai pozitiv va fi impactul pe care îl vei avea.

Întrebări referitoare la capacitatea de leadership

1. Cât timp și efort aloci pentru extinderea capacității tale de leadership? S-a numărat ea printre prioritățile tale până acum? Dacă ești dispus să faci din acest demers unul prioritar, cum vei proceda?
2. Cât de bine te pricepi la relaționare și la a-ți provoca oamenii? Ești mai bun doar la una dintre aceste laturi? Cum o poți dezvolta pe cea pe care nu o stăpânești chiar atât de bine?
3. Ce schimbări ar trebui să faci și cum vei acționa astfel încât să îi pui pe primul loc pe cei din jur, în special atunci când vine vorba despre propriul stil de leadership?

PARTEA A TREIA

Alegerile: fă acele lucruri care te ajută să îți extinzi capacitatea

Nu poţi scăpa de responsabilitate pe viitor doar fiindcă ai evadat din realitatea prezentului.

– Abraham Lincoln

Jim Collins, autorul cărţii *Good to great* („Excelenţa în vânzări"), spunea: „Măreţia nu este o funcţie care ţine de circumstanţe. Aşa cum ne arată realitatea, este mai degrabă o chestiune de alegere şi de disciplină." Acelaşi lucru este valabil şi pentru capacitate. Aceasta nu se poate extinde decât dacă facem alegerile corecte. Cuvântul *alegere* implică faptul că avem la dispoziţie şi alte opţiuni. Ceea ce aşa este. Cât de mare îţi doreşti să fie propria capacitate? Ai dreptul şi puterea de a alege. Am mai discutat la începutul cărţii despre ecuaţia capacităţii:

CONŞTIENTIZARE + ABILITATE + ALEGERI = CAPACITATE

Conştientizarea este un lucru pe care îl putem învăţa. Abilitatea este un dar pe care îl posedăm deja. Alegerile au legătură atât cu lucrurile pe care le învăţăm, cât şi cu talentele pe care le avem. Înainte de a discuta despre cele zece alegeri specifice pe care le poţi face ca să îţi extinzi capacitatea, aş vrea să îţi propun o strategie extrem de utilă, pe care eu o numesc „regula lui cinci". Se bazează pe conceptul prezentat de Mark Victor Hansen şi Jack Canfield, autorii seriei *Supă de pui*, însă mi-am pus şi eu amprenta personală puţin.

Să spunem că vrei să tai un copac uriaș pe care îl ai în curte. Gândește-te la cel mai mare copac pe care l-ai văzut vreodată, un copac care te face să spui: „E mult prea mare. Nu voi reuși niciodată să îl tai." Cum vei aborda sarcina? Îți sugerez să folosești regula lui cinci. În fiecare zi, mergi lângă copac cu toporul și dă cinci lovituri. „Asta-i tot?", m-ai putea întreba. Da, asta-i tot. Iată cum funcționează. Dacă dai cele cinci lovituri cu toporul în fiecare zi, săptămână de săptămână, an după an, copacul va cădea la un moment dat.

Poți folosi această metodă pentru orice dorești să realizezi. De ce? Fiindcă regula lui cinci îți oferă tot ceea ce ai nevoie dacă vrei să duci la bun sfârșit o sarcină dificilă:

1. **Caracterul deliberat al acțiunilor pozitive** – Ce anume vrei să realizezi? Să tai un copac.
2. **Caracterul practic** – Cum vei realiza acțiunea? Voi lovi cu toporul.
3. **Concentrarea** – Câți copaci sunt? Taie câte unul pe rând, nu ciopârți mai mulți deodată.
4. **Acțiune** – Câte lovituri? Cinci lovituri.
5. **Constanța** – Cât de des? În fiecare zi.

Rezultatul? Copacul va cădea. Poate fi nevoie de ceva timp, în funcție de dimensiunea copacului, însă tot va fi pus la pământ.

Dacă ne dorim să ne extindem capacitatea, trebuie să ne propunem acest lucru, să ne determinăm „axul" (mai exact modul în care vom proceda), să ne concentrăm asupra unei probleme pe rând și să acționăm în fiecare zi. Sper ca această carte să te ajute să îți găsești axul și să te inspire să alegi ce e mai bine pentru tine. Dacă vei face în fiecare zi așa, vei avea doar de câștigat în ceea ce privește extinderea capacității.

Următoarele zece capitole ale acestei cărți te vor ajuta să îți extinzi capacitatea făcând alegerile corespunzătoare în aceste zece laturi cheie, care nu se referă la abilități sau talente, ci sunt pur și simplu alegeri de viață. Cu cât alegi mai bine și îți plac alegerile făcute, cu atât vei avea o capacitate mai mare și un succes mai pregnant. Aș vrea să știi că una dintre alegerile despre care vom discuta este capacitatea spirituală. Sunt o persoană credincioasă, așa că nu am putut trece cu vederea această latură în cartea de față, însă îmi dau seama că poate că nu te regăsești în aceste idei. Nu am nimic împotrivă. Te apreciez foarte mult ca persoană, indiferent de opțiunile pe care le ai. Acestea fiind spuse, iată care sunt cele zece alegeri:

Capacitatea de a-ți asuma responsabilitatea – alegerea de a-ți lua viața în propriile mâini
Capacitatea de a-ți modela caracterul – alegerile tale trebuie să aibă la bază valori pozitive
Capacitatea de a atrage abundența – alegerea de a nu te mulțumi cu ceea ce ai
Capacitatea de disciplinare – alegerea de a te concentra asupra prezentului și de a duce la bun sfârșit proiectele
Capacitatea de a acționa deliberat – alegerea de a urmări în mod intenționat dobândirea însemnătății
Capacitatea de a modela la atitudinea – alegerea de a avea o atitudine pozitivă indiferent de circumstanțe
Capacitatea de a-ți asuma riscuri – alegerea de a ieși din zona de confort
Capacitatea spirituală – alegerea de a-ți întări credința
Capacitatea de a evolua – alegerea de a te concentra asupra punctului cel mai îndepărtat în care poți ajunge
Capacitatea de a dezvolta parteneriate – alegerea de a colabora cu cei din jur

Pe măsură ce vei explora fiecare dintre aceste capacități, aș vrea să te încurajez să faci acele alegeri care te vor ajuta să te transformi în ceea ce *poți* fi. Extinderea capacității ca urmare a faptului că ai făcut alegerile corecte te va ajuta să îți atingi *la un moment dat* potențialul maxim. Să începem cu prima alegere!

10

Capacitatea de a-ți asuma responsabilitatea – alegerea de a-ți lua viața în propriile mâini

Iată unul dintre cele mai enervante și obositoare cuvinte rostite vreodată: *responsabilitate.* Este un termen pe care l-ai auzit, probabil, în mod repetat în fiecare etapă a vieţii, de la toţi cei care au avut o autoritate oarecare asupra ta. Cuvântul acesta nu este nici sexy, nici incitant, însă reprezintă primul subiect pe care vreau să-l abordez în acest capitol despre alegerile pe care le poţi face pentru a-ţi maximiza potenţialul. De ce? Pentru că responsabilitatea stă la baza majorităţii deciziilor importante pe care le luăm de-a lungul vieţii.

Nu toată lumea înţelege asta. În urmă cu mai mulţi ani, am dat peste un articol despre un bărbat care se pare că își dorea ca tot restul lumii să-și asume responsabilitatea pentru el, inclusiv Dumnezeu! Iată articolul:

> SYRACUSE. New York (AP) - Procesul unui bărbat din Pennsylvania, proces în care pârâtul este chiar Dumnezeu, a fost declarat închis de un tribunal din Syracuse.
>
> Donald Drusky, în vârstă de 63 de ani, din East McKeesport (Pennsylvania), îl blamează pe Dumnezeu pentru că nu i s-a făcut dreptate în lupta desfășurată pe parcursul a 30 de ani împotriva fostului său angajator, producătorul de oţel denumit în prezent USX Corp.
>
> Compania l-a concediat în 1968, pe vremea când se numea U.S. Steel.

„Pârâtul Dumnezeu este stăpânitorul suprem al universului şi nu a luat nici o măsură de corecţie împotriva liderilor Bisericii lui şi ai Naţiei lui pentru gravele fărădelegi săvârşite, care i-au distrus viaţa lui Donald S. Drusky...", susţine reclamantul.

Drusky voia ca Dumnezeu să-i redea tinereţea şi să-l doteze cu măiestria de a cânta la chitară pe care o au marii chitarişti ai lumii, să-i readucă la viaţă mama şi porumbelul care-i fusese tovarăş. Dacă Dumnezeu nu se prezenta la proces, acesta urma să piardă din oficiu, conform regulilor din codul de procedură civilă, susţinea Drusky.

Judecătorul de district Norman Mordue a decretat că procesul intentat lui Dumnezeu, foştilor preşedinţi Ronald Reagan şi George Bush, canalelor de televiziune, tuturor celor 50 de state, fiecărui american, Comisiei Federale de Comunicaţii, tuturor judecătorilor federali şi celor de al 100-lea şi 105-lea congres este neserios şi lipsit de temei.

Motive pentru a-ți asuma răspunderea pentru propria viață

E uşor să râdem de alţii atunci când renunţă în mod scandalos la propria responsabilitate, aşa cum s-a întâmplat în exemplul descris mai sus. Dar adevărul este că toţi avem tendinţa de a da vina pe ceilalţi pentru situaţiile din viaţa noastră şi chiar pentru alegerile pe care le facem. Trebuie să rezistăm acestei tendinţe dacă vrem să ne extindem capacitatea şi să avem viaţa pe care ne-am dorit-o.

Poate că responsabilitatea nu este cel mai incitant subiect, dar este unul de mare impact. Şi dacă eşti dispus să iei decizii cu ajutorul cărora să-ţi amplifici simţul responsabilităţii, vei sesiza şi că succesul tău creşte exponenţial. Iată de ce:

1. Responsabilitatea creează fundația pentru succes

Scriitorul şi editorul Michael Korda observa: „Pentru a obţine succese răsunătoare, este nevoie să-ţi asumi responsabilitatea... Când tragem linie, ajungem la concluzia că toţi oamenii de succes au în comun o calitate... abilitatea de a-şi asuma responsabilitatea". Winston Churchill, unul dintre cei mai mari lideri ai secolului XX, a exprimat aceeaşi idee astfel: „Preţul măreţiei este responsabilitatea". Acest lucru este la fel de adevărat astăzi ca în perioada în care Churchill a condus Anglia împotriva agresiunilor Germaniei din timpul celui de-Al Doilea Război Mondial.

„Pentru a avea un succes de mari proporții, este obligatoriu să-ți asumi responsabilitatea... O analiză finală arată că toți oamenii de succes au în comun o calitate... abilitatea de a-și asuma responsabilitatea."
– Michael Korda

Chiar dacă nu am fost cel mai responsabil copil, am înţeles dintotdeauna că asumarea responsabilităţii poate avea un impact pozitiv asupra vieţii fiecăruia. Când eram mic, mai mult decât orice îmi plăcea să mă joc. Însă părinţii mei au făcut eforturi mari pentru a mă pregăti pentru viaţă. Tatăl meu cita adesea din Evanghelia după Luca 12:48: „Oricui i s-a dat mult, mult se va cere de la el". O versiune mai modernă este: „Talente mari înseamnă responsabilităţi mari; talente şi mai mari, responsabilităţi pe măsură". Aceste cuvinte îmi răsunau în minte în copilărie de fiecare dată când mă gândeam să fac vreo boacănă. Și, într-un final, mi le-am însușit.

În tinereţe, la începutul carierei, eram nerăbdător să profit de oportunităţi pentru a avansa. Ca să-mi temperez această înflăcărare şi ambiţie de a avea succes, înainte de a profita de o oportunitate, mă întrebam adesea: „Aş accepta să-mi asociez numele cu asta?" Cu alte cuvinte, mă întrebam dacă eram dispus să-mi asum responsabilitatea pentru toate consecinţele – pozitive şi negative – care veneau la pachet cu decizia de a profita de oportunitatea respectivă. Reflecţia aceasta mă determina adesea să nu profit de oportunitatea respectivă, ci să apuc altă cale.

Astăzi, după ce mi-am adresat respectiva întrebare de mii de ori pe parcursul a peste 50 de ani, iată la ce concluzii am ajuns:

- Pe cât de mare e oportunitatea, pe atât de mare este responsabilitatea pe care trebuie să ţi-o asumi dacă vrei să profiţi de ea.
- Oportunitatea se pierde atunci când responsabilitatea e neglijată.
- Oportunitatea de mâine este determinată de responsabilitatea asumată ieri.

Unul dintre motivele pentru care oamenii de succes reușesc să răzbată este acela că identifică oportunităţile şi profită de ele. Adesea, îi vedem beneficiind de o şansă, obţinând maximum dintr-o situaţie avantajoasă şi ne spunem: „Mi-aş dori să fi avut şi eu şansa asta“. Însă noi vedem doar rezultatele, trecând adesea cu vederea nivelul înalt de responsabilitate personală pe care respectivii au fost nevoiţi să şi-l asume pentru a profita la maximum de acea oportunitate. Nu ar fi putut să-şi extindă capacitatea de a profita de oportunităţi fără să îşi extindă şi capacitatea referitoare la responsabilitate.

2. Responsabilitatea îți oferă controlul asupra propriei vieți

În anul 2015, am scris cartea *Intentional Living* („Dă sens vieţii"), pentru a-mi ajuta cititorii să preia controlul asupra propriei vieţi. Recent, am descoperit un citat de-al autorului Roshan D. Bhondekar şi m-am gândit că mi-aş fi dorit să-l citez în cartea mea. Iată ce a scris:

> Mulţi oameni îşi percep vieţile ca pe ceva ce li se întâmplă pur şi simplu, nu ca pe ceva ce pot controla ei înşişi. Trec prin viaţă reacţionând la ceea ce fac alţii în loc să acţioneze chiar ei. Astfel de oameni sunt ca bărcile în derivă în mijlocul oceanului, aflate complet la cheremul valurilor, care le împing oriunde vor ele. Oamenii care nu ştiu încotro se îndreaptă ajung de obicei unde nu-şi doresc.
>
> În cazul bărcilor de pe mare, mai devreme sau mai târziu, curenţii din larg le vor împinge pe uscat sau le vor lovi de stânci. Evident, ar fi mult mai bine dacă cineva ar sta la cârmă şi ar conduce barca înspre ape liniştite. Acelaşi lucru este valabil şi în cazul oamenilor. Dacă nu preluăm controlul asupra vieţilor noastre şi a direcţiei în care ne îndreptăm, rămânem la cheremul altora, consecinţele fiind adesea dezastruoase.

Modul în care poţi prelua controlul asupra direcţiei vieţii tale este să-ţi asumi responsabilitatea faţă de propria persoană şi de acţiunile zilnice.

Cei care îşi asumă această responsabilitate şi preiau frâiele asupra propriei vieţi obţin rezultate impresionante. Recent, în timpul unei conferinţe, unul dintre participanţi – o femeie – m-a abordat şi mi-a spus: „Acum zece ani, mi-ai dat cel mai bun sfat pe care l-am primit vreodată“.

Curios să aflu despre ce era vorba, am întrebat-o: „Ce sfat ți-am dat?“

„M-ai provocat să preiau controlul asupra propriei mele vieți, spunându-mi că, în caz contrar, altcineva o va face“, a răspuns ea. „Și asta am și făcut. Îți mulțumesc.“

Vreau să îți dau același sfat acum. Preia controlul asupra vieții tale. Poți controla totul? Nu, bineînțeles că nu. Dar poți alege să controlezi acele lucruri care *depind* de tine. În primul rând, fii conștient de faptul că ai posibilitatea de a alege. Apoi, identifică domeniile din viața ta asupra cărora poți avea control și pe cele pe care nu le poți controla. În momentul în care vei începe să-ți asumi răspunderea și să faci alegeri, viața ta va începe să se schimbe. Așa cum spunea fosta primă doamnă a SUA, Eleanor Roosevelt: „Pe termen lung, ne modelăm viețile și pe noi înșine. Acest proces nu se încheie decât atunci când murim. Iar alegerile pe care le facem sunt, în cele din urmă, propria noastră responsabilitate“.

Poți alege să controlezi acele lucruri care *depind* de tine.

Dacă ți-ai dorit vreodată să evadezi din propria viață, în momentul în care îți vei asuma responsabilitatea și vei începe să-ți modelezi destinul, nu vei mai fi tentat să faci asta. Când îți vei acorda permisiunea să trăiești viața pe care ți-o dorești, vei deveni propriul tău stăpân și nu vei mai avea nevoie de permisiunea altora să faci ceea ce este bine pentru tine. Acela este momentul în care vei începe să-ți maximizezi capacitatea.

Așadar, preia controlul asupra lucrurilor care depind de tine și nu încerca să controlezi lucrurile pe care nu le poți controla. Filosoful grec Epictet spunea: „Gestionează cât mai bine cu putință lucrurile care sunt în puterea ta, iar cu restul descurcă-te pe măsură ce apar“. Este important să înțelegi limitele responsabilității tale. Dacă nu o faci, îți vei provoca singur o suferință inutilă, îți vei risipi energia și te vei simți mereu copleșit.

Cu ani în urmă, aveam o angajată care era de o responsabilitate dusă la extrem. Încerca frecvent să-și asume răspunderea pentru oameni și situații pe care nu le putea controla. La fiecare șase luni, venea în biroul meu și, împreună, îi redesenam responsabilitățile și îi aminteam care erau lucrurile pe care nu trebuia să le ducă în spate. La finalul fiecărei astfel de sesiuni, ea îmi spunea: „Mulţumesc, John. Mă simt uşurată". Una dintre cheile succesului este să-ţi asumi doar lucrurile pentru care eşti responsabil şi să renunţi la povara aferentă încercării de a controla circumstanţele sau alţi oameni.

3. Responsabilitatea îţi consolidează stima de sine

De ce au oamenii adesea o stimă de sine scăzută? Pentru că nu-şi asumă responsabilitatea pentru propria viaţă. Romancierul Joan Didion spunea: „Disponibilitatea de a-ţi asuma răspunderea pentru propria viaţă reprezintă sursa din care izvorăşte respectul de sine". Oamenii care nu-şi asumă răspunderea pentru ei înşişi dau adesea vina pe alţii pentru lucrurile rele care li se întâmplă şi dezvoltă o mentalitate de victimă. Această mentalitate nu conduce niciodată spre succes – sau spre o capacitate mai mare.

Atunci când a face ceea ce ştii că este bine implică o alegere dificilă, şi totuşi o faci, cum te simţi? Nu ai o satisfacţie interioară? Nu te simţi mai puternic? Alegerea făcută nu te răsplăteşte cu senzaţia că ai făcut ceea ce trebuia? Eu asta simt. Când alegi în mod repetat să-ţi asumi responsabilitatea, capeţi forţă pe plan mental şi emoţional, ceea ce te face să te simţi mai puternic şi mai bine în propria piele.

„Disponibilitatea de a-ţi asuma răspunderea pentru propria viaţă reprezintă sursa din care izvorăşte respectul de sine."
– *Joan Didion*

Când aveam în jur de 30 de ani, un prieten mi-a oferit o oportunitate financiară extraordinară. La momentul respectiv, Margaret şi cu mine nu aveam bani, aşa că prietenul meu s-a oferit inclusiv să mă împrumute cu suma pe care trebuia s-o investesc în afacere.

Propunerea suna prea bine ca să fie adevărată, iar eu am acceptat-o imediat. Dar, după vreo două ore, am început să am rezerve. De ce? Pentru că urma ca prietenul meu să facă totul, să-şi asume singur toate riscurile, iar eu nu aş fi făcut nimic. Mi s-a părut că nu ar fi corect. Aşa că, a doua zi, i-am mulţumit din nou pentru oportunitate, dar i-am spus că voi participa la afacere doar dacă voi reuşi să strâng banii necesari. Voiam să-mi asum responsabilitatea pentru partea mea. Îmi dădusem seama că, dacă afacerea avea să fie un succes, m-aş fi simţit mereu rău pentru că el a dus în spate şi responsabilitatea mea, iar eu, nimic.

După o lună de muncă asiduă şi creativitate, am făcut rost de bani. A fost prima mea investiţie financiară şi am fost entuziasmat. M-am bucurat de oportunitatea pe care am avut-o, dar m-am simţit bine şi pentru că îmi asumasem răspunderea. Afacerea a fost rentabilă din punct de vedere financiar, dar câştigul şi mai mare a fost la capitolul stimă de sine. Sper că şi tu vei câştiga la acest capitol pe măsură ce alegi să-ţi asumi responsabilitatea pentru viaţa ta.

4. Responsabilitatea te pregăteşte pentru acţiune

Teologul şi disidentul antinazist Dietrich Bonhoeffer făcea următoarea observaţie: „Acţiunea nu izvorăşte din gândire, ci dintr-o anumită disponibilitate de a-ţi asuma răspunderea". Asumarea responsabilităţii ne ajută să fim persoane pline de iniţiativă, iar oamenii cu iniţiativă se descurcă foarte bine în viaţă. De ce? Pentru că cel care câştigă cursa nu este neapărat cel mai rapid participant. Adesea, câştigătorul este cel care a început primul. Persoanele responsabile nu aşteaptă ca altcineva să acţioneze. O fac chiar ei. Aşa că, dacă vrei să ieşi în evidenţă, fii primul care acţionează, fie că e vorba de a oferi ajutor cuiva, de a ajunge la un eveniment sau de a profita de o ocazie.

Inginerul, pedagogul şi autorul Roghu Korrapati scrie, în cartea sa *108 Pearls of Wisdom for Every College Student* („108 perle de înţelepciune pentru fiecare student"):

> Se spune adesea că propriile gânduri devin acţiuni. Dar, fără asumarea responsabilităţii pentru propria viaţă, aceste gânduri rămân adesea la nivel mental şi nu sunt transpuse în acţiune. Asumarea responsabilităţii este ingredientul suplimentar care transformă acţiunea într-un lucru firesc. Nu mai rămâi blocat în etapa dorinţelor şi a gândurilor. Devii proactiv şi renunţi la pasivitate.

Ori de câte ori trebuie să rezolv o problemă, mă concentrez asupra ei şi îmi repet că este răspunderea mea să acţionez. Dacă nu îmi asum responsabilitatea, în clipa în care viaţa mă pune în situaţii care cer acţiune, răspunsul meu va fi să mă pregătesc, să ţintesc, să ţintesc, să ţintesc... dar niciodată să trag. Asumarea responsabilităţii te determină să acţionezi, nu doar să te pregăteşti pentru acţiune.

5. Obiceiurile potrivite ne servesc interesele

Deprinderile proprii sunt un lucru bun sau rău? Depinde, bineînţeles, de obicei şi de ceea ce aduce el – bun sau rău – în viaţa noastră. În momentul în care adăugăm responsabilitate deprinderilor personale, acestea încep să lucreze în favoarea noastră.

Obiceiurile bune sunt acele decizii pe care le luăm o dată (de exemplu: „Am decis să fac exerciţii fizice regulat"), după care ne asumăm răspunderea să le gestionăm zilnic. Atunci când luăm o decizie bună, iar apoi gestionăm acea decizie zi de zi, observăm rezultate pozitive obţinute prin dezvoltarea acelor obiceiuri bune. Dacă nu o gestionăm aşa cum trebuie, o decizie bună moare. Dacă o gestionăm corect, decizia supravieţuieşte şi este pusă în practică. Iată de ce gestionarea deciziei este cel puţin la fel de importantă ca luarea deciziei.

Dacă nu o gestionăm aşa cum trebuie, o decizie bună moare. Dacă o gestionăm corect, decizia supravieţuieşte şi este pusă în practică.

Dimpotrivă, dacă nu ne asumăm responsabilitatea şi nu ne ocupăm de gestionarea obiceiurilor bune zi de zi, cultivăm deprinderi negative precum procrastinarea, sentimentul că suntem îndreptăţiţi să primim ceva în orice situaţie şi găsirea unor pretexte sau scuze. În scurtă vreme, aceste obiceiuri proaste pun stăpânire pe noi.

De exemplu, găsirea unor scuze este un obicei care blochează succesul. Deprinderea de a ne găsi scuze creează, în mintea noastră, motive pentru a nu fi responsabili pentru propria viaţă. De fiecare dată când ne găsim scuze, pierdem ocazia de a învăţa din greşeli. Scuzele plasează vina asupra altora sau asupra circumstanţelor, ceea ce ne determină să renunţăm la puterea de a ne schimba viaţa.

Un alt obicei negativ este cultivarea sentimentului că suntem îndreptăţiţi, convingerea că, indiferent dacă pierdem sau câştigăm, merităm un trofeu. Că indiferent dacă muncim sau ne jucăm, merităm un venit. Că indiferent dacă suntem altruişti sau egoişti, merităm laude. Pe scurt, atunci când ne simţim îndreptăţiţi, vrem ca altcineva să ne sponsorizeze fără ca noi să depunem vreun efort. Acest obicei greşit pune stăpânire pe noi şi ne îndepărtează de responsabilitate.

De curând, am avut ocazia să petrec ceva timp cu Lou Holtz, un lider bun, un antrenor de fotbal fantastic şi un tip foarte amuzant. El mi-a spus: „Cel care se plânge de felul în care sare mingea este, cel mai probabil, acela care a scăpat-o". E în regulă să scapi mingea din când în când. Tuturor ni se întâmplă. Dar nu e în regulă să o scapi, să dai vina pe altcineva şi să te aştepţi ca acea persoană s-o ridice!

„Cel care se plânge de felul în care sare mingea este, cel mai probabil, acela care a scăpat-o".

– Lou Holtz

Chiar şi renunţarea la responsabilitate este o alegere, iar noi suntem responsabili pentru ea. Încercarea de a evita responsabilitatea duce cu gândul la un şofer beat care susţine că nu este responsabil pentru accidentul de maşină mortal pe care l-a provocat pentru că era sub influenţa alcoolului. Legea i-ar replica faptul că era responsabil *înainte* să înceapă să bea şi că *a ales* să renunţe la acea responsabilitate în favoarea alcoolului. El va răspunde în faţa legii pentru acţiunile lui ulterioare.

Prima noastră responsabilitate este să ne dezvoltăm obiceiurile bune care ne servesc interesele şi să oprim pierderile (cauzate de obiceiurile proaste) care ameninţă să ne definească. În plus, trebuie să începem să luăm şi să gestionăm decizii care ne definesc. Totul începe cu decizia de a fi responsabili, care ne dă puterea de a ne stăpâni obiceiurile şi vieţile.

6. Responsabilitatea ne aduce respectul celorlalţi şi ne conferă autoritate

Respectul se câştigă în situaţii dificile şi numai de către cine îl merită. Aud adesea lideri care se plâng de lipsa lor de autoritate. Problema? Se bazează pe funcţii în loc să-şi câştige autoritatea printr-un comportament responsabil. Regretatul Peter Drucker scria: „Managementul nu înseamnă putere. Managementul înseamnă doar responsabilitate". Cred că e adevărat.

Adesea, nu facem decât să sperăm că vom fi respectaţi în loc să câştigăm respectul prin muncă. Evităm pe cât posibil o conversaţie dificilă pe care ar trebui s-o purtăm şi sperăm că problemele noastre vor dispărea de la sine. Acest lucru nu se întâmplă niciodată. Stephen M.R. Covey, autorul cărţii *The Speed of Trust* („Viteza încrederii"), scrie despre asumarea responsabilităţii de a gestiona conversaţii dificile:

> Spune ce gândeşti. Nu-ţi ascunde planurile. Atunci când vorbim pe şleau, spunem adevărul şi lăsăm impresia corectă. Cei mai mulţi angajaţi nu cred că şefii lor sunt sinceri. Acest lucru provoacă apariţia unei lipse de încredere. Viteza de lucru scade, iar costurile cresc. Pierdem mult prea mult timp încercând să discernem adevărul de manipulare.

Din postura de lider tânăr care voia să facă oamenii fericiţi, le spuneam celorlalţi prea des ceea ce voiau să audă, nu ceea ce aveau nevoie. Nu mi-am asumat responsabilitatea de a rosti adevărurile incomode, aşa cum fac liderii valoroşi. Fără îndoială, în acest fel s-a instaurat oarecum o lipsă de încredere.

În prezent, accept cu bucurie responsabilitatea şi îmi doresc să câştig respectul celorlalţi în fiecare zi. Şi sunt momente în care această dorinţă e pusă la încercare. Un astfel de moment s-a petrecut acum câţiva ani, în timpul unei conferinţe pe teme financiare în cadrul căreia am ţinut un discurs la invitaţia prietenului meu, Todd Duncan. Mai vorbisem la conferinţele organizate de Todd de multe ori şi aşteptam cu nerăbdare să ajut din nou audienţa. Discursul meu se intitula „Ziua de azi contează". Dar, în timp ce vorbeam, am simţit că ceva nu era tocmai în regulă. Îmi dădeam seama că mesajul meu nu le era de folos atât pe cât aş fi vrut.

După discurs, aveam programată o cină cu Todd, iar mai pe seară, trebuia să plec cu avionul. În drum spre cină, am sunat-o pe Linda, pentru că mă cuprinsese anxietatea. „Linda, poţi să cauţi şi să-mi spui pe ce subiect am vorbit anul trecut la grupul lui Todd?", am întrebat-o eu.

„Sigur. O clipă". O auzeam pe Linda tastând la calculator. „Subiectul a fost «Ziua de azi contează»".

Am rămas fără grai.

La cină, mi-am cerut scuze faţă de Todd.

„Nici o problemă, John", mi-a răspuns el politicos. „A prins bine să auzim mesajul a doua oară".

Todd era amabil, dar eram conştient că nu i-am oferit ceea ce avea nevoie – sau ceea ce mă plătise să-i ofer. Trebuia să-mi asum responsabilitatea pentru asta. Iar un nou discurs, a doua zi, nu era o opţiune, pentru că programul conferinţei era foarte încărcat.

„Todd, vreau să revin la anul, pe cheltuiala mea, şi să ţin un discurs fără onorariu. Îţi sunt dator cu asta". Prietenul meu a încercat să protesteze. „Şi vreau să îmi cer scuze în faţa audienţei mâine dimineaţă, înainte de prima sesiune".

„Pot să fac eu asta în locul tău".

„Nu, eu sunt cel care a greşit. Trebuie să îmi cer scuze în faţa lor". Şi am făcut-o. Mi-am schimbat biletul de avion, am rămas acolo peste noapte şi mi-am cerut scuze în faţa celor 2.500 de oameni din sală pentru că repetasem un mesaj pe care mulţi îl auziseră deja cu un an înainte.

Mai târziu în acea dimineaţă, am plecat spre aeroport având certitudinea că procedasem aşa cum trebuia. Greşisem, dar îmi asumasem responsabilitatea şi făcusem tot ce se putea pentru a îndrepta situaţia. Iar anul care a urmat, m-am întors şi am ţinut un nou discurs pentru Todd. Şi puteţi fi siguri că subiectul nu a fost „Ziua de azi contează".

„La baza rezistenţei se află disponibilitatea de a-ţi asuma responsabilitatea pentru rezultate".
– Eric Greitens

Eric Greitens descrie în cartea sa, *Resilience* („Rezistenţa"), ideea de bază în privinţa responsabilităţii. „Cu cât oamenii îşi asumă mai mult responsabilitatea, cu atât cresc şansele să fie mai rezistenţi. Cu cât îşi asumă mai puţin responsabilitatea – pentru acţiunile lor, vieţile lor, fericirea lor – cu atât există un risc mai mare ca viaţa să îi strivească. La baza rezistenţei se află disponibilitatea de a-ţi asuma responsabilitatea pentru rezultate". Această disponibilitate stă şi la baza capacităţii.

Întrebări referitoare la capacitatea de a-ți asuma responsabilitatea

1. Ai făcut vreodată legătura între ideea asumării responsabilității și cea a creșterii capacității tale? În ce fel specific crezi că asumarea într-o măsură mai mare a responsabilități te-ar putea ajuta în viața personală și în carieră?
2. Pe o scară de la 1 la 10, cât de pregătit de acțiune consideri că ești? Cum ar putea o mai mare responsabilitate să te facă mai pregătit de acțiune?
3. Ce obiceiuri bune ai vrea să-ți cultivi, obiceiuri ce ar putea fi înlesnite prin asumarea unei responsabilități mai mari? Ce decizie trebuie să iei pentru a începe să ai obiceiul respectiv și ce trebuie să faci zilnic pentru a gestiona această decizie?

11

Capacitatea de a-ți modela caracterul – alegerile tale trebuie să aibă la bază valori pozitive

De două ori pe an, grupul John Maxwell Team găzduiește un eveniment destinat atestării trainerilor, profesorilor și conferențiarilor, iar eu țin mereu un discurs în acest cadru. Am abordat multe subiecte de-a lungul anilor, în funcție de ce învățam la momentul respectiv. Dar există un curs pe care l-am predat fiecărui grup și pe care voi continua să-l predau orice s-ar întâmpla: un curs despre valori. De ce fac asta? Pentru că valorile pe care le avem ne determină caracterul, iar caracterul stabilește direcția în care ne îndreptăm în viață. Vreau ca trainerii formați de mine să aibă un caracter bun și să meargă într-o direcție pozitivă.

Valorile pe care le avem ne determină caracterul, iar caracterul stabilește direcția în care ne îndreptăm în viață.

Valorile – temelia caracterului

La aproape 70 de ani, realizez că valorile în care cred sunt mai profunde și mai puternice decât au fost vreodată de-a lungul vieții. Mă bazez din ce în ce mai puțin pe convingeri, care se împuținează pe măsură ce îmbătrânesc. Care e diferența? Valorile nu se schimbă, convingerile da – tot timpul. De fiecare dată când înveți ceva nou, convingerile tale se ajustează. De-a lungul vieții, am renunțat la zeci și zeci de convingeri pur și simplu pentru că am căpătat experiență și am învățat din ce în ce mai multe lucruri.

De exemplu, pe la 20 de ani, credeam cu tărie că mediul este cel mai important factor în creșterea unui copil. Eram convins că ADN-ul este mai puțin important. Apoi, Margaret și cu mine am adoptat doi copii: pe Elizabeth și pe Joel. Nu ne-a luat mult să ne dăm seama de forța geneticii. Mă uitam la copiii fratelui meu, Larry, și la cei ai surorii mele, Trish, și puteam să explic exact ce făceau și de ce acționau în acel fel. Se vedea clar că erau din familia Maxwell. Dar, urmărindu-i pe Elizabeth și pe Joel, adesea nu reușeam să înțeleg de ce acționau într-un anumit fel. Și am învățat că unele trăsături și comportamente sunt adânc înrădăcinate și că nimic din ce făceam Margaret și cu mine nu le putea modifica.

Amândoi copiii noștri au acum în jur de 30 de ani, sunt căsătoriți și au succes. Au și ei copii la rândul lor. Iar Margaret și cu mine nu mai credem că mediul este principalul factor în creșterea copiilor. Este o convingere la care am renunțat ca urmare a experienței noastre de viață. În prezent, mă interesează mai puțin să am multe certitudini, fiind mult mai interesat de claritatea celor câtorva lucruri care contează cu adevărat. Și, deși am mai puține certitudini, lucrurile îmi sunt mai clare ca niciodată. Valorile mele sunt clare ca lumina zilei.

În prezent, mă interesează mai puțin să am multe certitudini, fiind mult mai interesat de claritatea celor câtorva lucruri care contează cu adevărat.

De ce pun atât de mult accentul pe valori? Pentru că valorile creează temelia caracterului, iar caracterul reprezintă baza pentru succes.

Caracterul – baza pentru succes

În capitolul anterior, spuneam că *responsabilitatea* nu este un cuvânt prea incitant sau sexy. Nici cuvântul *caracter* nu este. Ideea de a-ți clădi caracterul nu e nici extravagantă, nici incitantă. Nu e un țel pe care să-l adăugăm în mod obișnuit în lista de obiective anuale. Dar consecințele dezvoltării caracterului ne pot schimba viața. Clădirea caracterului reprezintă unul dintre cele două sau trei lucruri care sunt, în opinia mea, *cele* mai importante în viață.

Iată de ce caracterul este atât de important şi de ce ar trebui să faci alegerile necesare dezvoltării caracterului:

1. Să ai un caracter bun este o alegere pe care o poți face zilnic

Stephen R. Covey, autorul cărţii *7 Habits of Highly Effective People* („Cele şapte deprinderi ale oamenilor eficace"), a spus: „Când trăieşti în concordanţă cu valorile tale, sentimentul de identitate, integritatea, controlul şi autonomia îţi vor aduce euforie şi pace. Te vei defini pornind din interior mai degrabă decât pornind de la părerile celorlalţi sau prin comparaţie cu alţii". Covey descrie modul de formare a unui caracter bun prin decizii bazate pe valori.

Alegerile pe care le faci în fiecare zi duc fie la dezvoltarea caracterului bun, fie la diminuarea acestuia. Atunci când alegi să faci ceea ce e corect în baza unei valori pozitive, caracterul tău se dezvoltă. Cu fiecare decizie corectă pe care o iei, îţi dezvolţi tăria de a lua şi alte decizii corecte, din ce în ce mai dificile. La polul opus, de fiecare dată când alegi jumătăţi de măsură, când îţi compromiţi valorile sau întorci spatele lucrurilor despre care ştii că sunt corecte, caracterul tău devine mai slab. Cu cât caracterul tău este mai slab, cu atât mai dificil îţi va fi să iei o nouă decizie corectă.

Truett Cathy, fondatorul Chick-fil-A, obişnuia să spună că angajamentul de a deveni mai bun trebuie să fie mai important decât angajamentul de a deveni mai mare. Vorbea despre afaceri şi declaraţia lui e remarcabilă în condiţiile în care lanţul de restaurante pe care l-a creat valora mai mult de 4,5 miliarde de dolari înainte de moartea sa. Dar avea dreptate: ar trebui să ne concentrăm întotdeauna asupra deciziilor care au un impact asupra fiinţei noastre interioare.

Asupra căror lucruri te concentrezi în viaţa de zi cu zi? Încerci să-ţi faci munca mai profitabilă? Să-ţi dezvolţi compania? Să creşti nivelul organizaţiei tale? Sau să-ţi îmbunătăţeşti şi întăreşti caracterul? Deciziile pe care le iei în fiecare zi determină cine eşti.

2. Un caracter bun e mai grăitor decât cuvintele

Timp de mai mulţi ani, am avut privilegiul să-l am ca mentor pe legendarul antrenor de baschet al Universităţii din California (UCLA),

John Wooden. La un moment dat, acesta mi-a spus: „Fii mai preocupat de caracterul tău decât de reputaţie, întrucât caracterul reprezintă ceea ce eşti cu adevărat, în timp ce reputaţia este doar ceea ce cred alţii că eşti".

Personalitatea noastră autentică este mult mai importantă decât felul în care ne văd ceilalţi. Abraham Lincoln spunea: „Caracterul este asemenea unui copac, iar reputaţia, ca umbra lui. Umbra reprezintă ceea ce credem despre el; copacul este cel autentic". Caracterul reprezintă cine suntem noi cu adevărat: calităţile morale şi intelectuale care ne definesc. Iar acestea sunt mai grăitoare decât cuvintele noastre sau cuvintele pe care le rostesc alţii despre noi. Caracterul ne reprezintă în faţa lumii.

Recent, am luat cina cu o prietenă, Linda Kaplan Thaler, directorul de publicitate care a inventat raţa AFLAC (mascota unui popular brand de asigurări). Linda mi-a relatat o istorioară despre fiul său, Michael, care este un foarte talentat jucător de şah. Când avea şase ani, Michael a ajuns în finala campionatului naţional. În timpul partidei, adversarul său a făcut mutarea câştigătoare, dar a uitat să apese ceasul, gest necesar pentru ca mutarea respectivă să fie luată în considerare.

Michael şi-a privit adversarul şi i-a spus: „Nu ai apăsat ceasul". Acesta a făcut gestul, iar Michael a pierdut partida.

Ulterior, Linda i-a spus: „Michael, dacă nu i-ai fi amintit să apese ceasul, ai fi câştigat".

Michael a privit-o şi i-a răspuns: „Oh, mamă, nu asta înseamnă să câştigi".

Chiar dacă Michael a pierdut partida în ziua aceea, el va avea mult de câştigat pe viitor datorită caracterului său.

3. Un caracter bun se manifestă consecvent în toate sferele vieţii

Un caracter bun este vizibil în toate sferele vieţii, indiferent de circumstanţe, indiferent de context.

În urmă cu mai bine de zece ani, am luat cina cu Laurence J. Kirshbaun în New York. La momentul respectiv, Laurence era preşedinte şi CEO al grupului Time Warner Book Group. În timpul conversaţiei, mi-a dat o idee.

„John, îmi tot doresc ca unul dintre autorii noștri să scrie o carte pe un subiect anume și cred că tu ai fi persoana perfectă pentru asta. Ce zici dacă ai scrie o carte despre etica afacerilor?"

„Nu există așa ceva", i-am răspuns.

„Cum adică?", a întrebat. Era evident că nu acesta era răspunsul pe care îl aștepta. „Ce vrei să spui?"

I-am explicat: „Nu există ceva numit etica afacerilor – există doar etică. Oamenii încearcă să folosească un set de principii etice în viața profesională, un alt set în viața spirituală și încă unul în viața de familie. Iar asta îi bagă în bucluc. Etica este etică. Dacă vrei să fii etic, funcționezi după același standard în toate laturile vieții".

O persoană cu un caracter bun folosește aceleași standarde în toate situațiile. Dacă un lucru e corect, e întotdeauna corect. Dacă e greșit, e întotdeauna greșit. Oamenii care au un caracter bun sunt consecvenți. Cei care încearcă să folosească standarde diferite pentru oameni diferiți și în situații diferite duc vieți fragmentate.

4. Un caracter frumos creează încredere

Oamenii nu știu la ce să se aștepte de la o persoană care duce o viață fragmentată. Ei nu știu cum va reacționa respectiva persoană într-o anumită situație. La polul opus, o persoană cu un caracter frumos, care își duce mereu viața după aceleași standarde, inspiră încredere. Oamenii știu la ce să se aștepte din partea sa. Ei știu că ceea ce spune persoana respectivă va fi în concordanță cu ceea ce face. Se pot baza pe ea și pe ceea ce spune.

De fiecare dată când îți iei un angajament față de cineva, creezi o speranță. Atunci când îți *respecți* angajamentul, creezi încredere. Un caracter bun te ajută să-ți respecți angajamentul și să dezvolți încrederea. De ce acest aspect important? Așa cum am menționat în capitolul dedicat capacității de a stabili legături cu oamenii, toate relațiile sunt construite pe încredere. Așadar, prin creșterea capacității de a-ți dezvolta caracterul, construiești încrederea necesară extinderii capacității de relaționare. Acest lucru îți îmbunătățește nu numai viața, ci și relațiile profesionale, inclusiv abilitatea de a fi lider. Acolo unde lipsește încrederea, leadershipul se clatină.

De fiecare dată când îți iei un angajament față de cineva, creezi o speranță. Atunci când îți *respecți* angajamentul, creezi încredere.

---

5. Un caracter frumos trece testul perioadelor dificile

Am citit cândva o poveste despre doi bărbaţi ajunşi la şaptezeci de ani – John şi George. Prietenia lor dura din vremea liceului, dar erau amândoi încăpăţânaţi şi cu opinii de nezdruncinat. În consecinţă, se certau tot timpul şi se întâmpla des să nu-şi vorbească săptămâni la rând.

Într-o zi, după o ceartă mai aprinsă decât de obicei pe un subiect cât se poate de neînsemnat, şi-au aruncat cuvinte urâte reciproc şi apoi fiecare şi-a văzut de drumul său. N-au vorbit luni de zile.

Apoi, George s-a îmbolnăvit grav. L-a chemat pe John la căpătâiul său, spunându-i că vrea să îndrepte relaţia lor înainte de a muri. L-a luat pe John de mână şi i-a şoptit: „John, te iert. Mă ierţi şi tu?“

John a fost foarte mişcat de gestul final al prietenului său, dar, înainte să apuce să răspundă, George i s-a confesat din nou: „Încă ceva: dacă mă însănătoşesc şi nu mor până la urmă, chestia asta nu se pune!“

Această istorioară poate părea frivolă, dar ea dezvăluie un adevăr important. Adversitatea nu clădeşte caracterul, ci îl scoate la iveală. Doar o persoană cu caracter bun poate ierta şi poate da dovadă de compasiune faţă de celălalt. După cum spunea Gandhi: „Cei slabi nu pot niciodată să ierte. Iertarea este atributul celor puternici“.

„Cei slabi nu pot ierta niciodată. Iertarea este atributul celor puternici.“

– Gandhi

Dacă ai un caracter bun, greutăţile nu vor face decât să-ţi sporească determinarea. Dacă ai un caracter slab, dificultăţile te vor descuraja. Ce faci în fiecare zi pentru a-ţi clădi un caracter bun? Iei deciziile corecte, bazate pe valorile pe care le ai? De fiecare dată când procedezi astfel, vei deveni mai puternic. Dezvoltă-ţi caracterul acum. Când va apărea furtuna, va fi prea târziu.

6. Un caracter bun urmează mereu calea cea dreaptă şi onorabilă

Majoritatea oamenilor vor să-i trateze pe ceilalţi aşa cum au fost trataţi ei înşişi. E o caracteristică a naturii umane. Am auzit la un moment dat un cunoscut om de afaceri spunând: „Când cineva te şicanează, întoarce-i-o însutit" și „Sari la jugulară, pentru ca cei de pe margine să nu-și mai dorească să se pună cu tine". Nu îmi doresc să trăiesc în felul acesta. Nu vreau să-i tratez pe ceilalți mai rău decât mă tratează ei pe mine. Vreau să-i tratez mai bine decât mă tratează ei pe mine. Vreau să urmez întotdeauna calea cea dreaptă și vreau să te încurajez să faci același lucru.

Am învățat asta de la tatăl meu, care practica această filosofie zi de zi. Când era președintele Universității Creștine din Ohio, în anii 1960, membrii comitetului de conducere nu-l tratau cu respectul și considerația pe care le câștigase și pe care le merita. Dar nu s-a răzbunat niciodată și nici nu a vorbit urât despre ei.

Îmi amintesc de un episod în care cineva i-a luat interviu și l-a întrebat ce părere are despre o persoană care se purtase foarte urât cu el. Drept răspuns, tata a spus numai lucruri bune despre acel bărbat, așa că intervievatorul a început să înșire toate lucrurile dezgustătoare pe care acea persoană le spusese despre el. Replica tatălui meu? „Nu m-ai întrebat ce crede el despre mine. M-ai întrebat ce cred eu despre el".

E foarte ușor să acționezi fără scrupule. Nu e nevoie de nici un pic de tărie de caracter. Oamenii fără scrupule...

- Caută răzbunare și revanșă atunci când cineva greșește față de ei.
- Se ghidează după aceleași reguli ale jocului pe care le folosesc ceilalți.
- Sunt ghidați de emoții care fluctuează permanent.
- Nu fac decât să reacționeze la ceea ce li se întâmplă.
- Nu trăiesc mai bine decât ceilalți.

Oamenii scrupuloși sunt total diferiți. Ei...

- Oferă dragoste și iertare necondiționate.
- Refuză să se joace cu viețile oamenilor.
- Au un caracter puternic bazat pe valori.
- Sunt proactivi.
- Duc vieți excepționale.

Recunosc că nu aleg întotdeauna calea cea dreaptă cu toată lumea. Dar încerc. Lucrez la asta. Atunci când cineva mă tratează rău, încerc să-mi aduc aminte că asta spune ceva despre persoana respectivă, nu despre mine. Atunci când cineva profită de mine, încerc să-mi amintesc că acesta este preţul pe care un om îl plăteşte pentru faptul că îi lasă pe ceilalţi să se apropie de el. Atunci când cineva mă critică, încerc să-mi aduc aminte că acesta este preţul pe care îl plăteşte un lider.

Sper că vei urma o cale similară. Uneori, vei fi rănit. Vei fi tratat incorect. Oamenii vor profita de tine. Dar nu ai vrea mai degrabă să faci lumea un loc mai bun şi să-i ajuţi pe ceilalţi?

7. Un caracter bun își ține promisiunile

Omul de vânzări şi autorul Elmer G. Leterman spunea: „Personalitatea poate deschide uşi, dar numai caracterul le poate ţine deschise". De ce? Pentru că oamenii cu caracter îşi ţin promisiunile. Ei fac ceea ce au spus că vor face. Duc lucrurile până la capăt. Ceilalţi se pot baza pe ei.

Când spui că vei face un lucru, eşti consecvent? Eşti cunoscut ca o persoană care îşi respectă promisiunile? Sau ceilalţi se tem câteodată că ai putea renunţa sau ai putea da bir cu fugiţii? Booker T. Washington spunea: „Caracterul înseamnă putere". Profită la maximum de asta.

Omul de ştiinţă Marie Curie făcea următoarea observaţie: „Nu poţi spera să construieşti o lume mai bună fără a perfecţiona fiecare om în parte. Pentru a atinge acest scop, fiecare dintre noi trebuie să facă eforturi pentru propria perfecţionare şi, în acelaşi timp, trebuie să ne asumăm împreună responsabilitatea pentru întreaga umanitate". Dacă vrei să-ţi dezvolţi caracterul, trebuie să încerci să pui în concordanţă patru lucruri: valorile tale, modul de gândire, sentimentele şi acţiunile. Dacă valorile în care crezi sunt pozitive, iar celelalte trei lucruri sunt în concordanţă cu ele, poţi îmbunătăţi aproape orice aspect al vieţii tale.

„Nu poți spera să construiești o lume mai bună fără a perfecționa fiecare om în parte. Pentru a atinge acest scop, fiecare dintre noi trebuie să facă eforturi pentru propria perfecționare și, în același timp, trebuie să ne asumăm împreună responsabilitatea pentru întreaga umanitate."

– Marie Curie

Am descoperit de curând un exemplu extraordinar care arată ce se întâmplă când oamenii îşi dezvoltă un caracter bun şi aleg conştient să-şi mărească capacitatea de caracter. S-a întâmplat în Guatemala. În 2013, organizaţiile pe care le conduc au lucrat în echipă pentru a coordona iniţiativa meselor rotunde destinate instruirii despre care v-am povestit în capitolul 9. În Guatemala City, am instruit moderatori să conducă programul a 30 de mese rotunde. Jumătate dintre aceste dezbateri aveau ca subiect dezvoltarea personală. Celelalte vizau dezvoltarea caracterului pe baza unor valori precum responsabilitatea, modestia, seriozitatea, generozitatea, etica, capacitatea de a ierta, sinceritatea şi capacitatea de a munci mult. Am instruit câteva mii de oameni pe parcursul lunii iunie, iar aceştia au început imediat să conducă mese rotunde peste tot în ţară. Cred că, în prezent, peste 200.000 de oameni au participat la aceste mese rotunde.

La finalul anului 2013, am început să primim veşti despre impactul pozitiv pe care cursurile de dezvoltare a caracterului îl aveau asupra ţării. De exemplu, am aflat că a doua bancă din Guatemala ca mărime, care le ceruse celor 5.000 de angajaţi să participe la mesele rotunde, avusese cel mai bun an din punct de vedere financiar. Şi ghiciţi când începuse această tendinţă de creştere? În luna iunie, când angajaţii începuseră să înveţe despre caracter. Creşterea capacităţii de modelare a caracterului avea un impact direct asupra afacerilor companiei.

O veste şi mai importantă venită din Guatemala se referă la protestele paşnice pe care oamenii le-au desfăşurat împotriva corupţiei guvernului. În septembrie 2015, protestele au condus la înlăturarea preşedintelui Otto Pérez Molina, din cauza corupţiei. Curând după aceea, un candidat venit din afara sistemului, pe numele său Jimmy Morales, al cărui slogan era „nici corupt, nici hoţ", a fost ales preşedinte.

Există oare o legătură directă dovedită între protestele paşnice şi mesele rotunde pe tema dezvoltării caracterului pe care le-am iniţiat în Guatemala? Nu, din câte ştie eu. Dar pot să vă spun asta: Thelma Aldana, procurorul general al Guatemalei, cea care a condus investigaţia de corupţie ce a dus la înlăturarea preşedintelui, vicepreşedintelui şi altora, participase la mesele rotunde împreună cu alţi funcţionari din justiţie înainte să fie numită în funcţie, în 2014. Poate că tot ceea ce a făcut în acele 30 de săptămâni i-au folosit într-un fel drept inspiraţie.

Eşti dispus să munceşti în fiecare zi pentru a-ţi dezvolta caracterul? Cel mai probabil, asta n-o să-ţi aducă aplauze. Ba chiar s-ar putea ca tu să fii singura persoană care va şti vreodată ce paşi ai făcut pentru a te dezvolta în domeniul ăsta. Dar îţi garantez că vei observa efecte pozitive şi că viaţa ta se va îmbunătăţi.

Întrebări referitoare la capacitatea de a-ți modela caracterul

1. Ţi-ai identificat şi definit vreodată valorile, le-ai aşternut pe hârtie? Dacă nu, fă acest lucru acum. Dacă ai făcut-o, trece-le din nou în revistă. Au rămas aceleaşi?
2. Pe o scară de la 1 la 10, ce notă ţi-ai da pentru consecvenţă când vine vorba de a lua decizii pe baza valorilor pe care le ai? Dacă nu ţi-ai dat 10 (şi cine îşi dă nota maximă?), ce crezi că ar trebui să începi să faci diferit pentru a avea un scor mai mare?
3. În relaţiile cu ceilalţi, ce cale apuci cel mai frecvent: calea cea dreaptă, o cale de mijloc sau acţionezi fără scrupule? De ce reacţionezi aşa cum o faci? Ce poţi face pentru a alege mai des calea cea dreaptă?

12

Capacitatea de a atrage abundența – alegerea de a nu te mulțumi cu ceea ce ai

Nu am fost un adolescent tipic. Desigur, ca majoritatea celor de vârsta mea, mă duceam la culcare foarte târziu în noapte. Dar eram diferit de ei în privința modului în care reacționam la trezitul de dimineață. Mă deșteptam devreme în fiecare zi și săream imediat din pat, pentru că nu voiam să ratez nimic din experiențele de peste zi. Și nu aveam mare lucru de ratat! Locuiam în orașul Circleville din Ohio, o comunitate mică și adormită. Aici creștea numai grâu. Și, cu toate astea, mă așteptam ca în fiecare zi să se întâmple ceva minunat și incitant și doream să trăiesc experiența aceea la maximum.

Cred că m-am născut cu o mentalitate setată pe ideea de abundență. Sunt înclinat în mod natural să gândesc pozitiv, să am încredere în oameni, să mă simt bine cu mine însumi și cu ceilalți și să mă bucur de viață. Îmi place foarte mult să am opțiuni și sunt convins că aproape orice este posibil. Capacitatea mea de a atrage abundența este foarte mare.

Realizez că nu toată lumea gândește la fel. La extrema cealaltă, există persoane cu o mentalitate setată pe insuficiență. În timp ce oamenii care gândesc în termeni de abundență consideră că lucrurile de care au nevoie în viață se găsesc în cantitate mai mult decât îndestulătoare, cei care gândesc în termeni de insuficiență cred că nu există suficientă abundență să ajungă tuturor. În timp ce persoanele din prima categorie adoră să spună „Da“, cele din a doua se simt constrânse să spună „Nu". Aceste două categorii văd lumea foarte diferit, iar fiecare dintre cele două lumi este extrem de reală pentru cei care cred în ea. Ceea ce văd, ce trăiesc și ce devin oamenii este dictat de tipul de lume în care cred.

Am observat în nenumărate rânduri că perspectiva oamenilor în acest domeniu le controlează viața în prezent și potențialul în viitor. Credința în insuficiență îi împiedică pe oameni să-și atingă potențialul. Credința în abundență îi ajută să descopere cât de departe pot merge. Nu știu de ce se întâmplă așa, dar știu că ăsta este adevărul. Perspectiva pe care o ai va determina lumea în care trăiești, iar tu îți *poți* alege perspectiva. Tu ești cel care stabilește dacă ești o persoană setată pe abundență sau pe insuficiență.

Felul în care gândești în această privință îți determină alegerile. De aceea, trebuie să te concentrezi să-ți schimbi modul de gândire. Mentalitatea setată pe abundență te încurajează să faci alegeri care îți vor lărgi orizontul posibilităților. Mentalitatea setată pe insuficiență te face să iei decizii care îți vor diminua potențialul. Abundența îți strigă: „E mai mult decât suficient". Insuficiența te avertizează: „Repede, ia ce poți până nu se termină". Abundența spune: „Du-te, vei găsi resursele". Insuficiența spune: „Nu risipi ceea ce ai, pentru că nu mai sunt resurse". Abundența spune: „Cele mai minunate lucruri abia urmează să se întâmple", în timp ce insuficiența spune: „Mai bine de atât nu se poate". Modul în care reacționăm este determinat de vocea căreia îi îngăduim să ne șoptească în minte.

Gândirea ispitită de insuficiență

După cum spuneam, gândirea mea e puternic înclinată spre abundență. Cu toate astea, au existat trei momente importante în viață când am fost tentat să gândesc în termeni de insuficiență. Fiecare dintre aceste episoade s-a petrecut când eram pus în fața unei decizii capitale cu privire la direcția pe care s-o apuc în viață. Văzând ce schimbări trebuia să fac, îmi doream să aleg calea pe care o știam deja, varianta sigură, în loc să merg într-o direcție nouă, care avea potențialul să-mi aducă o împlinire mai mare.

Prima dată, acest lucru s-a întâmplat când aveam 33 de ani. Conduceam o biserică minunată, în continuă dezvoltare. Făceam lucruri cu care mă simțeam foarte confortabil, lucram cu oameni pe care îi iubeam şi care doreau să rămân alături de ei. Dar mi s-a oferit şansa să-mi promovez ideile despre leadership în afara acestui mediu sigur în care le dezvoltasem şi în care le aplicasem cu succes. Mi s-a oferit ocazia să le testez la o scară mai mare, cu zeci de alte biserici.

Aveam de luat o decizie. Trebuia oare să rămân acolo unde mă simţeam confortabil? Sau s-o pornesc într-o lume nouă? Oamenii care doreau ca eu să rămân mi-au îngreunat mult decizia. Am cântărit ambele opţiuni timp de doi ani, însă, într-un final, decizia mea s-a aliniat cu abundenţa. Am părăsit biserica pentru a instrui lideri într-o altă organizaţie.

A doua oară când s-a întâmplat, aveam 48 de ani. Conduceam din nou o biserică, de data aceasta în San Diego. La fel ca data trecută, biserica evoluase foarte mult şi iubeam oamenii de acolo. Iar munca noastră fusese apreciată. Un autor influent în lumea bisericească menţionase congregaţia noastră drept una dintre primele zece cele mai influente biserici din America. Pastorul care o fondase rămăsese acolo până la pensie, iar eu aş fi putut face acelaşi lucru.

Totuşi, la momentul acela, s-a ivit ocazia ca discursurile şi textele mele să ajungă la o audienţă mai largă, inclusiv la comunitatea de afaceri, dar acest lucru se putea întâmpla numai dacă demisionam din poziţia de lider al bisericii. Făcând această schimbare, aveam şansa ca ideile mele să ajungă la mult mai mulţi oameni decât dacă rămâneam pastor. Dar schimbarea presupunea şi riscuri majore, iar acest lucru m-a determinat să-mi pun multe întrebări. Voiam oare să renunţ la poziţia şi prestigiul pe care le câştigasem şi s-o iau din nou de jos? Aş avea succes cu o altfel de audienţă? Aş putea să învăţ tot ce trebuia să ştiu? Cât ar dura? Sau aş avea un impact *mai mic* asupra lumii dacă aş face această mutare?

Până la urmă, nu am permis temerilor iscate de gândirea setată pe insuficienţă să câştige în faţa posibilităţilor oferite de gândirea pro-abundenţă, şi am demisionat din biserică.

A treia tentaţie a apărut la vârsta de 66 de ani. Am făcut deja o aluzie la acest episod când am relatat povestea cu bilele din borcan. Aveam o viaţă bună şi începusem numărătoarea inversă până la 70 de ani, vârstă la care plănuiam să mă retrag din organizaţiile mele. Aşa cum am menţionat, Bill Hybels m-a ajutat să renunţ la gândurile acestea. La decizie a mai contribuit o conversaţie cu Mike Hyatt, care mi-a spus că eu eram elementul identitar şi cartea de vizită a organizaţiilor mele, cel care diferenţia organizaţiile de celelalte de pe piaţă. Sunt extrem de bucuros că am renunţat la numărarea bilelor şi că am ales încă o dată abundenţa. Nu-mi pot imagina o viaţă în care să nu contribui la creşterea valorii liderilor şi să nu am o influenţă semnificativă în această lume.

Nu sau da?

Cred că am ajuns să înţeleg foarte bine atât lumea insuficienţei, cât şi pe cea a abundenţei. În general, insuficienţa se dezvoltă în spatele lui „Nu", ceea ce înseamnă că oamenii rămân acolo unde se simt în siguranţă, în timp ce abundenţa se naşte în spatele lui „Da", adică oamenii sunt dispuşi să încerce lucruri noi.

Cum arată viaţa în spatele lui „Nu"?

- **Este plină de limitări** – pentru că te îndepărtează de oportunităţi noi.
- **Este uşoară** – pentru că, atunci când spui „Nu", nu trebuie să faci nimic şi nici să mergi nicăieri.
- **Aduce alinare** – pentru că este atât de familiară. Mulţi oameni sunt mai temători să piardă puţinul pe care îl au decât sunt entuziaşti să câştige ceva ce nu au încă.
- **Este înşelătoare** – pentru că pare mai sigură, ceea ce nu e adevărat. Aşa cum spune şi autorul Steven Pressfield: „Una e să ne minţim pe noi înşine, alta e să şi credem".
- **Este suprapopulată** – pentru că aici trăiesc oamenii obişnuiţi.

Cum arată viaţa în spatele lui „Da"?

- **Este captivantă** – pentru că ai nevoie de creativitate pentru a înţelege lucrurile noi. Această viaţă întruchipează filosofia scriitoarei şi actriţei de comedii Tina Fey, care a dat următorul sfat: „Spune da... şi te lămureşti tu după aia".
- **Este plină de oportunităţi de a evolua** – pentru că abundenţa creează mai multă abundenţă. Şi, cu cât ai parte de mai multă abundenţă, cu atât mai mare este potenţialul tău de a-ţi dezvolta capacităţile.
- **Este provocatoare** – pentru că nu este uşor să bătătoreşti drumuri noi.

- **Îţi oferă satisfacţii** - pentru că, în spatele lui „Da" găseşti de obicei mai mulţi de „Da".

Sunt conştient că „Nu" nu este întotdeauna o opţiune greşită, iar „Da" nu este întotdeauna o opţiune bună, dar, în cea mai mare parte a timpului, un trai dus sub patronajul lui „Nu" îţi reduce opţiunile, oportunităţile şi rezultatele, în timp ce traiul sub auspiciile lui „Da" te îmbogăţeşte pe tine şi îţi îmbogăţeşte lumea. Acest lucru s-a dovedit a fi adevărat când, la 33 de ani, am schimbat organizaţia. Am avut ocazia să predau leadership la o scară mai largă, am descoperit că principiile mele de leadership se aplică multor tipuri de lideri din diferite organizaţii şi mi-am dezvoltat gândirea. S-a dovedit adevărat şi la 48 de ani, pentru că am devenit autor de bestsellere, iar publicul meu s-a mărit de zece mii de ori! Şi s-a dovedit adevărat şi la 66 de ani. Fără „Da" nu aş fi ajuns niciodată în Guatemala sau Paraguay pentru a-i ajuta pe oamenii de acolo, nu aş fi contribuit la dezvoltarea grupului John Maxwell Team la nivelul de acum. Răspunsurile afirmative din trecut îmi aduc mai multe opţiuni, oportunităţi şi rezultate pozitive decât orice altă perioadă a vieţii mele.

Trăsăturile persoanelor cu o capacitate mare de a atrage abundența

În cadrul recentului eveniment destinat atestării organizat de John Maxwell Team, am observat că echipa lui Paul Martinelli amenajase un loc unde participanţii puteau pune întrebări şi primi informaţii. În spatele mesei era un afiş uriaş pe care scria: „Răspunsul este DA". Mi-a plăcut la nebunie. Această declaraţie transmitea tuturor mesajul: „Vom găsi cumva împreună o cale".

Aşa gândesc persoanele cu o capacitate mare de a-şi spori abundenţa. Ei cred că răspunsul este „Da". Că există o cale de a merge mai departe. Poate că nu e uşor de găsit. Poate că nu va funcţiona din prima, dar cred că există o cale. Aşa vreau să gândeşti şi tu. Vreau să te ajut să adopţi o mentalitate setată pe ideea de abundenţă şi să-ţi dezvolţi capacitatea în acest domeniu. Chiar dacă eşti puţin sceptic, sper că eşti dispus să încerci. Sper că vei analiza următoarele trei moduri în care gândesc oamenii setaţi pe abundenţă şi că le vei adopta şi tu:

1. Oamenii care atrag abundenţa sunt extrem de încrezători

De ce sunt oamenii care atrag abundenţa atât de repede dispuşi să spună „Da"? Pentru că au mare încredere în mai multe lucruri:

Au încredere în ei înşişi – Afirmă: „Sunt mai mult decât ce văd oamenii la mine"

Întotdeauna am simţit că am mai multe de oferit decât ce consideră ceilalţi. Sentimentul acesta îl aveam chiar şi când eram tânăr. Ceilalţi vedeau lipsa mea de maturitate, lipsa de experienţă şi stângăciile mele. Mulţi mă alungau. Spuneau că sunt prea tânăr să conduc orice. Am muncit din greu să dovedesc că se înşelau şi trebuie să recunosc că, atunci când am reuşit, am avut o mare satisfacţie. Au fost multe momente în care m-am simţit inconfortabil pe plan profesional. Dar am avut încredere în mine şi asta m-a făcut să merg mai departe atunci când nimeni altcineva nu mă încuraja. Mark Twain spunea: „Un om nu se poate simţi confortabil dacă nu se acceptă pe sine". Mă simţeam confortabil cu propria persoană. Şi încă mă mai simt. Încrederea în propriile forţe m-a ajutat să spun „Da" când alţii nu m-au susţinut.

Convingerile determină comportamentele. Lipsa încrederii, care e o caracteristică a insuficienţei, ne pune frâne. Ezităm, nu pentru că nu am fi în stare să facem lucrul respectiv, ci pentru că nu avem încredere în propriile forţe. Prietene, nu aştepta ca altcineva să te aleagă. Nu aştepta ca altcineva să-ţi acorde permisiunea. Nu ai nevoie de altcineva pentru a-ţi spune că eşti calificat. Ai încredere în tine însuţi! Ai încredere că poţi.

Au încredere în ceilalţi – Ei spun: „Ceilalţi înseamnă mai mult decât pot eu vedea"

Aşa cum am mai spus, eu văd în fiecare om o persoană de nota zece. Unii sunt de părere că încrederea mea în ceilalţi e complet nerealistă. Sunt de acord că poate fi. Dar chiar şi aşa, eu vreau să acord tuturor prezumţia de competenţă. De unde vine această dorinţă? Din mentalitatea setată pe abundenţă. Până şi dorinţa mea de a scrie această carte despre capacitate vine din această mentalitate. Când spun că am încredere că ai abilitatea de a-ţi dezvolta capacitatea şi de a-ţi îmbunătăţi viaţa, cred fiecare cuvânt.

Henry Ford şi-a construit imperiul de afaceri pe acest tip de gândire. El spunea: „Caut oameni cu infinita capacitate de a nu şti ceea ce nu poate fi făcut." Asta înseamnă să ai încredere în ceilalţi. Oamenilor cu mentalitatea caracteristică insuficienţei le este uşor să ne spună că asta nu se poate face. Şi adoră s-o facă. Dar istoria a demonstrat, în repetate rânduri, că unii pot face ceea ce alţii credeau a fi imposibil de realizat. Fiecare dintre cei care au reuşit „imposibilul" a avut o mentalitate setată pe abundenţă. Un om nu poate descoperi noi lumi, nu poate inventa obiecte noi şi nici nu poate crea noi modalităţi de a acţiona decât dacă crede că se poate mai mult!

Când oamenii au încredere unii în alţii, ei îşi doresc ce e mai bun pentru ceilalţi şi au cele mai înalte aşteptări de la ceilalţi. Se binecuvântează unii pe alţii. Profesorul şi autorul Dallas Willard defineşte binecuvântarea astfel: „proiectarea binelui asupra cuiva". Îmi place foarte mult această descriere. Vreau să trăiesc aşa. Tu nu?

Au încredere în ziua de azi – Afirmă: „Ziua de azi poate fi mai bună decât îmi imaginez eu"

În cartea mea *Make Today Count* („Fă ca ziua de azi să conteze"), am făcut următoarea afirmaţie: „Secretul succesului tău este determinat de programul zilnic". Ceea ce facem în fiecare zi fie ne ajută să ne dezvoltăm, fie ne pune la pământ.

Secretul succesului tău este determinat de programul zilnic.

Oamenii care atrag abundenţa profită de fiecare clipă pentru că văd potenţialul ei. Aceşti oameni cred că pot face mai mult decât până atunci. Au încredere că pot să-şi îndeplinească sarcinile la un nivel mai înalt decât înainte. Ei cred că se pot dezvolta mai mult – şi că pot continua să se dezvolte. Această convingere nu îi face doar să meargă înainte, ci le şi permite să fie primii care trec la acţiune. Şi, adesea, cei care încep primii sunt cei care câştigă.

Au încredere în ziua de mâine – Afirmă: „Viitorul îmi rezervă mai multe decât pot bănui"

Deși înaintez în vârstă, refuz să devin bătrân. Ai observat că, în general, oamenii în vârstă consideră că generația lor este ultima generație măreață? Ei îi privesc pe tineri și prezic un viitor sumbru. La fel se întâmplă de o sută de generații. Eu n-o să fac asta! Desigur, ziua de mâine vine cu provocările ei. Și toți tinerii trebuie să se maturizeze. Dar mentalitatea caracteristică abundenței îmi spune că ziua de mâine poate fi mai bună decât cea de azi.

Îmi place să mă gândesc la mentalitatea caracteristică abundenței ca la Iepurașul Duracell al vieții noastre. Ne încarcă cu multă încredere. Încrederea ne dă energie. Vreau să am energie să fac lucruri valoroase și să am o influență pozitivă. Tu nu vrei? E decizia ta.

2. Oamenii care atrag abundența înțeleg puterea perspectivei

Perspectiva noastră nu este determinată de ceea ce vedem. Este determinată de *cum* vedem, iar modul în care vedem izvorăște din personalitatea noastră. Doi oameni pot fi în aceeași situație, dar pot vedea lucrurile complet diferit. În timp ce persoana setată pe insuficiență își va spune: *„Nu mai e nici o cale!"*, cea setată pe abundență va spune: *„Trebuie să existe o cale mai bună."*

Perspectiva noastră nu este determinată de ceea ce vedem. Este determinată de cum vedem, iar modul în care vedem izvorăște din personalitatea noastră.

Lumea este acum un loc mai bun datorită oamenilor a căror perspectivă a fost modelată de gândirea setată pe abundență. Pe vremuri, oamenii credeau că nu există o cale mai bună de a încălzi o cameră decât soba clasică. Benjamin Franklin a crezut că există o cale mai bună și a inventat ceea ce numim soba Franklin. Oamenii credeau că nu există o cale mai bună de a te deplasa cu rapiditate decât folosind caii. James Watt și-a spus că trebuie să existe o cale mai bună și a inventat motorul cu aburi. Oamenii credeau că era imposibil să vorbească unii cu alții la distanțe mari. Alexander Graham Bell a crezut că există totuși o cale și a inventat telefonul. Oamenii credeau că era imposibil să zboare cu un motor. Frații Wright au crezut că există o cale și au inventat primul avion motorizat.

Mai are rost să continuu? Atunci când îți schimbi perspectiva dintr-una dominată de insuficiență într-una dominată de abundență, deschizi ușa către inovație și schimbări pozitive, nu doar pentru tine, ci și pentru alții.

3. Oamenii care atrag abundența sunt generoși cu ceilalți

Cea din urmă caracteristică a oamenilor care atrag abundența despre care vreau să vorbesc este generozitatea. În general, când rostesc cuvântul generozitate, oamenii se gândesc la gestul de a da bani pentru diverse cauze caritabile. Deși acest gest este într-adevăr unul generos, generozitatea care izvorăște din abundență înseamnă mult mai mult.

Există și alte tipuri de generozitate care nu au nimic de-a face cu banii: generozitate înseamnă să acorzi oamenilor o șansă, să le acorzi beneficiul îndoielii, să le dai celorlalți un motiv să dorească să lucreze cu tine. O persoană care atrage abundența își poate exprima generozitatea oferind oportunități altora, oferindu-le resursele și informațiile necesare pentru a-și face treaba bine, recunoscându-le meritul atunci când au succes, iertându-i atunci când greșesc. De fapt, vorbesc aici despre generozitatea spiritului.

Generozitate provine din latinescul *generosus*, care înseamnă nobil din naștere. Termenul era asociat cu membrii aristocrației de la care lumea aștepta, prin virtutea privilegiilor și bogăției moștenite, să facă donații celor cu un statut inferior. Există întotdeauna în viață cineva care se află într-o situație mai precară decât noi. Ar trebui să fim generoși cu acei oameni. Și, dacă ești lider, trebuie să înțelegi că, prin virtutea poziției tale și a privilegiilor pe care ea le aduce, ar trebui să fii generos față de oamenii pe care îi conduci. Mi-aș dori ca toți liderii din lume să se ridice la acest standard înalt, dar nu toți o fac. Liderii care își abordează responsabilitățile cu o mentalitate setată pe abundență pot avea un impact pozitiv și mai mare asupra echipei lor și organizației.

Unii oameni se tem că, dacă dau prea mult din ceea ce au, vor rămâne ei înșiși fără resurse. Însă eu consider că se întâmplă exact invers. Cu cât oferi mai mult, cu atât obţii mai mult. Şi asta te ajută să devii şi mai generos. Poţi vedea această idee pusă în practică atunci când le zâmbeşti celorlalţi. Ce se întâmplă când faci asta? De obicei, primeşti un zâmbet înapoi drept răspuns. Iar asta te face să-ţi doreşti să zâmbeşti şi mai mult. Cu cât îi ajuţi mai mult pe ceilalţi, cu atât aceştia vor dori să-i ajute la rândul lor pe alţii. Iar asta te motivează să oferi şi mai mult ajutor. Cu cât iubeşti mai mult oamenii, cu atât primeşti înapoi mai multă iubire - şi vrei s-o oferi altora. Este ceea ce numesc Paradoxul Abundenţei. Cu cât oferi mai mult, cu atât ai mai mult de oferit - şi cu atât îţi doreşti mai mult să oferi.

Paradoxul Abundenţei: cu cât oferi mai mult, cu atât ai mai mult de oferit – şi cu atât îţi doreşti mai mult să oferi.

Oamenii care atrag abundenţa nu rămân fără resurse atunci când dau celorlalţi. Se întâmplă exact pe dos. Ei sădesc ceva în viaţa celorlalţi şi culeg multe roade drept rezultat. Fără îndoială, cel mai bun randament al investiţiilor mele în viaţă l-am obţinut având încredere şi investind în oameni. De aceea, lista mea de obiective zilnice este plină de lucruri pe care mi le doresc pentru ceilalţi. Sunt total de acord cu prietenul meu Kevin Myers, care spune: „Ar trebui să ne dorim mai multe lucruri pentru oameni decât ne dorim de la oameni". Persoanele generoase sunt permanent interesate să îmbunătăţească vieţile celor din jurul lor. Iar oamenii se vor apropia mereu de cei care îi ajută să se dezvolte şi se vor îndepărta de cei care îi fac să se simtă inferiori.

Cred că poţi părăsi lumea insuficienţei şi poţi deveni o persoană care atrage abundenţa, chiar dacă ai crescut cu sentimentul că nu este destul pentru toţi. De ce spun asta? Pentru că am întâlnit oameni care aveau o mentalitate setată pe insuficienţă şi care au decis să atragă abundenţa. Unul dintre aceşti oameni este Kevin Myers, pe care l-am citat mai devreme. L-am consiliat pe Kevin vreme de 20 de ani. El spune că unul dintre cele mai importante lucruri pe care le-am învăţat a fost să-şi schimbe mentalitatea şi să creadă în ideea de abundenţă.

„Ar trebui să ne dorim mai multe lucruri pentru oameni decât ne dorim de la oameni."

– Kevin Myers

Kevin povesteşte: „Obişnuiam să cred că viaţa este ca o plăcintă. Că există un număr limitat de felii, aşa că trebuie să faci eforturi mari să-ţi iei felia câtă vreme poţi. John m-a învăţat că, dacă rămâi fără plăcintă, te întorci la bucătărie şi mai coci una. Aceasta este o mentalitate foarte diferită de cea cu care am crescut. Dar acum am adoptat-o".

Dacă eşti ca majoritatea oamenilor, în adâncul sufletului tău ţi-ar plăcea să crezi în abundenţă. Sfatul meu este să-ţi urmezi inima. A fost creată pentru abundenţă. Vorbeşte cu tine însuţi. Spune-ţi cu glas tare: „Cred că în lume există mai mult decât suficient pentru toată lumea". Acesta este un mic pas în direcţia cea bună, către abundenţă. Şi, uneori, cel mai mic pas în direcţia cea bună devine cel mai mare pas din viaţa ta.

Uneori, cel mai mic pas în direcția cea bună devine cel mai mare pas din viața ta.

Întrebări referitoare la capacitatea de a atrage abundența

1. Atunci când ai în faţă o oportunitate, spui în mod firesc „Da" sau „Nu"? Având în vedere că abundenţa presupune în general un răspuns afirmativ, cum te poţi motiva să spui „Da" mai des?
2. Încrederea în abundenţă începe cu încrederea persoanei respective în ea însăşi. Cum ai evalua încrederea ta în tine? Este la un nivel înalt, mediu sau scăzut? Ce trebuie să faci pentru a creşte nivelul şi pentru a adopta o mentalitate mai setată pe abundenţă?
3. Care sunt situaţiile din viaţa ta în legătură cu care spui: „Nu mai există nici o cale". Alege un subiect important pentru tine. Spune-ţi: „Trebuie să existe o cale mai bună". Apoi începe să cauţi idei pentru a merge înainte cu succes.

13

Capacitatea de disciplinare – alegerea de a te concentra asupra prezentului și de a-ți duce la bun sfârșit proiectele

În anul 2000, am avut ocazia să vizitez Muzeul Naţional Gandhi din New Delhi, India. Acolo, am dat peste un citat de-al lui Mahatma Gandhi care spunea: „Diferenţa dintre ceea ce facem şi ceea ce suntem capabili să facem ar fi suficientă pentru a rezolva majoritatea problemelor din lume". M-am gândit des la această afirmaţie. Și m-am întrebat: „De ce există o diferenţă atât de mare între ceea ce facem concret şi ceea ce suntem capabili să facem? Ce anume ar înlătura această diferenţă?"

„Diferența dintre ceea ce facem și ceea ce suntem capabili să facem ar fi suficientă pentru a rezolva majoritatea problemelor din lume."
– Gandhi

Nu e vorba de talent. Fiecare dintre noi este foarte capabil şi poate face multe cu talentul pe care îl are deja, aşa că nu acesta este răspunsul. Nu e vorba nici despre mai mult timp. Ziua are, pentru fiecare dintre noi, acelaşi număr de ore. Atunci, despre ce e vorba?

După ani de reflecţie, cred că am aflat ce anume ar înlătura diferenţa între ce facem şi ce suntem capabili să facem. E vorba de disciplină.

Prin disciplină, înţeleg devotamentul de a face ceea ce trebuie să facem în mod sistematic. În acest context, disciplina reprezintă elementul care face diferenţa.

Ești propriul tău șef

Oamenii de succes sunt foarte disciplinaţi când vine vorba de cele mai importante aspecte ale muncii lor. Se disciplinează singuri. Ei se ghidează și se încurajează pentru a face ce au de făcut, nu doar ce își doresc să facă. Acesta este elementul care îi ajută să avanseze de la mediocru la bun și de la bun la extraordinar. Și este și motivul pentru care, în lumea în care trăim, recompensele sunt în general rezervate celor care sunt dispuși să facă ceea ce restul oamenilor nu vor.

Disciplina reprezintă devotamentul de a face ceea ce trebuie să facem în mod sistematic.

Îmi place mult modul în care trainerul și oratorul Mark Tyrell descrie autodisciplina. El spune:

> De-a lungul anilor, am ajuns să consider că autodisciplina este ca un număr de magie invizibilă. Nu o poţi vedea, gusta sau mirosi, dar efectele sale sunt uriașe. Poate transforma un om gras într-unul slab, un om cu mușchii lăsaţi într-unul musculos, o persoană neinformată într-un expert, un sărac într-un bogat, un om nefericit într-unul fericit. Autodisciplina reprezintă partea scufundată a aisbergului pe care ceilalţi nu o sesizează atunci când îţi văd „geniul".

Lumea vede succesul unora fără să realizeze că 90% din elementele care au dus la acel succes sunt nevăzute, și totuși cele 90% sunt cele care fac succesul posibil.

Iată de ce atleţii de top sunt atât de buni și sunt capabili să creeze aparenţa că performanţele lor sunt obţinute fără efort. Timpul pe care îl petrec propriu-zis în joc reprezintă doar 10% – sau mai puţin – din timpul pe care îl dedică sportului lor. Acesta este motivul pentru care muzicienii străluciţi sunt atât de extraordinari. Concertul de două ore la care asiști este o mică fracţiune din timpul pe care îl petrec repetând și perfecţionându-și măiestria. Oamenii se uită la atleţi și la artiști și își spun: *Aș fi vrut să am și eu norocul lor*, în loc să spună: *Aș fi vrut să am și eu disciplina lor.*

Cum să-ți dezvolți capacitatea de disciplinare

Tyrrel este de părere că prea mulţi oameni se raportează la viaţă ca la o sală de aşteptare. Consider că observaţia lui este adevărată. Oamenii stau și aşteaptă ca cineva să le strige numele. Dar succesul nu ne caută. Nu vom realiza lucruri măreţe accidental. Nu uita: toate lucrurile valoroase sunt anevoioase. Pentru a obţine ceea ce doreşti trebuie să aloci timp, efort, să dai dovadă de consecvenţă, energie și devotament. Autodisciplina este cea care face lucrurile posibile și care face succesul tangibil. Și, iată vestea bună. Autodisciplina e o abilitate pe care ţi-o poţi dezvolta. Nu e nevoie să te fi născut cu ea. E o alegere pe care o faci continuu.

Nu uita: toate lucrurile valoroase sunt anevoioase.

Dacă vrei să-ţi dezvolţi capacitatea de disciplină, ia aminte la aceste idei și pune-le în practică.

1. Identifică ceea ce este important pentru tine

În liceu, nu am fost un elev prea bun. Nu-mi doream decât să pierd vremea cu prietenii și să joc baschet. Elevii ca mine le ofereau altora șansa să termine anul în prima jumătate a clasamentului. Totul s-a schimbat când am intrat la facultate. În primul semestru, m-am transformat într-un student disciplinat și am ajuns printre primii din grupă.

Ce s-a întâmplat? În momentul în care am intrat la facultate, am devenit conştient că mă pregăteam pentru ceea ce doream să fac în viaţă. Aveam un scop și știam ce este important să fac pentru a-l atinge. Am renunţat să mai pierd vremea – am început să iau note foarte bune, mi-am dezvoltat un obicei de studiu excelent, m-am împrietenit cu studenţi buni și m-am concentrat asupra viitorului meu. Totul s-a schimbat, iar eu am pornit pe drumul autodisciplinei.

Stephen R. Covey a făcut o observaţie interesantă despre disciplină:

> Sunt mulţi cei care ajung pur și simplu la concluzia că nu sunt suficient de disciplinaţi. Replica mea către ei este că, în general, nu disciplina este problema. Problema este, cel mai adesea, că persoana în cauză nu a plătit încă preţul necesar pen-

tru a-și clarifica tot ceea ce contează cel mai mult pentru ea. Odată ce ai simțit în străfundurile tale ce este cu adevărat important, devine foarte ușor să spui Nu lucrurilor neimportante.

Cu siguranță, acest lucru s-a dovedit a fi adevărat în viața mea! Atunci când chemarea mea a devenit clară, mi-a crescut și pasiunea. Pasiunea este cea care m-a făcut să prioritizez lucrurile și să-mi palnific viața.

Odată ce ai simțit în străfundurile tale ce este cu adevărat important, devine foarte ușor să spui Nu lucrurilor neimportante.
– Stephen R. Covey

Am citit recent un articol scris de Brian Tracy, care spunea că 97% dintre americanii adulți încearcă să-și trăiască viața fără țeluri clare, specifice, scrise. El a comparat această situație cu decizia de a te avânta într-un teritoriu necunoscut fără o hartă. Este o analogie corectă. Dacă vrem să ajungem într-un loc bun, trebuie să identificăm încotro mergem.

Mark Cole este CEO-ul celor cinci companii pe care le dețin. Când aveam 65 de ani, mi-a cerut să fac o listă cu ceea ce-mi doresc pentru fiecare dintre companii până împlinesc 70 de ani. Mi-a spus: „John, acordă-ți câteva luni și gândește-te bine la ce ți-am cerut. Fiind mâna ta dreaptă, vreau să știu tot ce gândești și ce simți în legătură cu organizațiile de care sunt responsabil". Am făcut exact ce mi-a cerut. Exercițiul acesta i-a clarificat situația lui Mark, iar mie mi-a inspirat determinarea de a-mi vedea visul împlinit.

Tu știi ce e important pentru tine? În cazul în care nu ți-ai clarificat acest aspect și nu ți-ai notat ce e important pentru tine, este foarte probabil ca lipsa de disciplină pe care o resimți să fie cauzată tocmai de asta. Cel mai bun mod de a-ți spori capacitatea de autodisciplină este să știi ce e important, iar acel lucru să fie un criteriu după care să te ghidezi.

2. Renunță la scuze

Dacă disciplina reprezintă autostrada care ne duce încotro vrem să ajungem în viață, atunci scuzele sunt ieșiri de pe autostradă. Și, crede-mă – sunt *multe* astfel de ieşiri. Iată câteva dintre ele; vezi dacă le-ai folosit vreodată:

- Voi începe după Anul Nou.
- Nu vreau să fac asta singur.
- Soţia mea/soţul meu nu vrea să facă asta împreună cu mine.
- O să fac asta după ce termin şcoala.
- O să fac asta după ce termină copiii mei şcoala.
- O să fac asta după ce copiii mei *se vor întoarce* la şcoală.
- O s-o fac atunci când voi avea mai multă energie.
- O să încep când o să se îndrepte vremea!
- O s-o fac atunci când n-o să fiu atât de ocupat.
- O s-o fac după ziua mea.
- O să încep mâine.
- O s-o fac când ies la pensie.
- Sunt prea gras – o s-o fac după ce mai slăbesc.
- Sunt prea bătrân. (Ţi-ai propus cumva să întinereşti?)
- Nu am suficientă experienţă.
- Mi-e prea frică.
- Sunt prea obosit.
- Nu ştiu de unde să încep.

Am folosit şi eu câteva dintre ele, dar nu sunt mândru de asta.

Cum îţi dai seama că foloseşti o scuză? Întreabă-te: „M-ar împiedica acest lucru să fac ceea ce îmi place să fac?“ Dacă nu te împiedică, atunci e o scuză. Scapă de ea.

3. Treci la acţiune înainte să-ţi vină cheful să acţionezi

Dacă ai căuta pe Google „secretele succesului“, ai obţine 67 de milioane de rezultate în mai puţin de o jumătate de secundă. Oamenii au scris mult şi de foarte multă vreme despre cum să ai succes. Aşadar, consider că aflarea secretelor succesului nu reprezintă o problemă. Punerea lor în aplicare? Asta da, e o problemă!

Iar cultura în care trăim nu ne este de prea mult ajutor. Mesajul pe care îl auzim în mod repetat este că ar trebui să facem ceea ce simţim. Dar dacă simţim că nu avem chef să facem un lucru? Ar trebui să aşteptăm să ne vină inspiraţia? În cazul scrisului, orice scriitor cu experienţă îţi va spune că trebuie să scrii şi când nu ai chef. Altfel, nu vei scrie prea mult.

Fiecare dintre noi are un punct slab, un domeniu în care îi este în mod special greu să fie disciplinat. În cazul meu, este vorba despre mâncatul sănătos și exercițiile fizice. Pot trece luni de zile fără să îmi vină cheful să fac lucrurile astea. Așadar, cum mă impulsionez să trec la acțiune înainte să-mi vină cheful?

Mă gândesc la consecințele pe care le-ar avea lipsa acțiunii

Cardiologul meu, doctorul Chauncey Crandall, îmi amintește constant și vehement că, dacă nu mănânc sănătos și nu fac exerciții fizice, voi apuca să fac mai puține lucruri importante pe care sunt menit să le fac în această lume și pe care îmi place să le fac. Îmi spune: „John, atunci când alegi să ai grijă de corpul tău, îți crești speranța de viață și numărul oamenilor pe care îi vei ajuta". Dacă nu fac aceste alegeri corecte, voi suferi consecințele. Înțeleg acest lucru și mi-l repet des.

Mă concentrez să fac ceea ce trebuie, limitându-mă la ziua de azi

Dacă mă gândesc la faptul că, de azi până la sfârșitul vieții, voi avea zilnic de făcut ceva ce nu am chef să fac, tind să mă descurajez. Așa că mă concentrez doar asupra prezentului. Iau fiecare zi pe rând și sistemul acesta funcționează pentru mine. Mă descurc luând fiecare zi pe rând.

Annika Spampinato, nutriționist autorizat, a explicat recent că responsabilitatea sa principală este să-i ajute pe oamenii cu venituri mici să învețe și să aplice mai corect regulile ce țin de dietă. Pentru a-și atinge obiectivul, ea face o serie de interviuri motivaționale cu pacienții. Întrebările pe care le pune au ca scop găsirea unui teren comun cu fiecare în parte și descoperirea celui mai ușor și mai confortabil mod de a face schimbările dorite. Ea spune că, atunci când pacienții aleg ce pas vor face mai întâi, apoi pun în aplicare decizia, își cresc șansele de succes.

În domeniul în care am puncte slabe, răspund sau dau socoteală în fața altcuiva

Puține lucruri sunt mai eficiente decât să răspunzi în fața cuiva atunci când vine vorba de autodisciplină. De ce? Pentru că avem nevoie de ajutor cu punctele noastre slabe! Doctorul Laura Balda, medicul meu de familie, mă cântărește în fiecare lună și completează graficul care îmi descrie evoluția greutății. În fața instructorului meu personal, Josephine Bunn, răspund pentru exercițiile fizice săptămânale. Am încercat să lucrez asupra acestor puncte slabe fără ajutor și fără să mă responsabilizez, dar fără succes. Am descoperit că este nevoie să dau socoteală altcuiva. Când răspund doar în fața mea, nu am nici pe departe rezultate la fel de bune.

Recent, la sala de sport, am văzut un afiș pe care scria: „Nici o mâncare nu e atât de gustoasă pe cât de minunată e senzația de a fi în formă". Încerc să-mi amintesc aceste cuvinte când sunt la masă sau când stau pe canapea și asta mă ajută de obicei să fac ceea ce trebuie, chiar dacă nu am chef.

Tu ce sistem ai care să te motiveze să faci ce trebuie atunci când nu ai chef? La cine apelezi pentru a-ți cere socoteală? Indiferent cât de disciplinat ești, aceste lucruri te vor ajuta să treci la acțiune în momentele cheie.

4. Nu permite să-ți fie distrasă atenția

Brian Tracy a făcut următoarea observație: „Bărbații și femeile de succes sunt aceia care muncesc aproape non-stop și duc la bun sfârșit sarcinile care au valoare mare. Bărbații și femeile lipsiți de succes sunt cei care își pierd vremea – minute și ore în fiecare zi – aplecându-se asupra unor sarcini mai neînsemnate". Ce sunt distracțiile dacă nu chiar activități cu valoare redusă?

„Bărbații și femeile de succes sunt aceia care muncesc aproape non-stop și duc la bun sfârșit sarcinile care au valoare mare".
– Brian Tracy

De exemplu, obiectivul meu în această lună este să termin de scris această carte. Mă concentrez în principal asupra acestui punct. Totuși, în ultimele trei zile, a trebuit să fac față multor factori care mi-au distras atenția. Oamenii mi-au cerut...

„Ai putea să te întâlnești cu un prieten care are câteva întrebări să-ți pună?"

„Ai fi disponibil să faci un video de trei minute pentru o aniversare?"

„Ai câteva minute la dispoziţie să te ocupi de un comision împreună cu un membru al organizaţiei?“

„Dacă dai acel telefon, lucrurile vor avansa cu organizaţia EQUIP, poţi să-l dai?“

„Ar trebui să scrii o notă pe post de recenzie; poţi face asta?“

„Am un articol despre transformare pe care este musai să-l citeşti. Vrei să-l vezi?“

Toate acestea sunt lucruri pozitive. Unele dintre ele sunt foarte importante. Dar răspunsul meu este NU! Nu le voi face până nu termin de scris cartea. Trebuie să rămân concentrat.

Stephen R. Covey numea această atitudine „să începem cu începutul“. Brian Tracy o numea Principiul Eliminării. Iată ce presupune: „Dacă îţi petreci tot timpul lucrând asupra sarcinilor foarte profitabile, la sfârşitul zilei vei fi «eliminat» toate activităţile neprofitabile care te-ar fi putut distrage de la treaba ta adevărată. Pe de altă parte, dacă îţi petreci timpul cu activităţi cu valoare redusă, aceste activităţi vor elimina timpul necesar pentru a duce la bun sfârşit sarcinile care îţi pot schimba viaţa. Iar cheia către această atitudine legată de timp şi managementul personal este întotdeauna autodisciplina“.

Principiul Eliminării: „Dacă îţi petreci tot timpul lucrând asupra sarcinilor foarte profitabile, la sfârşitul zilei vei fi «eliminat» toate activităţile neprofitabile care te-ar fi putut distrage de la treaba ta adevărată.

– Brian Tracy

Pune-ţi următoarea întrebare: „Ce anume elimin din viaţa mea în prezent?“ Te ocupi de sarcinile neimportante sau convenabile în detrimentul celor esenţiale? Sper că nu, pentru că, dacă o faci, vei avea probleme, tocmai fiindcă nu îţi cheltuieşti energia pe lucrurile care contează cu adevărat.

Aşa că, întreabă-te asta în fiecare zi, ca un memento care îţi va alimenta concentrarea şi va diminua elementele care îţi distrag atenţia: Ce elimin astăzi? Atunci când te gândeşti şi faci acele lucruri care îţi aduc un mare randament în fiecare zi, nu vei mai avea timp să te ocupi de cele care au un randament scăzut. Iar acest lucru îţi măreşte capacitatea.

5. Fii conștient de timp

Nu am întâlnit niciodată o persoană care să nu fie conștientă de trecerea timpului, dar să fie autodisciplinată. Oamenii de succes sunt conştienţi de trecerea timpului; ei ştiu cum anume îşi petrec timpul pe care-l au la dispoziţie şi înţeleg faptul că fiecare minut contează.

Dan S. Kennedy, autor şi coach pe probleme de afaceri, spune:

> Dacă devii conştient de importanţa timpului, îţi vei schimba viziunea asupra lui, îl vei preţui altfel şi vei controla modul în care ceilalţi îţi ocupă acest timp şi felul în care ţi-l ocupi tu însuţi astfel încât să ai o șansă rezonabilă de a-ţi atinge obiectivele și potenţialul. Vei deveni mai conștient de modul în care îţi foloseşti timpul sau abuzezi de el, de modul în care îl investeşti sau îl iroseşti, de felul în care îl organizezi şi controlezi sau îl laşi să se scurgă la întâmplare.

Oamenii care lucrează cu mine mi-au spus că am un ceas instalat în cap. Vor să spună de fapt că sunt mereu conștient de timp și de ceea ce trebuie să fac pentru a-mi maximiza eforturile. Știu foarte bine că timpul trece pe lângă mine, că zilele mele sunt numărate și că orele sunt limitate. Cred că devenim din ce în ce mai conştienţi de acest aspect pe măsură ce înaintăm în vârstă, dar el este valabil şi la şaptesprezece ani, și la șaptezeci.

Dacă vrei să foloseşti la maximum timpul pe care îl ai, atunci îţi recomand să faci următoarele două lucruri, de care eu personal ţin permanent cont.

Stabilește-ți din timp așteptările

Ai observat vreodată că ducerea la bun sfârşit a unei sarcini ocupă adesea exact timpul pe care i l-ai alocat? Dacă ai de scris un articol şi îţi acorzi o săptămână să o faci, scrisul îţi va lua o săptămână. Dacă îţi acorzi o zi, îţi va lua o zi. Dacă îţi spui: „Trebuie să termin asta în două ore", sarcina ta se va întinde pe parcursul celor două ore. Același lucru se întâmplă şi în cadrul întâlnirilor de afaceri – dacă nu setezi dinainte aşteptările.

Când mă duc la întâlniri, le comunic oamenilor în avans cât timp voi petrece împreună cu ei şi le spun ce îmi doresc să realizez în timpul alocat. Acest lucru îi ajută să devină conştienţi de timp, să-şi seteze priorităţile şi ne permite tuturor să facem ceea ce este de făcut în timpul alocat.

Atunci când eşti disciplinat cu modul în care îţi ocupi timpul, ai un avantaj. Începe să defineşti aşteptări pentru tine şi pentru ceilalţi. Dacă vei face acest lucru în mod regulat, vei putea să începi să comprimi timpul pe care îl aloci şi să continui să-l comprimi până când îţi faci o idee cât de eficient poţi fi în realitate. Atunci vei şti cât de repede poţi duce la bun sfârşit un lucru şi îţi poţi seta limite de timp realiste pentru derularea întâlnirilor şi finalizarea sarcinilor.

Fixează-ți termene limită

Foarte multe dintre lucrurile pe care le facem în viaţă nu au termene limită. Consecinţa este că pe multe dintre ele ajungem să le amânăm zi după zi. Acesta este motivul pentru care îmi setez termene limită pentru aproape tot ce vreau să rezolv. Aceste termene vizibile mă fac să devin conştient de timp.

În fiecare săptămână, îmi consult agenda, hotărăsc ce trebuie făcut şi îmi stabilesc termene limită. În prezent, am termene limită pentru terminarea acestei cărţi, pentru crearea unor manuale destinate trainerilor voluntari asociaţi ai ONG-ului meu EQUIP şi pentru a stabili ce subiect vreau să predau la următorul eveniment al John Maxwell Team destinat atestării trainerilor. În plus, am un termen limită pentru a-mi planifica timpul de recreere şi relaxare.

Am notat aceste termene limită pe o foaie de hârtie pe care o ţin permanent pe birou, în faţa mea, fiindcă mă ajută foarte mult să mă mobilizez la nivel mental.

Un prieten mi-a spus la un moment dat: „Fiecare clipă pe care o petreci visând cu ochii deschiși este o clipă mai puţin din timpul alocat eforturilor pentru a atinge acel vis". Cât de adevărat... Disciplina este ca un muşchi. Cu cât o exersezi mai mult, cu atât se dezvoltă mai tare.

Disciplina este ca un mușchi. Cu cât o exersezi mai mult, cu atât se dezvoltă mai tare.

Aşteptările şi termenele limită sunt prieteni de încredere pentru orice persoană disciplinată. Încearcă să le foloseşti. Vei fi uimit de modul în care îţi vor creşte capacitatea de disciplinare şi cât de eficient îţi vei gestiona timpul.

6. Termină ce ai început, chiar dacă este neplăcut

În cartea mea, *Put Your Dream to the Test* („Pune-ţi visul la încercare"), am scris: „Visul este gratuit, dar calea către el, nu". Motivul pentru care oamenii renunţă de obicei să-şi mai atingă visul nu este acela că visul ar fi lipsit de valoare. Ei renunţă pentru că nu sunt dispuşi să plătească preţul atingerii lui. Nu sunt dispuşi să ducă la bun sfârşit sarcinile de zi cu zi necesare împlinirii acelui vis. Pentru a avea succes, trebuie să facem lucrurile pe care le avem de făcut, chiar şi atunci când nu e foarte plăcut.

Autodisciplina este combustibilul care ne ajută să mergem mai departe. Voinţa de a rezista pe acest drum, în ciuda problemelor care apar, puterea de a îndura – acestea sunt calităţile unui învingător. Autorul şi speakerul Tony Robbins spune: „Cred că viaţa ne testează constant nivelul de implicare, iar cele mai mari recompense sunt rezervate celor care demonstrează un devotament nesfârşit de a acţiona până când îşi ating scopul".

Recent, am provocat un grup de lideri tineri să înveţe cum să ducă lucrurile până la capăt şi să termine ce au început. I-am încurajat să-şi spună în fiecare dimineaţă: „Ziua de azi nu se termină până când nu termin tot ce am de făcut". I-am provocat: Nu încheiaţi ziua până când nu aţi realizat ceea ce v-aţi propus. Respectaţi-vă suficient de mult încât să vă ţineţi promisiunile făcute de dimineaţă.

Când aveam în jur de 20 de ani, mi-am propus să construiesc o biserică mare, mult mai mare decât mărimea medie a unei biserici din America. Şi am reuşit. Care a fost secretul meu? În fiecare duminică după-amiază, după ce îmi terminam treburile oficiale, mă duceam la birou şi începeam să dau telefoane. Scopul meu era să-mi aranjez zece întâlniri de informare pentru săptămâna următoare. Nu mă duceam acasă până când nu îmi atingeam scopul.

Credeţi că îmi plăcea să stau la telefon şi să aranjez acele întâlniri la finalul unei săptămâni grele? Nu chiar. Îmi doream mult mai mult să fiu acasă, cu Margaret. Dar făceam asta. De fapt, am făcut asta în fiecare săptămână, *timp de şapte ani*. Pe parcursul celor 350 de duminici în care am terminat ce-am început, mi-am câştigat respectul faţă de mine însumi, iar acesta este cel mai valoros tip de respect pe care-l poţi obţine. În plus, mi-am dezvoltat disciplina de a duce lucrurile la bun sfârşit, chiar şi atunci când era dureros. Eşti dispus să faci asta? Dacă da, capacitatea ta de disciplinare se va dezvolta mult. Şi vei realiza lucrurile pe care le doreşti.

Concluzia este că nu-ţi poţi gestiona viaţa dacă nu te gestionezi pe tine însuţi. Nu-ţi poţi maximiza capacitatea dacă nu-ţi poţi dezvolta disciplina. Viaţa devine din ce în ce mai aglomerată și mai complicată. Nu se întâmplă invers. Dacă eşti mai în vârstă, ca mine, îţi dai seama de asta. Pe vremea când eram un student celibatar, credeam că sunt un om ocupat. Apoi m-am căsătorit și mi-am început cariera, și am realizat că anii de facultate erau de fapt foarte simplu de gestionat. Apoi, Margaret și cu mine am avut copii, iar ritmul vieţii a devenit încă și mai alert. Pe la 30 de ani, am început propria afacere, în timp ce lucram cu program normal în altă parte și rămâneam implicat și în viaţa de familie. Chiar și acum, când copiii mei sunt mari și am cinci nepoţi, nu am timp pentru toate lucrurile pe care vreau să le fac. Şi dacă voi trăi până la 100 de ani, nu va fi suficient timp pentru a-mi împlini toate visele.

Nu-ți poți gestiona viața dacă nu te gestionezi pe tine însuți.

Nu pot îndesa mai mult de 24 de ore într-o zi. Atunci, ce pot face? Două lucruri. În primul rând, îmi pot dezvolta capacitatea de disciplinare, pentru a folosi la maximum timpul pe care îl am. În al doilea rând, mă pot asocia cu alţii (despre asta voi vorbi în Capitolul 19). Nu este nevoie să fii bogat pentru a-ţi dezvolta disciplina. Nu este nevoie să fii un geniu. Nu e nevoie să provii dintr-o familie bună. Nu ai nevoie de vreun talent extraordinar. Trebuie doar să te concentrezi și să duci lucrurile la capăt.

Întrebări referitoare la capacitatea de disciplinare

1. Autodisciplina este punctul în care se întâlnesc timpul şi prioritățile. Ce-ar fi dacă ţi-ai analiza programul şi lista cu sarcini în fiecare săptămână şi ai aloca perioade specifice de timp pentru fiecare sarcină? Cât timp ţi-ar lua să faci asta? Şi cât timp ai salva astfel?
2. Ce scuze te-ai „obişnuit“ să foloseşti în viaţa de zi cu zi? Fă o listă cu cele pe care le foloseşti cel mai des şi, alături, scrie câte un contraargument, astfel încât să fii mai disciplinat în viitor.
3. În cât la sută din timp termini ce ai început? Atunci când nu duci lucrurile la capăt, în ce etapă te opreşti şi de ce? Observi un tipar? Ce poţi face în acele momente pentru a realiza ce ţi-ai propus?

14

Capacitatea de a acționa deliberat – alegerea de a urmări în mod intenționat dobândirea însemnătății

Una dintre pasiunile mele cele mai mari este să ajut oamenii să ducă o viață plină de sens. De ce? Pentru că știu că cel mai bun mod de a-ți îmbunătăți traiul este să faci fapte bune în mod deliberat. Când oamenii își măresc capacitatea de a acționa deliberat, totul se schimbă în viața lor. Atunci când ești ghidat de intenția de a face fapte bune, viața ta se poate transforma dintr-una de succes într-una plină de însemnătate. O să explic mai târziu în acest capitol cum poți face asta. Dar, înainte de toate, vreau să afli mai multe lucruri despre intenția de a face fapte bune.

Cele trei chei către o capacitate sporită de a face bine în mod deliberat

În 2015, am scris cartea *Dă sens vieții*, pentru că eram foarte pasionat de subiect. După ce am terminat de scris, am început să predau intens pe această temă. În acea perioadă, am dezvoltat conceptele de visuri îndrăznețe care nu sunt ușor de îndeplinit și obiceiuri proaste, ușor de adoptat, despre care am discutat în Capitolul 8. De asemenea, am comprimat conceptul de viață plină de sens în trei caracteristici, pe care vreau să ți le împărtășesc. Dacă le vei adopta, vei avea o capacitate mult amplificată de a acționa deliberat astfel încât să schimbi în bine viața celor din jur.

Acționează în mod deliberat

Viaţa nu este o repetiţie cu costume. Nu putem repeta zilele, săptămânile, anii pe care îi pierdem. Avem la dispoziţie o singură încercare, iar toate lucrurile pe care nu vom reuşi să le facem vor rămâne nefăcute. Nu ştiu ce părere ai tu, dar eu nu vreau să-mi închei viaţa cu o grămadă de regrete. Îmi doresc să trăiesc în aşa fel încât să produc mai degrabă o listă cu sute de încercări eşuate decât o listă cu regrete pentru lucrurile pe care nu le-am încercat. Sunt hotărât să fac ceva semnificativ în timpul pe care îl am pe pământ.

Cum te poţi asigura că nu sfârşeşti cu o listă lungă de regrete? Fă lucrurile din proprie iniţiativă. Prea mulţi oameni cred că, pentru a avea o influenţă semnificativă, este suficient să ai intenţii bune. Nu este suficient. Intenţiile bune sunt supraevaluate. Chiar şi cea mai mică acţiune este mai valoroasă decât cea mai bună intenţie.

Una dintre ghicitorile preferate ale tatălui meu pe vremea când eram copil era: „Cinci broaşte stau pe un butuc. Patru dintre ele decid să sară în apă. Câte rămân?“ Care crezi că este răspunsul? Dacă ai spune că rămâne una, ar însemna că n-ai înţeles tâlcul. Sunt în continuare cinci broaşte. A decide nu e una cu a acţiona. Trebuie să acţionezi – în mod deliberat – pentru a înfăptui ceva.

Fii consecvent

A doua particularitate a unei vieţi pline de sens este consecvenţa. Tot ce facem în viaţă se adună şi creează un întreg. Dacă lucrurile pe care le facem sunt negative, viaţa noastră devine mai grea. Dacă evităm permanent să muncim, contribuim la acel întreg. Dacă vorbim în continuu urât despre ceilalţi, contribuim la întreg. Dacă cheltuim mai mult decât câştigăm, contribuim la întreg. Dacă ne satisfacem toate poftele pe moment, contribuim la întreg. Pe de altă parte, dacă facem permanent lucruri pozitive, viaţa noastră se îmbunătăţeşte. Dacă facem fapte bune în mod intenţionat, vom contribui la un alt fel de întreg, iar viaţa noastră va continua să se îmbunătăţească.

Consecvenţa seamănă puţin cu responsabilitatea, despre care am subliniat că nu este un termen prea incitant. Dar **rezultatele** ei sunt incitante. Şi cu cât suntem mai consecvenţi pe o perioadă mai lungă de timp, cu atât se vor amplifica „randamentul“, beneficiile.

Dă dovadă de voință

A duce o viață plină de sens este un act de voință. Și este un stil de viață pe care trebuie să fii determinat să-l duci zilnic. Majoritatea oamenilor nu-și conduc propriile vieți; ei doar le acceptă. Eu prefer să aleg în fiecare zi să trăiesc făcând fapte bune în mod intenționat. Filosoful grec Epictet spunea: „Totul este atât de simplu de fapt: dacă spui că ai de gând să faci ceva, fă acel ceva. Dacă începi ceva, termină ce ai început". Asta te provoc să faci: să termini ce ai început.

Cât de mult îți dorești să faci ceva semnificativ cu viața ta? *Poți* face asta. Ești dispus să lupți pentru a reuși?

De la succes la însemnătate

Îți dorești să parcurgi drumul de la succes la însemnătate? Eu mi-am început acest drum cu mulți ani în urmă, când asistenta mea Eileen Beavers mi-a oferit o carte de Crăciun. Văzând titlul, „Cea mai frumoasă poveste spusă vreodată", am deschis cartea cu mult entuziasm, pentru că voiam să aflu despre ce era vorba. Dar înăuntru erau doar pagini albe, împreună cu un bilet de la Eileen, care spunea: „John, ai o viață întreagă în fața ta. Umple aceste pagini cu fapte bune, gânduri pozitive și lucruri care contează pentru tine. Scrie o poveste frumoasă". În acea zi, am devenit animat de intenții în legătură cu viața mea și povestea pe care o va spune.

Am împărtășit cu publicul această istorioară în cartea „Dă sens vieții". Citind-o, un membru al echipei mele a sugerat ca și eu să-i inspir pe alții așa cum Eileen m-a inspirat pe mine. Ideea sa m-a făcut să creez un jurnal intitulat „Cea mai frumoasă poveste spusă vreodată", în care oamenii să-și poată nota propriile fapte bune întreprinse în mod deliberat. În interiorul jurnalului, am scris următoarele rânduri:

> *Iubite prieten,*
> *Cea mai frumoasă poveste spusă vreodată poate fi creată doar de tine. Vreau să umpli aceste pagini albe cu faptele bune întreprinse în mod deliberat prin care îmbunătățești viața celorlalți. Notează în fiecare zi modul în care influențezi pozitiv viața celorlalți. Începe acum și creează, intenționat, o poveste frumoasă cu viața ta.*
> *Prietenul tău,*
> *John Maxwell*

Am dorinţa şi speranţa ca şi alţi oameni să-şi dezvolte intenţionalitatea şi nu doar să facă ceva semnificativ în viaţa lor, ci să-i inspire şi pe alţii să ducă un trai plin de semnificaţie.

Am început deja să primesc reacţii de la oameni pe acest subiect. Săptămâna asta, am primit următorul e-mail:

> Salut, domnule Maxwell,
>
> Numele meu este Jared Orth. Am cincisprezece ani și sunt în al doilea an la liceu. Acum aproximativ un an, bunicul meu mi-a arătat cărțile tale și, de-atunci, le tot citesc. Le ador și îți spun sincer că nu aș fi aceeași persoană fără ele. Tocmai am terminat „Uneori câștigi, uneori înveți" și mi-a plăcut la nebunie.
>
> Bunicul meu îmi vorbește mereu despre tine și despre conferințele tale. Recent, s-a întors de la Fort Lauderdale, unde a participat la una din întâlnirile organizate de tine, și mi-a povestit totul în detaliu. Aceste lucruri chiar mi-au schimbat viața.
>
> Am fost la el în vizită astăzi și mi-a dat o altă carte: „Cea mai frumoasă poveste spusă vreodată". Când mi-a arătat-o, a început să plângă. Mi-a spus că știe că voi face lucruri minunate în viață și că își dorește să le notez pe toate în ea. M-am emoționat atât de tare. Apoi, mi-a mai dat o carte: „Dă sens vieții". Plănuiesc s-o încep în curând.
>
> Vreau să-ți mulțumesc pentru tot ceea ce m-au învățat cărțile tale. Îți doresc pace în viață și în familie. O zi minunată,
>
> Prietenul tău, Jared

Scrisoarea lui Jared mi-a adus un zâmbet pe faţă. Acesta este motivul pentru care scriu cărţi! Şi voi zâmbi şi mai mult dacă vei deveni o persoană care face fapte bune în mod intenţionat.

Lucrurile zilnice esențiale pentru a face fapte bune în mod deliberat

A face lucruri pline de însemnătate înseamnă a îmbunătăţi viaţa oamenilor din jurul tău. Acesta este un drum anevoios. De ce? Pentru că noi suntem în mod natural egoiști. Ne gândim în primul rând la noi. Dacă nu mă crezi, încearcă să răspunzi la următoarea întrebare. Când cineva fotografiază grupul în care ești, apoi îți arată poza, care este prima persoană pe care o cauți în imagine? Te cauți pe tine. Nu formulez o acuzație. Și eu mă caut pe mine primul într-o poză. Este o dovadă că suntem cu toții egoiști. Dar egoismul este un obicei prost și ușor de adoptat. Însemnătatea este o trăsătură greu de însușit. Dar tu și cu mine ne-o putem însuși.

Vreau să-ți prezint cele cinci lucruri zilnice esențiale pentru a îmbunătăți viața celorlalți. Dacă vei face aceste lucruri în fiecare zi, vei realiza lucruri importante și vei simți imediat că viața ta are însemnătate.

1. Îmbunătățește în fiecare zi viața celor din jur

În Capitolul 6, am vorbit despre cum să prețuiești oamenii. Aceasta este baza de la care trebuie să pornești pentru a îmbunătăți viața celorlalți. Oamenii nu încearcă să facă viața mai bună celor din jur dacă nu îi prețuiesc.

Așadar, de ce ar trebui să-i prețuiești? În primul rând, pentru că sunt oameni. Nu ai nevoie de nici un alt motiv. Ascultă-mă, oamenii sunt supuși greșelii. Uneori spun ceea ce nu trebuie. Ne rănesc sentimentele. Mulți ne tratează urât și nu sunt foarte iubitori. Iubește-i oricum.

Dacă te întrebi cum reușesc eu să-i prețuiesc și să-i tratez frumos indiferent de situație, îți pot spune.

Mă privesc pe mine însumi îndelung și realist

Nimic nu mă ajută mai mult să mă port frumos cu o persoană care se poartă urât decât să mă cercetez pe mine însumi. Am spus și am făcut multe lucruri tâmpite de-a lungul anilor. Atunci când greșesc, cea mai mare dorință a mea este ca ceilalți să-mi treacă cu vederea prostia, să se poarte frumos cu mine și să mă ierte. Numai ei pot face asta pentru mine.

Dacă asta îmi doresc eu, ar fi corect să ofer la rândul meu acest lucru celorlalți. Nimeni nu este perfect. Cu toții facem greșeli. Ne rănim unii pe alții. Toți avem nevoie de iertare și bunăvoință. Lucrurile sunt simple: voi face pentru ceilalţi ceea ce îmi doresc ca ei să facă pentru mine.

Aleg să prețuiesc oamenii în funcție de cele mai bune momente ale lor, nu cele mai proaste

În cele mai proaste momente ale mele, am făcut lucruri pe care n-ar fi trebuit să le fac, m-am gândit la lucruri la care n-ar fi trebuit să mă gândesc şi am spus lucruri pe care n-ar fi trebuit să le spun. Ţi s-a întâmplat şi ţie acelaşi lucru? Dacă nu te identifici cu această descriere, opreşte-te din citit. În schimb, fă-ţi o programare la psiholog. Ai nevoie de ajutor pentru a avea o imagine realistă asupra propriei persoane.

Este adevărat, am momentele mele proaste, dar am şi momentele mele bune, când fac ceea ce trebuie, mă gândesc la ce ar trebui să mă gândesc şi spun ceea ce trebuie. Iată ce ştiu despre mine – şi despre tine. Nu suntem atât de buni pe cât o dovedim în momentele noastre cele mai bune, dar nici atât de răi pe cât părem în momentele noastre cele mai proaste. Eu îmi doresc ca ceilalţi să-mi acorde beneficiul îndoielii şi să mă vadă şi în momentele cele mai bune. Aşa că am decis să-i preţuiesc pe ceilalţi în baza celor mai bune momente ale lor. Am fost mereu recunoscător atunci când ceilalţi au făcut asta pentru mine. Este minimum pe care îl pot face şi eu pentru alţii.

Cred că oamenii au capacitatea de a se dezvolta și a deveni mai buni

Ştii deja că eu cred în potenţialul oamenilor de a se dezvolta şi de a-şi mări capacitatea; dacă nu aş fi crezut, nu aş fi scris această carte. De ce cred cu atâta tărie în această idee? Pentru că ştiu cât de mult m-am dezvoltat *eu*. Tare mi-aş dori să fi văzut cum eram la început. Ai fi foarte încurajat de acea imagine. Nu eram prea bun. Am avut la dispoziţie ani întregi pentru a învăţa, pentru a mă schimba, a exersa şi a mă dezvolta.

Convingerea mea că ceilalţi se pot dezvolta mă îndeamnă nu doar să-i preţuiesc aşa cum sunt, ci şi să văd cât de valoroşi pot deveni. Când văd persoane aflate la început de drum care uneori greşesc, îmi amintesc de mine la începuturi şi zâmbesc. Mă recunosc pe mine în ei. Şi nu uit că au un potenţial extraordinar şi că trebuie preţuiţi.

Știi cum te simți când ceilalți te devalorizează și cum te simți când te prețuiesc. Nu e așa că e o diferență? Felul în care ești tratat influențează felul în care te simți în legătură cu propria persoană și în care îi tratezi pe ceilalți. Nu uita acest lucru când interacționezi cu ceilalți. Atunci când îi prețuiești, începi să creezi un ciclu de interacțiune pozitivă care face viața mai bună tuturor.

2. Gândește-te în fiecare zi la modalități de a face viața oamenilor mai bună

Dacă ți-aș spune că am pentru tine un exercițiu mental de cinci minute care ți-ar îmbunătăți enorm relațiile, ai fi interesat? Bineînțeles că da. Urmează să-ți prezint așa ceva. Faptul că eu am făcut acest exercițiu mi-a adus amintiri pentru mine și pentru ceilalți pe care nu le vom uita nicicând, idei pe care le punem în aplicare permanent și resurse pe care le vom prețui mereu.

Iată ce vreau să faci. Petrece cinci minute în fiecare seară gândindu-te la persoanele pe care urmează să le vezi a doua zi și întreabă-te: „Ce le pot spune, ce le pot oferi sau ce pot face pentru ei astfel încât timpul petrecut împreună să fie memorabil, să le fac o surpriză și să le fac viața mai bună?"

Pare foarte simplu, așa-i? Dar, crede-mă, acest exercițiu te va deosebi de 99% dintre ceilalți oameni din lume. Și, dacă vei face asta în fiecare seară, iar a doua zi dimineață vei revizui ideile pentru a vedea dacă le poți îmbunătăți, vei fi uimit de cât de mare va fi impactul asupra celorlalți.

Eu încerc să fac acest exercițiu în fiecare zi. De exemplu, Margaret și cu mine am luat cina aseară cu Jack și Marsha Countryman. Jack este fondatorul editurii J. Countryman Gift Books. Timp de 20 de ani, m-a ajutat cu idei pentru cărți și mi-a și publicat și distribuit multe dintre ele. Jack a fost un ajutor foarte prețios în viața mea.

În noaptea dinaintea cinei, am făcut exercițiul de cinci minute și mi-au venit trei idei în legătură cu ce aș putea să fac pe parcursul cinei pentru a le face lui și soției sale viața mai bună. Primul lucru pe care l-am făcut în timpul cinei a fost să vorbesc despre cărțile pe care le-am scos împreună și despre cât de mult m-a ajutat Jack să evoluez ca autor. De exemplu, Jack mi-a dat ideea de titlu *Talent Is Never Enough* („Talentul nu este niciodată suficient"). De ce m-am dat peste cap să vorbesc despre asta? Pentru că voiam ca Jack să știe că nu uitasem că fusese ideea lui și că-i eram recunoscător.

În al doilea rând, am recunoscut și lăudat o calitate pe care o admiram la amândoi: dorința de a învăța. De câte ori participau la conferințele mele, cei doi stăteau în primul rând și își luau notițe. Am observat dorința lor de a învăța atunci și de fiecare dată când ne-am întâlnit, în ciuda faptului că aveau deja foarte mult succes.

În al treilea rând, l-am întrebat pe Jack dacă este de acord să mai colaboreze cu mine la un proiect. Voiam să știe că încă îi prețuiam abilitatea de a contribui la viața mea.

Jack are 82 de ani – e un om minunat. La despărțire, l-am îmbrățișat cu putere. A fost o seară specială care a devenit memorabilă pentru că m-am gândit înainte la moduri în care să-i arăt prețuirea mea.

Oamenii care fac diferența sunt cei care se gândesc din timp la cum să îmbunătățească viața celorlalți. Aruncă o privire la programul tău de astăzi. Unde vei merge? Cu cine te vei întâlni? În ce feluri poți face viața mai bună altora? Durează doar cinci minute, dar oportunitățile de a face diferența sunt nesfârșite.

3. Caută în fiecare zi modalități de a face viața oamenilor mai bună

Anul trecut, Greg Brooks a devenit directorul executiv al organizației mele nonprofit EQUIP. Anterior, fusese un simplu angajat. Mi s-a părut că Greg ieșea în evidență pentru că, atunci când trebuia făcut ceva, el era primul care își oferea ajutorul. Și era primul când venea vorba de îmbunătățit viața celor din jur. L-am întrebat, la un moment dat, cum de reușea să facă lucrurile acestea cu atâta consecvență. Nu voi uita niciodată răspunsul lui. „Caut întotdeauna modalități de a face celorlalți viața mai bună". Și, ghici ce? Pentru că este mereu *în căutarea* lor, le *găsește* mereu.

Din moment ce îmi petrec atât de mult timp vorbind și scriind cu scopul de a-i ajuta pe ceilalți, sunt permanent în căutare de idei și informații care să mă inspire să-i ajut pe alții. Această căutare a devenit parte din modul meu de gândire. Și, atunci când găsesc o idee utilă pe care merită să o transmit mai departe, mă întreb: „Unde pot folosi asta? Când o pot folosi? Cine are nevoie să știe asta?".

În ce fel îți este setată gândirea pe parcursul zilei? Cauți în mod deliberat modalități de a le face celorlalți viața mai bună? Dacă nu, o poți face. E o alegere ce ține de capacitate. Dacă alegi să cauți modalități, le vei găsi.

4. Fă în fiecare zi lucruri care îi ajută pe oameni să aibă o viață mai bună

Nu este suficient să cauţi modalităţi de a-i ajuta pe ceilalţi. Trebuie să termini ce ai început dacă vrei să schimbi ceva cu adevărat. A duce o viaţă plină de sens înseamnă a face în mod deliberat lucruri care schimbă în bine viaţa celorlalţi.

Cum îmi dau seama că am avut o zi bună? Dacă răspund afirmativ la întrebarea pe care mi-o pun în fiecare seară: „Am ajutat pe cineva astăzi?" Când vine vorba de a îmbunătăţi viaţa celorlalţi, scopul meu suprem este să fac pentru ei ceva ce ei nu pot face.

Maica Tereza spunea: „Nu lăsa pe nimeni să plece de la tine fără să se simtă mai bine şi să fie mai fericit. Fii o expresie vie a bunătăţii lui Dumnezeu: oglindeşte bunătatea pe chipul tău, în ochii tăi, în zâmbetul tău, în salutul tău". Cu toţii ne putem strădui să facem asta.

5. Încurajează-i pe alții în fiecare zi să facă fapte bune

Cred că cea mai des întâlnită dorinţă este să facem ceva semnificativ cu viaţa noastră, ceva care să conteze. Iar în jurul nostru este plin de oameni cu nevoi ce aşteaptă să fie împlinite de persoane dispuse să facă fapte bune în mod deliberat. Și, cu toate astea, sunt atât de mulţi oameni care nu fac nimic semnificativ cu viaţa lor. De ce? Pentru că este mai dificil să faci ceea ce trebuie decât să ştii ce trebuie făcut. De aceea este nevoie să ne încurajăm reciproc să acţionăm.

Ca lider tânăr, scopul meu era să conving oamenii să mă urmeze. Credeam că, cu cât recrutam mai mulţi oameni, cu atât puteam face mai multe. Vestea bună este că am avut destul de mult succes. Vestea proastă este că, după o vreme, am descoperit că liderii de top îi provoacă și îi încurajează pe oameni să urmeze o cauză sau o misiune mai nobilă sau mai importantă decât ei înșiși.

Astăzi, din aceeași postură de lider, nu mai recrutez oameni pentru a mă urma. În schimb, le ghidez atenţia către lucrurile pline de însemnătate și îi provoc să facă fapte bune intenţionat, pentru a îmbunătăţi viaţa altora și a schimba ceva în lume. Vreau mai mult decât să am succes, vreau să las o moştenire *pentru* ceilalţi. Vreau să las ceva de valoare în urma mea sădind o moştenire *în* ceilalţi.

Recent, am stat de vorbă cu Alan Mulally, fostul președinte al companiei Ford Motor. I-am spus că scriu o carte și că vreau să aflu ce înseamnă din punctul lui de vedere capacitatea. Mi-a răspuns: „Pentru a atinge capacitatea maximă, trebuie să-i servești pe ceilalți și să le faci viața mai bună". Are atât de multă dreptate... Însemnătatea începe cu tine, dar este făcută să fie împărțită.

„Pentru a atinge capacitatea maximă, trebuie să-i servești pe ceilalți și să le faci viața mai bună."
– Alan Mulally

Atunci când alegi să îmbunătățești viața altora și-ți dezvolți cele patru obiceiuri pe care le-am prezentat în acest capitol, nu uita de al cincilea și ultimul pas: să-i încurajezi și pe alții să facă la fel. Vei fi uimit de ce se poate întâmpla când oameni care gândesc la fel și care prețuiesc aceleași lucruri lucrează împreună pentru a îmbunătăți viața altora și a schimba lumea.

Răspândirea mesajului la nivelul unei națiuni

Vreau să aplic propriul meu sfat și să te încurajez să schimbi în bine viața celorlalți, relatându-ți povestea unei femei care și-a dezvoltat capacitatea de a schimba ceva în lume făcând cu consecvență fapte bune în mod deliberat. Numele ei este Gaby Teasdale și are un impact asupra întregii ei țări.

Gaby este unul dintre trainerii acreditați de mine. Locuiește în Paraguay. În 2013, a fost unul dintre voluntarii care s-au oferit să meargă în Guatemala pentru a ține cursuri destinate moderatorilor ce urmau să organizeze mesele rotunde. Ea spune că s-a întors de acolo cu certitudinea că aceste evenimente se vor organiza cândva și în Paraguay.

Anul următor, Gaby a venit la evenimentul organizat de John Maxwell Team pentru a participa la sesiunile dedicate trainerilor, apoi a așteptat la rând alături de cei care doreau un autograf de la mine pentru a mă saluta. După ce am vorbit, a cotrobăit în geantă și și-a scos pașaportul. Era singurul tip de hârtie pe care îl avea la ea, așa că a spus: „John, dă-mi un cuvânt pentru anul viitor. Scrie-l aici". Mi-a întins pașaportul, iar eu am scris, pe una dintre paginile albe de la sfârșit, primul cuvânt care mi-a venit în minte: *transformare*, apoi am semnat.

Mai târziu, Gaby mi-a povestit că acest cuvânt a îndemnat-o să facă eforturi în mod deliberat pentru a-şi îndeplini dorinţa de a aduce traineri în ţara ei care să ţină cursuri despre valori şi despre o viaţă plină de sens.

Primul pas pe care l-a făcut a fost să-mi ceară un exemplar din volumul „Dă sens vieţii" cu autograf pentru preşedintele Paraguayului. Problema era că nu-l cunoştea pe preşedinte. Dar nu a lăsat acest lucru să-i stea în cale. A început să contacteze oameni, căutând pe cineva care i-ar fi putut fixa o întâlnire cu preşedintele şi, în cele din urmă, a găsit. S-a întâlnit cu preşedintele, i-a dat cartea şi i-a povestit experienţa ei din Guatemala.

Câteva săptămâni mai târziu, am primit o scrisoare din partea preşedintelui Horacio Cartes, care mă invita pe mine şi organizaţia mea în Paraguay pentru a ţine cursuri despre valori în cadrul unor mese rotunde. Procesul începuse.

Pe parcursul următorilor doi ani, Gaby, soţul ei, Tim şi o echipă de oameni din Paraguay au muncit pe brânci pentru a consolida relaţii şi a pregăti lansarea despre care am vorbit în Capitolul 9, dedicat capacităţii de leadership. Iar rezultatul a fost impresionant. Zeci de mii de oameni au fost ajutaţi să aibă o viaţă mai bună şi au fost încurajaţi să facă fapte bune în mod deliberat ca stil de viaţă. În momentul în care scriu aceste rânduri, este încă prea devreme pentru a evalua rezultatele eforturilor ei. Dar îţi garantez că viaţa multor oameni se va îmbunătăţi".

Gaby ar putea să-şi aroge merite pentru această realizare, dar este prea modestă pentru a face asta. Îşi iubeşte conaţionalii şi îşi vede faptele ca pe o modalitate de a-i ajuta. Ea spune: „Când te afli într-o situaţie mai bună, începi să te întrebi ce poţi face pentru a-i ajuta pe ceilalţi, pentru a le schimba viaţa în bine, pentru a le arăta că există o cale mai bună." Aş spune că a făcut o treabă extraordinară în sensul acesta.

Şi tu poţi fi una dintre persoanele care schimbă ceva în lume, aşa cum este Gaby. Nu trebuie să ajuţi o ţară întreagă. E suficient să încerci să ajuţi pe cineva în fiecare zi. Asta este esenţa unei vieţi pline de sens. De fiecare dată când te gândeşti la modalităţi de a-i ajuta pe ceilalţi, apoi treci la acţiune, îţi dezvolţi capacitatea de a acţiona în mod deliberat, schimbi ceva în lume şi faci fapte pline de însemnătate.

Întrebări referitoare la capacitatea de a acționa în mod deliberat

1. Care este modalitatea ta preferată de a schimba în bine viața celorlalți? Există și o altă modalitate pe care n-ai încercat-o încă și care ți-ar face plăcere? Când ai putea începe s-o aplici?
2. Cum plănuiești să schimbi în bine viața celorlalți în următoarele 24 de ore? Încearcă să te gândești în avans la moduri în care ai putea face acest lucru pentru oamenii cu care urmează să te întâlnești. Ar trebui, de asemenea, să cauți astfel de oportunități și pe parcursul zilei.
3. Pe cine ai putea încuraja să îmbunătățească viața celor din jur? Ce ai putea face concret pentru a-i încuraja?

15

Capacitatea de a-ți modela atitudinea – alegerea de a avea o atitudine pozitivă indiferent de circumstanțe

Cred cu tărie în puterea atitudinii. Bănuiesc că ai putea să mă numești „tipul cu atitudinea". Convingerea mea se reflectă în relațiile mele, în discursuri, în cărțile mele – peste tot. Nu-mi amintesc nici o situație în care să mi se fi cerut să-mi corectez atitudinea. Desigur, în anumite momente este necesar să-mi ajustez atitudinea, însă sunt întotdeauna atent să fac acest lucru repede și discret.

Deși cred cu tărie în puterea atitudinii, nu cred că ea reprezintă totul. Nu am crezut niciodată și nu o voi face nici în viitor. Atitudinea nu poate compensa incompetența. Atitudinea nu-ți poate conferi o abilitate pe care nu o ai. Atitudinea nu-ți împlinește toate visurile. Ea nu este tot ce ai nevoie în viață, dar setează atmosfera din viața ta. Dacă doi oameni au exact aceleași caracteristici, cu excepția atitudinii, cel care are o atitudine pozitivă va avea în general mai mult succes în viață – și se va bucura mult mai mult de viața pe care o are.

Nici o schimbare pe care o poți face în viața ta nu va avea un impact pozitiv mai mare asupra ta și asupra celor din jur decât decizia de a-ți îmbunătăți atitudinea. În cazul în care capacitatea ta de a-ți modela atitudinea nu este atât de bună pe cât ți-ai dori să fie, începe să ți-o îmbunătățești recunoscând următoarele adevăruri. Ar putea fi util să le rostești cu glas tare:

1. **„Trebuie să mă schimb“**. Schimbarea este o decizie personală. Ești singurul în măsură să o facă.
2. **„Pot să mă schimb“**. Schimbarea este posibilă. Mulți oameni au reușit să se schimbe.
3. **„Voi fi recompensat dacă mă schimb“**. Schimbarea este profitabilă. Vei vedea rezultatele.

Atitudinea este una dintre cele mai flexibile, dintre cele mai mobile părți din tine. Indiferent de vârsta ta și de circumstanțele în care te afli, te poți schimba dacă ești dispus s-o faci.

E recomandat să stai de vorbă cu tine însuți

Atunci când este necesar să-mi ajustez atitudinea, eu vorbesc cu mine însumi. De fapt, ce fac în realitate este să-mi monitorizez și să-mi corectez atitudinea continuu pe parcursul zilei. De ce? Pentru că este atât de ușor să te descurajezi dacă nu ai o atitudine pozitivă. Ceea ce îi diferențiază categoric pe oamenii de succes de cei care nu au succes este modul în care își gestionează și își explică eșecurile, problemele, dificultățile.

Davies Guttmann, autorul cărții *The Power of Positivity* („Puterea gândirii pozitive“), explică de ce este posibil ca oameni aflați în exact aceleași circumstanțe să reacționeze complet diferit. Iată ce scrie:

> Imaginează-ți doi elevi care primesc aceeași notă proastă la un examen. Primul elev își spune: „Sunt un ratat! Mereu iau note proaste la materia asta. Nu pot să fac nimic cum trebuie!“ Al doilea își spune: „Examenul ăsta a fost dificil! În fine, e vorba doar despre un test în clasă. Mă descurc mai bine la alte materii“. Acești doi elevi sunt exponenții a două tipuri de „stiluri explicative“, după cum le numesc psihologii. Stilurile explicative reflectă trei atribuiri pe care o persoană le face în legătură cu un eveniment recent. S-a întâmplat din cauza mea (problemă internă) sau din cauza altcuiva sau a unui lucru (problemă externă)? Mi se va întâmpla întotdeauna asta (problemă stabilă) sau pot umbla la cauza care a determinat-o (problemă instabilă)? Este o problemă care îmi afectează toate domeniile vieții (globală) sau s-a întâmplat o singură dată (specifică)? Oamenii

pesimiști tind să vadă problemele ca interne, stabile și globale, în timp ce optimiștii le văd exact invers.

„Oamenii pesimiști tind să vadă problemele ca interne, stabile și globale, în timp ce optimiștii le văd exact invers."
– Davies Guttmann

Ceea ce descrie Guttmann este dialogul cu propria persoană. Atunci când pesimiștii consideră că problema lor este internă, își spun: „Treaba asta s-a întâmplat din cauza mea". Atunci când consideră că problemele lor sunt stabile, ei își spun: „Așa mi se întâmplă întotdeauna". Iar atunci când consideră că problemele lor sunt globale, își spun: „Asta îmi afectează toate aspectele vieții".

Dacă te identifici cu această descriere, te încurajez ca, prin modul în care vorbești cu tine însuți, să migrezi către celălalt stil explicativ. Când ți se întâmplă ceva, recunoaște faptul că există o cauză externă. Identifică sursa problemei și spune-ți: „S-a întâmplat din această cauză". Amintește-ți că lucrurile se pot schimba. Nu ești prins în capcană. Spune-ți: „Pot face schimbări ca să previn repetarea problemei". Și, în sfârșit, trebuie să fii conștient că, doar pentru că s-a întâmplat un lucru rău, nu înseamnă că va fi așa pentru totdeauna. Spune-ți: „A fost o întâmplare izolată. Nu are efect asupra celorlalte aspecte ale vieții mele".

Dialogul pozitiv cu mine însumi este unul dintre cele mai importante instrumente pe care le am la dispoziție pentru a-mi păstra atitudinea pozitivă. Când un lucru merge prost, îmi spun ceva de genul acesta: „Uau! Asta nu a ieșit cum mă așteptam. În regulă. Nu este ceea ce voiam, dar mă descurc. Câștig mai des decât pierd, dar nimeni nu e invincibil. Acum, ce lecție pot să învăț din ceea ce tocmai s-a întâmplat? Ce trebuie să schimb? Mă poate ajuta cineva? Datorită acestui eveniment, o să devin mai bun, dar nu și mai încrâncenat. Va trece și asta".

Monologul interior continuă uneori și 24 de ore de la momentul eșecului sau înfrângerii. În acest timp, vreau să procesez emoțiile negative și să le depășesc. Este un lucru important, pentru că emoțiile pe care nu le poți elibera te stăpânesc. Vreau, de asemenea, să spun cu voce tare ce anume învăț din acea experiență și ce schimbări trebuie să fac pentru a deveni mai bun. În sfârșit, identific comportamentul pe care va trebui să-l adopt pentru a ieşi din impas, pentru că am învăţat că *dialogul* cu mine însumi nu-mi poate rezolva o problemă pe care am creat-o prin *comportamentul* meu.

Am învăţat că *dialogul* cu mine însumi nu-mi poate rezolva o problemă pe care am creat-o prin *comportamentul* meu.

Alegerea atitudinilor care stau la baza comportamentului

Este crucial să te antrenezi şi să te încurajezi în vederea adoptării unei atitudini pozitive în orice situaţie. Este cel mai bun lucru pe care îl poţi face pentru a te ajuta. Acestea fiind spuse, sunt câteva reguli de bază pe care le poţi urma pentru a te plasa într-o poziţie favorabilă în cea mai mare parte a timpului. Aplicând aceste trei reguli, îţi va fi mai uşor să-ţi revii din situaţii dificile:

1. Fii modest

Este mult mai uşor să faci faţă dificultăţilor vieţii şi să ai o reacţie pozitivă atunci când dai dovadă de modestie. Cum să faci asta? Îmi place sfatul pe care l-am auzit cândva: „Nu putem face toţi lucruri mari. Dar putem face lucruri mărunte cu dragoste mare". Făcând lucruri mărunte care par neimportante, dar care schimbă viaţa altora în bine, ne cultivăm modestia. Iar dacă facem aceste lucruri cu dragoste, ne dezvoltăm şi mai mult modestia.

Margaret şi cu mine avem o casă de vacanţă la munte, în Carolina de Nord. Ne place clima răcoroasă de acolo din timpul verilor fierbinţi şi adorăm atmosfera de orăşel de provincie. Ritmul vieţii este diferit aici. Toată lumea este pe „program de munte". De fiecare dată când ajungem aici, motorul meu interior începe automat să lenevească.

Recent, prietenul meu Ronnie ne-a construit o verandă şi, într-o zi, m-a întrebat într-o doară dacă aş vrea să ţin un discurs în faţa membrilor filialei locale a Clubului Rotary. Ronnie este un membru activ al clubului şi îi place ce face, dar solicitarea lui către mine a fost formulată aproape ca o scuză. Mi-a spus că filiala este mică şi că nu mă puteau plăti. A mai spus că ştia că eu ţin adesea discursuri în faţa unor audienţe mari şi că fac „mulţi bani" din asta.

Până la sfârşit, Ronnie era pregătit deja să refuze în locul meu. Dar l-am întrerupt şi i-am spus: „Da, aş fi bucuros să vorbesc celor de la Rotary Club".

Neştiind ce să facă cu răspunsul meu afirmativ, Ronnie a repetat motivele pentru care considera că ar trebui să zic nu. L-am asigurat că voiam să vin şi să ţin acel discurs. Şi am făcut-o.

Ce decizie bună am luat... Ajuns acolo, am stat la coadă împreună cu ceilalţi pentru a ne umple farfuriile de carton cu mâncare. După ce toată lumea s-a aşezat, m-am ridicat şi m-am plimbat de la o masă la alta, făcând cunoştinţă cu fiecare persoană în parte. Am învăţat mai multe despre mica comunitate şi oamenii care o alcătuiau. Pe parcursul întâlnirii, doi elevi de liceu au primit bursă din partea clubului. M-am bucurat să-i încurajez şi să fac cunoştinţă cu părinţii lor. Apoi mi-am ţinut discursul şi am obţinut o reacţie extraordinară din partea membrilor clubului. La finalul întrevederii, preşedintele clubului mi-a oferit un baston ca mulţumire pentru timpul petrecut acolo.

Am aşezat bastonul pe verandă. Îl privesc des, iar uneori mă apropii, îl ridic şi îl ţin în mână. Îmi aminteşte de începuturile mele ca vorbitor. Grupuri mici de oameni, bufete încropite, farfurii de carton, strângeri de mână pline de afecţiune şi oameni de bun simţ. Acele începuturi m-au format şi au făcut posibilă activitatea mea de astăzi. Discursul ţinut prietenilor mei a fost o oportunitate să-mi exersez chemarea. Acel baston mă ajută să-mi amintesc cine sunt – un tip pe nume John care vrea să se împrietenească cu oamenii şi să-i ajute.

2. Fii dispus să înveţi

L-am admirat profund pe liderul sud-african Nelson Mandela. I-am admirat atitudinea şi stilul de leadership. Mandela spunea, referindu-se la cei 27 de ani petrecuţi în închisoare, dintre care 18 pe Insula Robben: „E o tragedie să-ţi pierzi cea mai frumoasă etapă a vieţii în închisoare, dar înveţi mult". Ce perspectivă minunată.

„E o tragedie să-ţi pierzi cea mai frumoasă etapă a vieţii în închisoare, dar înveţi mult."

– Nelson Mandela

Disponibilitatea de a învăţa înseamnă să-ţi doreşti să înveţi din fiecare experienţă şi de la fiecare persoană. Presupune să apreciezi toate experienţele prin care treci, ştiind că întotdeauna poţi învăţa ceva – dacă foloseşti abordarea corectă.

Ca lider tânăr, nu am folosit întotdeauna abordarea corectă. Eram mai interesat să fac o impresie bună decât să mă perfecţionez. Voiam să-i învăţ pe alţii mai mult decât să învăţ eu însumi. Nu eram în mod special dispus să învăţ. Îmi doresc să fi citit cuvintele lui Kyle Rote Jr. când eram tânăr: „Nu am nici o îndoială că există mai multe moduri de a fi un învingător, dar există un singur mod de a fi învins, şi acela presupune să ai un eşec şi să nu vezi dincolo de acel eşec".

„Nu am nici o îndoială că există mai multe moduri de a fi un învingător, dar există un singur mod de a fi învins, şi acela presupune să ai un eşec şi să nu vezi dincolo de acel eşec."

– Atribuit lui Kyle Rote Jr.

Faptul că voiam să fac o impresie bună m-a determinat să-mi ascund greşelile şi să nu-mi analizez eşecurile. Consecinţa a fost că am ratat lecţii importante pe care aş fi putut să mi le însuşesc. Cartea Ecleziastului ne sfătuieşte: „În ziua fericirii, fii fericit, iar în ziua nenorocirii, gândeşte-te". Cu alte cuvinte, când apar problemele, fii dispus să înveţi.

Privind înapoi în tinereţea mea şi la debutul carierei şi gândindu-mă la greşelile pe care le-am făcut, trag următoarele concluzii:

Nu am făcut suficiente greşeli, pentru că voiam să fiu perfect.
Nu mi-am recunoscut suficiente greşeli, pentru că voiam să fac o impresie extraordinară.

Aceste lucruri nu mă mai caracterizează. Pasiunea mea pentru învăţat a crescut constant. Şi creşte încă. Faptul că vreau să învăţ de la toată lumea şi din toate situaţiile îmi permite să învăţ de la toată lumea şi din toate situaţiile. Aceasta este disponibilitatea de a învăţa.

Care este atitudinea ta faţă de învăţare – din greşeli, din situaţiile dificile, de la cei care vor să te înveţe, de la cei care ţi se opun? Eşti pregătit să înveţi? Disponibilitatea de a învăţa nu numai că se manifestă printr-o atitudine pozitivă, dar o şi cultivă.

3. Fii rezistent

Pentru a păstra o atitudine pozitivă, trebuie să fii rezistent, să nu lași nici un gând negativ să pună stăpânire pe tine. Timpul pe care îl petreci exprimându-ți furia față de trecut se scade din timpul pe care ai putea să-l petreci mergând înainte și făcând ceea ce-ți dorești. Nu port pică nimănui, iert repede și nu car bagaj emoțional în viață. De ce? Pentru că, în timpul în care port pică față de cineva și-mi hrănesc rana afectivă, persoana respectivă probabil că dansează. Dacă crezi că altcineva sau altceva în afară de tine este responsabil pentru succesul sau fericirea ta, atunci nu vei fi nici fericit, nu vei avea nici succes. Trebuie să înveți să-ți revii după o respingere.

Cred că toți autorii știu ce înseamnă un refuz. Personal, am avut parte de suficiente refuzuri. Unul dintre cele mai jenante momente ale mele ca scriitor a fost când editorul meu mi-a trimis înapoi unul dintre primele mele manuscrise. Nici măcar nu s-au deranjat să facă sugestii. Pur și simplu mi l-au trimis înapoi spunând: „Mai încearcă o dată".

Oamenii din afara lumii editoriale nu știu asta, dar până și cele mai bune manuscrise se plimbă între autor și editură ca într-un joc de ping-pong. Trimiți volumul, iar ei îl trimit înapoi cu întrebări. Îl retrimiți cu răspunsurile cerute, iar ei îți trimit manuscrisul înapoi cerându-ți să faci anumite schimbări. Îl trimiți înapoi cu schimbările făcute, iar ei ți-l retrimit redactat și corectat. Și uite așa se plimbă cartea înainte și înapoi până când e toată lumea mulțumită.

După sute de respingeri, rescrieri și revizuiri, îți pot spune că nu m-am obișnuit încă cu asta. Mi se pare ciudat când oamenii spun că le plac eșecurile sau dezaprobarea. Mie nu-mi plac. Mie îmi plac aprobările, aplauzele, felicitările și ovațiile la scenă deschisă. Dar nu obțin întotdeauna ce-mi place. Deși nu m-am obișnuit nici până acum cu refuzurile, am învățat să le gestionez cu succes. Cum? Exersând.

Dean Smith, marele antrenor al echipei de baschet North Carolina, avea o perspectivă foarte bună asupra eșecurilor. El a spus: „Dacă faci din fiecare meci o chestiune de viață sau moarte, vei avea probleme. În primul rând, o să mori foarte des". Îmi place mult această idee, pentru că realizez că oamenii puternici au o perspectivă pozitivă. Ei știu că dificultățile cu care se confruntă sunt doar temporare. Ei reflectează asupra faptului că în trecut au depășit problemele și eșecurile și au supraviețuit. Și o pot face din nou. Oamenii puternici nu se concentrează asupra experiențelor negative. Ei se concentrează asupra lucrurilor pe care le pot învăța din acele experiențe.

Oamenii puternici nu se concentrează asupra experiențelor negative. Ei se concentrează asupra lucrurilor pe care le pot învăța din acele experiențe.

Când jucam baschet în liceu, antrenorul ne spunea mereu în timpul meciurilor: „Dați-vă o șansă să câștigați". Ce voia să spună? Voia ca, atunci când aveam un adversar puternic, să ne luptăm din greu și să păstrăm scorul strâns în primele trei sferturi ale meciului. În acest fel, în al patrulea sfert, aveam o șansă să câștigăm.

Johnny Majors, un renumit antrenor de fotbal american de colegiu, a spus: „80% din meciurile de fotbal dintre colegii sunt câștigate în al patrulea sfert". După calculele lui, în patru meciuri din cinci câștigătorul se stabilește în ultimele cincisprezece minute de joc. Cum rămâi în joc până atunci? Rezistența. Rezistența ne oferă o șansă să câștigăm.

Se spune că dacă începi, ai câștigat deja jumătate din bătălie. Nu sunt de acord. Ai fost vreodată la un meci la care arbitrul să fluiere după primul minut, iar jucătorii să se alinieze pentru a-și primi trofeele? Bineînțeles că nu! Oricine poate începe ceva. Nu toată lumea rămâne în joc.

Viața este un joc lung

Cred că oamenilor le este foarte ușor să piardă vederea de ansamblu asupra vieții și să se descurajeze. Considerăm prea adesea că o singură victorie reprezintă linia de sosire și că un singur eșec e definitiv. Adevărul este că viața e un joc lung. Dacă ar fi un meci de baseball, ar exista 30.000 de rânduri la bătut mingea (un rând pe zi timp de peste 80 de ani). Dacă ar fi o cursă, s-ar desfășura pe mai mult de 80.000 de mile (5.000 de mile în fiecare zi). Dacă ar fi... ai înțeles ideea. Trebuie să ne păstrăm perspectiva corectă și să rămânem optimiști pentru că mai avem multe ocazii de a lovi mingea sau multe mile înainte.

Perspectiva este cu atât mai importantă dacă ești lider. Recent, am avut privilegiul să ofer consultanță unei echipe numite Finish Line

Leaders („Liderii care ajung la linia de sosire"). Îmi place mult acest nume! Le-am predat o lecție despre cum să-și mențină o perspectivă largă din postura de lideri care vor să treacă linia de sosire. Iată un sumar al acelei lecții:

- **Recrutare:** intrarea în cursă este esențială pentru a termina cursa.
- **Calificare:** calificarea membrilor echipei în faza inițială a proiectului crește șansele acestora de a finaliza cu bine proiectul.
- **Atitudine:** atitudinea ta ca lider dă tonul întregii echipe de-a lungul cursei.
- **Antrenament:** linia de sosire nu e niciodată aproape de cea de start; trebuie să te antrenezi pentru a ajunge acolo.
- **Încredere:** liderii îi inspiră pe ceilalți să ducă lucrurile la bun sfârșit.
- **Rezistență:** nimeni nu trece linia de sosire din întâmplare.
- **Muncă de echipă:** liderii nu trec niciodată linia de sosire singuri.
- **Sărbătorire:** cu cât sunt mai mulți membri ai echipei care trec linia de sosire, cu atât mai mare e sărbătoarea.

În concluzie, noi, ca lideri, ne dorim să-i ajutăm pe membrii echipei să treacă linia de sosire alături de noi pentru a putea sărbători împreună. Este dificil să începi cursa, să o parcurgi excelent și să treci linia de sosire dacă nu ai tot timpul o atitudine pozitivă.

Am simțit întotdeauna că oamenii care au o atitudine pozitivă adaugă multă valoare tuturor lucrurilor pe care le fac. Acesta este unul dintre motivele pentru care i-am învățat pe lideri despre importanța atitudinii. Acum, am la dispoziție statistici care să-mi susțină convingerea. Am citit recent un articol în *Fast Company* despre firma de consultanță DHW. Articolul dezvolta o idee interesantă. Ai auzit probabil ideea conform căreia un angajat fericit este și un angajat productiv care îți poate ridica afacerea. Cu cât? Iată câteva cifre:

- 33% mai multă rentabilitate (Gallup)
- 43% mai multă productivitate (Hay Group)
- 37% creștere a vânzărilor (Shawn Achor)
- 300% mai multă inovație (HBR)
- 51% scădere a fluctuației de personal (Gallup)

- 50% mai puţine accidente de muncă (Babcock Marine Clyde)
- 66% mai puţine concedii medicale (Forbes)
- 125% mai puţine cazuri de sindrom burnout (HBR)

Nu e nici o surpriză că cei douăzeci de angajaţi ai firmei Delivering Happiness at Work (DHW) au compilat această listă și promovează datele ori de câte ori au ocazia. Ideea de startup a lui Tony Hsieh și partenerului său de afaceri, Jenn Lim, care deţin compania Zappos, a apărut după publicarea cărţii *Delivering Happiness*, un volum care preamăreşte beneficiile managementului bazat pe valoare și a echilibrului dintre muncă și viaţa privată.

Dacă eşti lider, nu poţi ignora importanţa atitudinii. Iar dacă nu ești lider – nu poţi ignora importanţa atitudinii. Dacă atitudinea ta e greșită, va fi dificil ca celelalte lucruri din viaţa ta să fie cum trebuie.

Lumea le trimite gunoaie

Poate că cel mai bun exemplu pe care l-am văzut vreodată de atitudine pozitivă afișată în ciuda circumstanţelor dificile este cel dat de Orchestra Reciclată din Cateura. Au fost numiţi Orchestra Armonică a Gropii de Gunoi din Paraguay. Prima dată, i-am văzut în Helsinki, Finlanda. Eram invitat să ţin un discurs, iar ei au cântat chiar înainte să intru eu pe scenă.

Întreaga audienţă a putut vedea imediat că era vorba despre o orchestră diferită de oricare alta. Majoritatea muzicienilor erau copii. Poate asta nu-i diferenţia de toate celelalte orchestre, însă mai exista o distincţie: instrumentele lor erau create din gunoiul colectat din groapa de gunoi a orașului lor, Asunción, Paraguay. Cu toţii am fost vrăjiţi de muzica minunată pe care o interpretau acești copii frumoși care aveau o viaţă destul de grea.

Am fost mândru că m-am pozat alături de ei în acea zi, dar, apoi, nu mi-am putut scoate din minte imaginea lor săptămâni întregi. Așa că, câteva luni mai târziu când am călătorit în Paraguay, am vizitat mica lor școală de muzică aflată lângă groapa de gunoi. Am vorbit cu fondatorul și dirijorul orchestrei, Favio Chávez. Am făcut cunoștinţă cu omul care construiește instrumentele din gunoiul pe care îl colectează. Și am ascultat poveștile tuturor familiilor care beneficiază de activitatea lor.

Favio a creat şcoala pentru a-i ajuta pe oameni. Nu este nici măcar muzician profesionist. Înainte, lucra în domeniul ingineriei mediului şi cânta la chitară. Iată ce spune despre cum funcţionează şcoala: „Cei care ştiu câte ceva îi învaţă pe cei care ştiu mai puţin. Cooperăm. Lumea ne aruncă gunoiul lor, iar noi îi dăm înapoi o muzică minunată". În plus, ei demonstrează lumii valoarea pe care o are atitudinea pozitivă.

„Cei care ştiu câte ceva îi învaţă pe cei care ştiu mai puţin. Cooperăm. Lumea ne aruncă gunoiul lor, iar noi îi dăm înapoi o muzică minunată".
– Favio Chávez

Majoritatea oamenilor sunt de părere că, dacă nu ai nimic, nici nu poţi face nimic. Favio şi copiii pe care îi ajută dovedesc că acest lucru nu este adevărat. Chiar dacă membrii micii orchestre învaţă lângă o groapă de gunoi, ei au o atitudine extraordinară. Privindu-le chipurile în timp ce cântau, mi-am amintit de cuvintele autorului, filosofului şi activistului pentru drepturile omului, Howard Thurman: „Nu te întreba de ce are nevoie lumea. Întreabă-te ce anume te însufleţeşte, apoi du-te şi fă acel lucru. Pentru că lumea are nevoie de oameni însufleţiţi".

Aceşti copii s-au însufleţit pentru că atitudinea lor le-a permis să depăşească necazurile. Iar abilitatea lor de a depăşi necazurile le dă posibilitatea să facă viaţa mai frumoasă altora.

În urmă cu mai mulţi ani, am hotărât că atitudinea este alegerea fiecăruia. De atunci, nu i-am mai compătimit pe cei care aleg să afişeze o atitudine negativă. Încerc doar să ajut cât pot încurajându-i să-şi dezvolte capacitatea de a-şi modela atitudinea. Cât despre cei care nu au de gând să se schimbe, încerc pur şi simplu să-i evit.

„Nu te întreba de ce are nevoie lumea. Întreabă-te ce anume te însufleţeşte, apoi du-te şi fă acel lucru. Pentru că lumea are nevoie de oameni însufleţiţi."
– Howard Thurman

Dacă atitudinea ta se îmbunătăţeşte pentru că situaţia ta devine favorabilă, asta nu spune nimic despre atitudinea ta. Este doar un semn că situaţia ta s-a schimbat. Cum îţi dai seama că atitudinea ta chiar s-a îmbunătăţit? Capacitatea ta de a-ţi modela atitudinea se va dezvolta atunci când atitudinea ta va rămâne pozitivă chiar dacă apar dificultăţi. Când vei observa asta, vei şti că poţi să navighezi pe aproape orice furtună şi că poţi ieşi din ea mai puternic ca niciodată.

Întrebări referitoare la capacitatea de a-ţi modela atitudinea

1. Ce fel de dialog ai cu tine însuţi? Ai fost vreodată atent la ce îţi spui? Dacă nu, acordă-ţi un timp să observi. Ce ai putea face astfel încât să-ţi spui lucruri din ce în ce mai pozitive?
2. Ce notă ţi-ai da în privinţa celor trei aspecte discutate în acest capitol: modestie, disponibilitatea de a învăţa şi rezistenţă? Pe care dintre cele trei ai putea să ţi-o îmbunătăţeşti mai repede? Ce poţi face chiar acum pentru a o îmbunătăţi?
3. De ce crezi că există încă oameni care aleg să afişeze atitudini negative în ciuda faptului că există atât de multe dovezi că atitudinea pozitivă îi face pe oameni mai fericiţi şi mai productivi? Ce ai putea face pentru a-i încuraja pe alţii să opteze pentru atitudini pozitive?

16

Capacitatea de a-ți asuma riscuri – alegerea de a ieși din zona de confort

Este imposibil să scrii o carte având ca subiect capacitatea și să eviți tema riscului. Poetul T.S. Eliot spunea: „Numai cei care riscă să meargă prea departe pot afla cât de departe se poate merge". Cât de departe ești dispus să mergi? Ești pregătit să-ți testezi limitele?

Nu toți oamenii își asumă cu ușurință riscuri. Trebuie să recunosc însă că eu mă simt destul de confortabil când îmi asum riscuri și când îmi testez limitele, ca să văd cât de departe pot ajunge. Îmi place să cuceresc teritorii noi. Acum, la aproape 70 de ani, trăiesc la cel mai înalt nivel de risc de până acum. Mulți oameni îmi spun că mi-am pierdut mințile. Uneori, sunt tentat să le dau dreptate!

Următorul pas mare

Poate te întrebi de ce spun că trăiesc la un nivel înalt de risc. Îți explic. Timp de 20 de ani, organizația mea nonprofit, EQUIP, a format lideri peste tot în lume. În toți acești ani, am instruit peste cinci milioane de oameni. Când numărul lor a început să treacă de un milion, ne-am propus, ca obiectiv, să organizăm traininguri pentru lideri din fiecare națiune a lumii. Asta înseamnă 196 de țări. Pe 26 iunie 2015, am trecut această piatră de hotar în Fiji, pentru că am instruit, împreună cu câțiva membri EQUIP, un grup de lideri de pe mica insulă-naţiune Kiribati. 2.500 de oameni au fost alături de noi şi au sărbătorit acest moment important şi trebuie să mărturisesc că a fost o bucurie.

Acea zi ar fi putut echivala cu încoronarea mea pentru activitatea de leadership depusă de-a lungul vieţii. Din câte ştiu, nici o organizaţie nonprofit din istorie nu a mai reuşit acest lucru. EQUIP a fost prima. După acest moment, aş fi putut să ies din scenă călare, îndreptându-mă spre apus. Aş fi putut – dar nu am făcut-o. Oricât de mult m-ar fi bucurat ce am realizat, ştiam că sărbătoarea din acea zi nu avea să fie ultimul nostru succes. M-am simţit obligat să merg mai departe, să risc mai mult şi să văd ce mai putem face. Am vrut ca aceşti lideri instruiţi din toată lumea să îşi asume o nouă provocare: să devină agenţi ai transformării în propriile lor ţări.

Contemplând acest nou efort, m-am întrebat: *Ce s-ar întâmpla dacă am reuşi într-adevăr să facem asta? Oare să îndrăznim să ne gândim la acest obiectiv? Este un vis prea mare? Care sunt şansele să reuşim?* Trebuia să fiu realist. Şansele de a ajuta nişte lideri să devină catalizatori ai transformării la nivelul ţărilor lor erau foarte mici. Pe de altă parte, mă mai lansasem în aventuri de mare risc înainte. Concluzia pe care am tras-o a fost următoarea: pentru a lansa această iniţiativă, trebuia să simt o chemare. O lucrare de asemenea anvergură mi-ar depăşi abilităţile. Şi nu ar fi *pentru* mine. Ar trebui să mă conving că Dumnezeu voia ca eu să fac acest lucru pentru ceilalţi. Într-un final, am simţit această încredere în chemarea mea.

Următoarea etapă a fost să mă asigur că voiam ca toţi ceilalţi să mă urmeze. De asemenea, am conchis şi că mă simţeam confortabil cu posibilitatea de a înregistra unele eşecuri, dezamăgiri, surprize neplăcute sau chiar înfrângeri. Acestea nu m-ar defini, nici nu m-ar determina să fac vreun ocol. Ştiu cine sunt şi prefer să eşuez încercând să fac ceva cu impact mare decât să am succes făcând un lucru neînsemnat care nu ar schimba nimic în lume.

Decizia fusese luată. Mica mea armată de lideri transformaţionali îşi va asuma, împreună cu mine, riscanta misiune de a încerca să aducem transformarea la nivelul unor ţări întregi. Şi, fie vom face ceva însemnat, fie vom eşua încercând. (Dacă vrei să-ţi faci o idee despre stadiul în care suntem, poţi accesa site-ul http://iequip.org).

Ce trebuie să știi pentru a-ți putea dezvolta capacitatea de a-ți asuma riscuri

Poate că, în aceste momente, te confrunţi cu o provocare riscantă. Sau iei în considerare varianta de a începe un proiect de mare risc. Sau poate îţi doreşti să faci ceva semnificativ şi simţi că urmează să apară ceva important, dar riscant la orizont. Dacă aşa stau lucrurile, ştiu ce simţi, pentru că am fost şi eu în aceeaşi situaţie.

Pe de altă parte, poate te-ai împotrivit asumării riscurilor toată viaţa, iar acum realizezi cât de mult te-a tras înapoi această atitudine și cât de mult ţi-a limitat capacitatea. Indiferent care este situaţia ta, următoarea parte a acestui capitol te poate ajuta să iei decizii bune în privinţa riscurilor. Iată câteva lucruri pe care trebuie să le știi care te vor ajuta să-ţi asumi mai multe riscuri:

1. Realitatea este un bun prieten în perioadele de mare risc

Omul de afaceri și autorul Max De Pree spune că prima responsabilitate a unui lider este să definească realitatea. Acest lucru este valabil și pentru cei care își asumă un mare risc. Atunci când îţi asumi riscuri mari, nu te poţi baza pe exagerări mediatice sau entuziasm ori pe dorinţe, pentru că aceste lucruri nu rezistă sub flacăra riscului. Trebuie să înţelegi fenomenul cu care ai de-a face, să analizezi scenariile cele mai pesimiste și să privești realitatea în faţă.

Asta am făcut eu după ce am decis să lansez o iniţiativă internaţională de transformare. Apoi am început să adun o armată de oameni intrigaţi de ideea de a face parte dintr-o mișcare potenţial transformatoare. Știam că prima mea responsabilitate faţă de ei era să definesc realitatea acestei cauze. După cum am spus, le-am destăinuit că șansele de succes erau foarte mici. Drumul avea să fie anevoios de la cap la coadă. Eram convins că avea să coste mai mult decât voiam noi să plătim, că avea să dureze mai mult decât voiam noi să stăm și că va fi mai greu de realizat decât își imaginează oricare dintre noi. Dar aveam de gând să încercăm oricum.

Poate că sunt mai înclinat să-mi asum riscuri decât alţii pentru că am avut o experienţă în apropierea morţii. Nimic nu te face să te simţi mai viu decât apropierea morţii. După cum spunea Steve Jobs, „cel mai bun mod pe care îl știu eu de a evita capcana potrivit căreia ai avea ceva de pierdut este să-ți amintești că vei muri. Ești deja gol goluț. Nu ai nici un motiv să nu-ți urmezi inima".

Moartea poate surveni oricând pentru oricare dintre noi. Nu avem la dispoziție o veșnicie. Timpul pe care îl avem pentru a fi tot ceea ce suntem meniți să fim și pentru a face tot ceea ce avem potențialul să facem este limitat. Cât de limitat, nu știm. De aceea, ne datorăm nouă și celor pe care îi iubim să trăim intens și autentic fiecare moment. Asta înseamnă să privim realitatea în față și să ne asumăm riscul chiar și așa. Aceasta este moștenirea pe care ne putem mândri că o lăsăm.

Cum privești realitatea în față atunci când evaluezi un risc? Pune-ți câteva întrebări:

- Cine a mai făcut asta?
- Care e cel mai rău lucru care s-ar putea întâmpla?
- Care e cel mai bun lucru care s-ar putea întâmpla?
- Pot face un test înainte?
- Există loc de eroare?
- Trecutul mă îndeamnă să spun „Da"?
- Am suficientă energie pentru a o face?
- Am încredere în mine?
- Am încredere în echipa mea?

Cu cât îți răspunzi la mai multe întrebări, cu atât ești mai pregătit să evaluezi riscul și să stabilești dacă e înțelept să-ți asumi riscul sau e o prostie.

2. Trebuie să înveți să te simți confortabil în afara zonei tale de confort

Asumarea riscului este rareori o decizie confortabilă. Ea presupune să ieșim din zona noastră de confort. Și, totuși, trebuie să ne simțim confortabil atunci când ne asumăm un risc mare. Cum rezolvăm acest paradox? În cazul meu, tot ce am făcut valoros vreodată a început prin a mă speria de moarte. Primul discurs? Eram speriat dincolo de orice imaginație. Prima ședință de consiliu? Înțepenit de frică. Oficierea primei căsătorii? Aproape am leșinat! Nu m-am descurcat niciodată bine când am încercat ceva pentru prima oară și, în plus, eram foarte speriat. Poate acesta este motivul pentru care nu m-am descurcat bine.

După multe astfel de experienţe în care am fost copleşit de frică şi îngrijorare, am realizat că trebuie să-mi dezvolt un mecanism de gestionare a fricii, şi am făcut-o. Frica nu mi-a dispărut, dar a fost îmblânzită suficient de mult încât eu să pot continua să-mi asum riscuri. Iată cum funcţionează:

- **Identificare.** Cine sunt eu? Sunt o persoană valoroasă care încearcă să facă ceva de valoare.
- **Acţiune.** Ce voi face? Voi acţiona şi voi face ceea ce trebuie indiferent ce emoţii simt.
- **Emoţie.** Cum voi proceda? Voi permite acţiunilor mele să-mi modeleze emoţiile.

Iată ce am descoperit: De fiecare dată când am acţionat cu curaj şi am făcut lucrul corect mai degrabă decât să cedez în faţa emoţiilor, voinţa mea a învins frica. Temerile nu m-au părăsit complet niciodată, dar nu mă mai controlează.

Îmi place mult ce spune autorul Steven Pressfield, un adevărat guru al scrisului: „Amatorul crede că trebuie mai întâi să-şi învingă frica şi că abia apoi va putea acţiona. Profesionistul ştie că frica nu poate fi învinsă niciodată". Din moment ce nu poţi învinge frica, trebuie să înveţi să te descurci cu ea. Asta numesc eu a deveni confortabil în afara zonei tale de confort.

„Amatorul crede că trebuie mai întâi să-și învingă frica și că abia apoi va putea acționa. Profesionistul știe că frica nu poate fi învinsă niciodată."
– Steven Pressfield

Pentru a putea avansa atunci când eşti într-o situaţie de risc, trebuie să-ţi gestionezi emoţiile şi îndoielile. Eu trebuie să mă simt permanent confortabil cu ideea că sunt într-o situaţie neconfortabilă pentru a avea mereu succes în mediul de mare risc în care activez şi pentru a-mi modela comportamentul adecvat. Cum fac asta?

Nu mă uit în oglindă

Încep prin a deplasa atenţia de la propria persoană. Trebuie să-mi amintesc permanent că viaţa nu este despre mine. Nu trebuie să-mi pese ce cred alţii despre mine. Vreme îndelungată, mi-a fost greu să fac asta. Când am început să vorbesc în public, purtam ochelari în încercarea de a părea mai inteligent. Însă nu reuşeam decât să arăt ridicol, pentru că nu aveam nevoie de acei ochelari. Jucătorul de baseball intrat în Hall of Fame, Lou Brock, a spus: „Arată-mi un tip căruia îi e teamă că face o impresie proastă, şi-ţi voi arăta un tip pe care-l poţi bate oricând". Nu am voie să-mi fie teamă că voi face o impresie proastă.

„Arată-mi un tip căruia îi e teamă că face o impresie proastă, și-ți voi arăta un tip pe care-l poți bate oricând."
– Lou Brock

Nu-mi număr înfrângerile, număr lecțiile învățate

Sunt o persoană foarte competitivă din fire. Ador să câştig şi urăsc să pierd. Şi obişnuiam să ţin scorul. Evitam să pierd şi mă concentram din răsputeri să-mi înmulţesc succesele. Nu mai fac asta. În loc să evit înfrângerile, în prezent învăţ de pe urma lor. Mă întreb: „Ce am învăţat din asta?" De ce? Pentru că avem întotdeauna mai multe de învăţat din pierderi decât din succese - dacă suntem dispuşi să căutăm respectivele învăţături. Atunci când cauţi să-ţi însuşeşti lecţii mai mult decât să eviţi înfrângeri, devii mai confortabil cu ideea de risc.

Mă concentrez mai puțin asupra temerilor și mai mult asupra visurilor

Unul dintre eroii meu a fost Robert Schuller, cel care a clădit Catedrala de Cristal. În cartea sa, *Success Is Never Ending, Failure Is Never Final* („Succesul este nesfârşit, eşecul nu este niciodată definitiv"), el a scris: „Vei începe să fii mai implicat atunci când vei începe să visezi din nou".* Cu alte cuvinte, atunci când te concentrezi asupra visurilor tale, eşti prezent 100% cu sufletul în ceea ce faci.

3. Un bun leadership îți oferă mai multe șanse de succes

Probabil că, dintre toate afirmaţiile mele, aceasta este cea mai cunoscută: totul depinde de leadership. Acest lucru nu este nicicând mai

---

* Clădire cu funcţie de biserică a Diecezei romano-catolice din Garden Grove, districtul Orange, California, SUA.

adevărat ca în momentele de risc. Valoarea leadershipului trebuie să fie egală cu mărimea riscului. Dacă ai de gând să te implici într-o acţiune dificilă, ai nevoie de leadership bun. Trebuie fie să asiguri tu acest leadership, fie să găseşti un partener care să te ajute să conduci. Iar dacă vrei să te implici într-o acţiune de foarte mare anvergură, vei avea nevoie de mulţi lideri. Orice încercare de a face ceva extraordinar fără leadership extraordinar este menită să eşueze.

Uneori mi-e dor de primii mei ani de leadership. Nimeni nu mă cunoştea pe vremea aceea. Nimănui nu-i păsa ce făceam. Se aşteptau foarte puţine de la mine sau chiar nimic. Dimensiunea mică a proiectelor pe care le-am condus la început mi-a permis să-mi păstrez anonime greşelile de leadership. Dar, în prezent, ochii sunt pe mine. Şi mai important este faptul că mai mulţi oameni depind de mine să conduc bine. Nu vreau să-i dezamăgesc.

Dacă te pregăteşti să-ţi asumi un risc mare, s-ar putea să ai nevoie de fiecare abilitate de leadership pe care o ai pentru a-ţi atinge obiectivul. Nu ignora acest lucru. Continuă să te dezvolţi ca lider. Cu cât îţi dezvolţi capacitatea de leadership, cu atât îţi creşti capacitatea de a-ţi asuma riscuri.

Iar dacă eşti deja lider, trebuie să le asiguri celorlalţi un mediu care să-i încurajeze să-şi asume riscuri, astfel încât să fie dispuşi să-şi ţină în frâu temerile şi să iasă din zona lor de confort. Dan Denison, de la IMD Business School, spune: „Există întotdeauna o recompensă pentru cine reuşeşte să se descurce într-o situaţie necunoscută. Oamenii se vor avânta înspre necunoscut dacă simt că sunt în siguranţă s-o facă. Este de datoria liderului să creeze acest sentiment de siguranţă".

4. Cu cât riscul este mai mare, cu atât ai mai multă nevoie de ajutorul celorlalți

Deşi este plăcut să visăm la potenţialul câştig pe care ni l-ar aduce o acţiune riscantă, realitatea ne poate face să strigăm AJUTOR ca din gură de şarpe. Cu cât proiectul este mai mare şi mai riscant, cu atât avem mai multă nevoie de ajutor. Iar pentru a avea succes, nu ai nevoie doar de ajutor; ai nevoie de ajutorul potrivit.

La începutul carierei mele, eram înclinat să fac totul de unul singur. Pe măsură ce m-am dezvoltat ca lider, am început să recrutez oameni în echipă, dar voiam să includ pe toată lumea. Şi voiam ca toată lumea să fie fericită. Mă ocupam mai mult de făcut sondaje în echipă decât de asumarea riscurilor. Problema mea nu era teama de eșec, ci teama de ceea ce ar putea crede ceilalți despre mine. Fiind obsedat să mă fac plăcut, evitam să-mi asum riscuri de teama de a crea o impresie proastă în caz că eșuam.

Am făcut primul pas înspre corectarea problemei după ce un prieten mi-a spus: „Încetează să-ți mai pese de ce cred ceilalți. Nici măcar nu se uită la tine!" Trebuia să accept că nu sunt buricul pământului. Și trebuia să prețuiesc mai mult viziunea pe care o aveam decât părerile oamenilor. Această schimbare a reprezentat un pas uriaș în dezvoltarea mea. Și mi-a amplificat capacitatea de a-mi asuma riscuri și de a-mi atinge obiective. De asemenea, mi-a sporit discernământul în legătură cu tipul de oameni pe care îi recrutam pentru a mă ajuta.

Mișcările maselor nu pornesc de la întreaga societate. Pornesc de la câțiva. Dacă acei câțiva sunt oamenii potriviți, atunci mișcarea are potențialul să se generalizeze. Care sunt caracteristicile oamenilor potriviți?

Le plac provocările

Susțin de multă vreme ideea că învingătorii se ridică la înălțimea provocărilor, în timp ce indivizii care se vaită devin mai mici în fața provocărilor. Când pui la cale un proiect de mare anvergură, acesta are potențialul de a unifica, dar și de a dezbina. Oamenii de înaltă capacitate, cărora le plac provocările, se vor grupa în jurul tău, în timp ce oamenii „mici" vor pleca. Dimensiunea viziunii, a proiectului tău determină valoarea persoanei care se înscrie. Vrei să atragi oameni cu capacități mari? Provoacă-i astfel:

> Se caută: oameni cu mare toleranță la presiune și cu dorința de a face lucruri de impact. Recompensă: o aventură incitantă care cere 100% efort și realizare la sfârșitul vieții. Așteptăm aplicații.

Dacă o persoană pe care vrei s-o recrutezi nu se entuziasmează la citirea acestui anunț, înseamnă că nu e o persoană pe care să ți-o dorești de fapt în echipă.

Joacă cu mize mari

Nelson Mandela a spus: „Nu este nici o pasiune în a juca la nivel mic, în a te mulţumi cu o viaţă care este mai prejos decât ceea ce eşti tu capabil". Ştiu că unii oameni consideră periculos jocul cu mize mari, dar vrei să ştii ce e şi mai periculos? Să nu-ţi asumi niciodată un risc. Atunci când nu faci nimic, nu se întâmplă nimic bun.

„Nu este nici o pasiune în a juca la nivel mic, în a te mulțumi cu o viață care este mai prejos decât ceea ce ești tu capabil."
– Nelson Mandela

În urmă cu câţiva ani, am dat peste un poem care îi descrie pe oamenii care nu îşi asumă riscuri şi care, în consecinţă, joacă la nivel mic toată viaţa lor. Iată poemul:

A fost odată un bărbat care nu a riscat
vreodată,
Nu a încercat vreodată,
Nu a râs vreodată,
Nu a plâns vreodată,
Apoi, într-o zi, când s-a prăpădit,
Poliţa de asigurare i-a fost respinsă.
Au spus că, din moment ce nu a trăit deloc,
Nici nu a murit!

Vai! Cât de trist. Oamenii care joacă la nivel mare sunt cu totul altfel. Dacă reuşesc un lucru, data viitoare vor încerca ceva mai dificil. Deşi marii jucători – cei care au un impact semnificativ prin ceea ce fac – nu au neapărat multe lucruri în comun, îl au pe acesta: sunt dispuşi să-şi asume riscuri. Prietenul meu Bill Purvis a spus cândva, în cadrul unei conferinţe pe care a găzduit-o echipa mea: „Dacă vrei nişte lucruri pe care nu le-ai mai avut niciodată, trebuie să fii dispus să faci nişte lucruri pe care nu le-ai mai făcut niciodată". Când cauţi oameni care să ţi se alăture într-un proiect de mare risc, vrei să găseşti persoane care sunt dispuse să-şi asume acel risc, să încerce ceva nou, chiar dacă e dificil.

„Dacă vrei niște lucruri pe care nu le-ai mai avut niciodată, trebuie să fii dispus să faci niște lucruri pe care nu le-ai mai făcut niciodată."
– Bill Purvis

Sunt sinceri cu ei înșiși

Atunci când îţi asumi riscuri mari şi încerci să realizezi un proiect dificil, vrei ca oamenii din echipa ta să se cunoască pe ei înşişi şi să fie sinceri cu ei înşişi. Trebuie să ştie de ce sunt în stare şi care sunt mizele. Şi, ca lider, trebuie să te asiguri că ei ştiu lucrurile astea.

Chiar înainte de a plănui să plecăm în Paraguay, am ţinut un discurs despre transformare în faţa unui grup mare de traineri atestaţi. Voiam să-i provoc să se autoanalizeze şi să se evalueze. Aşa că am vorbit despre diferenţele dintre Liderii de moment şi Liderii de cursă lungă, cei care creează curente şi mişcări sociale. Iată care sunt diferenţele:

Liderii de moment întreabă: „Cât va dura asta?"
Liderii de cursă lungă întreabă: „Cât de departe pot merge?"

Liderii de moment îşi spun: „Lucrurile măreţe se pot întâmpla uşor şi rapid."
Liderii de cursă lungă: „Toate obiectivele valoroase sunt anevoioase."

Liderii de moment conduc bazându-se pe emoţie şi permit emoţiei să îi controleze.
Liderii de cursă lungă conduc bazându-se pe caracter şi permit caracterului să-i facă mai puternici.

Liderii de moment sunt mai impunători pe dinafară decât pe dinăuntru.
Liderii de cursă lungă sunt mai impunători pe dinăuntru decât pe dinafară.

Majoritatea trainerilor prezenţi erau oameni care îşi doreau să realizeze lucruri măreţe, aşa că au îmbrăţişat imediat viziunea liderilor de cursă lungă, iar când am terminat de vorbit, erau deja în picioare, ovaţionând. Erau pregătiţi de acţiune! De aceea îi iubesc. Vor să facă lucruri care au impact asupra lumii. Și sunt conștienți că orice efort exterior de mare anvergură începe din interior. Nu poți călători în exterior până când nu călătorești întâi în interior.

Chiar dacă nu deții o companie, o poziție de leadership și nici nu conduci o echipă, tot vei avea nevoie de ajutor atunci când îți asumi un risc. Caută oameni care gândesc la fel ca tine și care sunt dispuși să facă față unor provocări alături de tine. Acest lucru îți va mări cu mult capacitatea de a-ți asuma riscuri.

5. Asumarea unor riscuri cere întotdeauna curaj personal

Scriitoarea Anaïs Nin spunea: „Viața se scurtează sau se lungește în funcție de curajul fiecăruia". Dacă vrei să-ți dezvolți capacitatea și, în consecință, să-ți lungești viața, trebuie să fii dispus să îți asumi riscuri mai mari. Trebuie să fii dispus să faci față situațiilor singur. Trebuie să-ți aduni curajul de a face ceea ce alții s-ar putea să nu facă – nu doar de dragul de a încerca ceva îndrăzneț și riscant, ci pentru că vezi potențialul câștig din acea acțiune.

Extraordinar este faptul că asumarea inteligentă a unor riscuri reușește, pe lângă lărgirea posibilităților, să-i inspire și pe alții să se alăture eforturilor tale. Oamenii urmează curajul. Atunci când o persoană este dispusă să facă singură față obiecțiilor și rezistenței, ea câștigă respect și credibilitate. În cele din urmă, ceilalți îi observă curajul și se adună în jurul ei.

Se spune că, dacă nu trăiești pe muchie de cuțit, ocupi prea mult loc. Riscul este o parte importantă din viață. Editorul și directorul executiv Walter Anderson spune: „Viețile noastre se îmbunătățesc doar atunci când ne asumăm riscuri".

Dacă nu trăiești pe muchie de cuțit, ocupi prea mult loc.

Așadar, ce vei face? Potrivit lui Bruce Barton: „Lucrurile minunate au fost obținute doar de cei care au îndrăznit să creadă că au în interiorul lor resurse mai mari decât circumstanțele". Ești dispus să-ți dezvolți capacitatea de a-ți asuma riscuri? Ești dispus să eșuezi încercând să realizezi ceva măreț? Ești dispus să ții scorul lecțiilor învățate mai degrabă decât al înfrângerilor? Ești dispus să bătătorești drumul devenind confortabil în afara zonei tale de confort?

Acestea nu sunt lucruri mărunte. Dar, dacă nu eşti dispus să le faci, ar trebui să te obişnuieşti cu ideea de a face numai lucruri mărunte. Pentru că vei realiza lucruri măreţe numai dacă eşti dispus să-ţi asumi riscuri mari. Sper că eşti.

Întrebări referitoare la capacitatea de a-ți asuma riscuri

1. Cât de bine reuşeşti să faci faţă realităţii şi să-ţi evaluezi şansele atunci când te pregăteşti să-ţi asumi un risc? Dacă nu eşti în mod special bun la capitolul acesta, pe cine ai putea conta să te ajute să evaluezi costurile?
2. Atunci când te pregăteşti să-ţi asumi un risc mare, câtă atenţie acorzi în mod normal leadershipului şi formării unei echipe care să te ajute? Explică. Ce anume trebuie să schimbi pentru a îmbunătăţi acest capitol?
3. Ai învăţat să gestionezi disconfortul pe care îl simţi când ieşi din zona ta de confort? Ai învăţat să funcţionezi în ciuda temerilor? Sau teritoriile riscante îţi înfrânează evoluţia? Ce poţi face pentru a te dezvolta în sensul acesta?

17

Capacitatea spirituală – alegerea de a-ți întări credința

Acesta este un capitol pe care pur și simplu *trebuia* să-l scriu. Dar nu este obligatoriu să-l citești. Voi vorbi în continuare despre relaţia mea cu Dumnezeu. Nu pot omite din această carte capacitatea spirituală, întrucât credinţa mea a fost esenţială în dezvoltarea capacităţilor din toate laturile vieţii. Alegerea de a-mi întări credinţa m-a ajutat să mă dezvolt mai mult decât oricare altă alegere prezentată în această carte.

Totuși, dacă acest subiect te supără, poţi sări peste capitolul de faţă. Nu te voi preţui mai puţin. Mulţi dintre prietenii mei nu sunt creștini. Nu-i judec pe alţii. Îmi împărtășesc credinţa pentru că iubesc oamenii, dar fiecare persoană este liberă să aleagă.

Încep prin a spune că, în fiecare an, în decembrie, mă rog și îi cer lui Dumnezeu să-mi inspire un cuvânt sau o frază pentru anul care urmează. Acesta devine un aspect central pentru mine. În 2016, am simţit că expresia mea pentru anul următor era „Spaţiul lui Dumnezeu". Aceste două cuvinte m-au condus la Efeseni 3:14-20. Pe parcursul anului, m-am rugat pentru mine și pentru ceilalţi folosind cuvintele din acel pasaj ca ghid. Rezultatul? Am avut un an cum nu a mai fost altul. La aproape 70 de ani, mi-am dezvoltat capacitatea, iar beneficiile pe care le-am avut din conferinţe, scris, conducerea companiilor și parteneriate au fost uriașe. A fost cel mai bun an din viaţa mea.

Rugăciunea mea pentru dezvoltarea capacității tale

Îmi doresc același lucru pentru tine. Vreau să-ţi dezvolţi capacităţile. Vreau ca rata de recuperare a investiţiei tale să fie mare. Vreau ca relaţiile tale să înflorească. Vreau să ai înainte cei mai buni ani. Aşa că mă rog şi pentru tine. Iată, concret, rugăciunea mea pentru dezvoltarea capacităţii tale spirituale, bazată pe citatul din Efeseni.

1. Mă rog să-l descoperi pe Dumnezeu

Efeseni 3:14-17 spune:

Iată de ce, zic, îmi plec genunchii înaintea Tatălui Domnului nostru Iisus Hristos, din care își trage numele orice familie, în ceruri și pe pământ, și-L rog ca, potrivit cu bogăţia slavei Sale, să vă facă să vă întăriţi în putere, prin Duhul Lui, în omul dinăuntru, aşa încât Hristos să locuiască în inimile voastre prin credinţă.[1]

Mă uimeşte şi mă umple de smerenie faptul că Hristos vrea să locuiască în inima mea. Mă cunosc, şi uneori nici măcar eu nu vreau să trăiesc cu mine însumi. Dar Dumnezeu vrea. Ce imagine frumoasă creează El. Dacă eşti la 1.000 de paşi distanţă de Dumnezeu, El va merge 999 de paşi în direcţia ta. Apoi va aştepta ca tu să-ţi deschizi inima şi să-l inviţi în viaţa ta. Dumnezeu vrea ca tu să-ţi doreşti să ai o relaţie cu El.

Dacă ești la 1.000 de pași distanță de Dumnezeu, El va merge 999 de pași în direcția ta.

Eu am făcut acel pas. Îl cunosc pe Dumnezeu în acest fel personal de 53 de ani. Relaţia mea cu El a fost catalizatorul pentru toate lucrurile bune care mi s-au întâmplat.

Unul dintre versetele mele preferate este Ieremia 9:23: „Înţeleptul să nu se laude cu înţelepciunea lui, cel tare să nu se laude cu tăria lui, bogatul să nu se laude cu bogăţia lui. Ci cel ce se laudă, să se laude că are pricepere şi că Mă cunoaşte."[2]

În timp ce citesc aceste rânduri, zâmbesc. Oamenii vin adesea la mine şi-mi cer sfatul. Este adevărat că m-am bucurat de câteva reușite extraordinare în sfera leadershipului. Am fost binecuvântat din punct de vedere financiar. Am vândut milioane de cărţi. Dar nici unul dintre aceste lucruri nu se compară cu bucuria de a-l cunoaşte pe Dumnezeu şi de a relaţiona cu El zilnic. Dumnezeu este cel mai preţios dar pe care l-am primit şi cel mai bun prieten. De aceea, atunci când oamenii mă întreabă pe cine aş putea să le recomand, răspunsul meu este: „Vi-l recomand pe Dumnezeu. Este cel mai bun prieten al meu".

2. Mă rog să simţi dragostea lui Dumnezeu

Pasajul din Efeseni continuă:

> Şi-l rog ca, având rădăcina şi temelia puse în dragoste, să puteţi pricepe împreună cu toţi sfinţii care sunt lărgimea, lungimea, adâncimea şi înălţimea şi să cunoaşteţi dragostea lui Hristos, care întrece orice cunoştinţă, ca să ajungeţi plini de toată plinătatea lui Dumnezeu.[3]

Dumnezeu vrea ca noi să trăim o viaţă plină, la capacitate maximă. El vrea cu adevărat tot ce este mai bun pentru noi. Iisus a spus: „Eu am venit ca oile să aibă viaţă, şi s-o aibă din belşug".[4] Citind acest pasaj, ai observat virgula? De care parte a virgulei te situezi? Trăieşti viaţa abundentă pe care ţi-o doreşti? Asta îţi oferă Iisus. Îţi oferă o iubire extravagantă şi o viaţă plină.

Iată o frază atribuită Maicii Tereza: „Cea mai teribilă sărăcie este singurătatea şi sentimentul că nu eşti iubit". Aş vrea să adaug că bucuria cea mai mare este să intri în relaţie cu Dumnezeu şi să simţi iubirea Lui extraordinară. Cât de extraordinară este? Gândeşte-te la cuvintele din Efeseni şi înţelege că poţi face aceste lucruri:

Să simţi lărgimea iubirii lui Dumnezeu

Când Sfânta Scriptură spune că iubirea lui Dumnezeu este largă, înseamnă că iubirea Lui include pe toată lumea. Dumnezeu iubeşte pe toată lumea – indiferent de credinţă, indiferent de rasă, de naţionalitate, de vârstă sau stadiu al vieţii. Sfânta Scriptură spune: „Fiindcă atât de mult a iubit Dumnezeu lumea, că a dat pe singurul Lui Fiu, pentru ca oricine crede în El să nu piară, ci să aibă viaţa veşnică".[5]

„Cea mai teribilă sărăcie este singurătatea și sentimentul că nu ești iubit."
– Maica Tereza

Uneori, când vorbesc despre iubirea necondiţionată a lui Dumnezeu, îi rog pe oamenii din sală să repete cu glas tare, după mine:

„Dumnezeu mă iubeşte". Tuturor le place să spună asta.

„Dumnezeu te iubeşte şi pe tine". Le place să spună asta.

„Dumnezeu îi iubeşte şi pe cei pe care nu-i cunosc". Le place şi asta.

„Dumnezeu îi iubeşte şi pe oamenii care nu-mi plac". Există întotdeauna o ezitare când îi rog să repete asta. Oamenii nu sunt siguri că le convine. Dar este adevărat. Prietene, iubirea lui Dumnezeu este mare; îi include şi pe oamenii pe care ne este greu să-i iubim. Poate că te gândeşti la unii dintre oamenii mai dificili din viaţa ta şi te întrebi: *Cum poate Dumnezeu să-i iubească?* Iată cum. Potrivit lui C.S. Lewis, „Dumnezeu ne iubeşte, nu pentru că suntem demni de iubit, ci pentru că El este iubire".

„Dumnezeu ne iubește, nu pentru că suntem demni de iubit, ci pentru că El este iubire".
– C.S. Lewis

Opreşte-te din citit pentru o clipă şi spune-ţi: „Dumnezeu mă iubeşte". Indiferent dacă te-ai mai gândit la asta sau nu, trebuie să ştii că e adevărat.

Să simți lungimea iubirii lui Dumnezeu

Dumnezeu ne cere să testăm lungimea iubirii lui. Cât de lungă este iubirea Lui? Eternă! Iubirea lui Dumnezeu este nesfârşită. Iar partea cea mai bună este că iubirea Lui nu depinde de mine sau de tine. Dumnezeu te iubeşte aşa cum eşti, nu aşa cum ţi-ai dori să fii sau aşa cum pari, ci chiar aşa cum eşti. Şi nimic din ceea ce faci nu-l poate determina să te iubească mai mult!

Oamenii care aleg să se apropie de Dumnezeu Îl cunosc, iar El îi cunoaşte pe ei. Iisus a spus: „Oile Mele ascultă glasul Meu; Eu le cunosc şi ele vin după Mine. Eu le dau viaţa veşnică, în veac nu vor pieri şi nimeni nu le va smulge din mâna Mea. Tatăl Meu, care Mi le-a dat, este mai mare decât toţi şi nimeni nu le poate smulge din mâna Tatălui Meu".[6] Nu ştiu ce simţi tu, dar pe mine asta mă face să mă simt în siguranţă. Dacă aş putea scrie muzică country, aş face un cântec pe tema asta cu titlul „God's Grip Don't Slip" („Lui Dumnezeu nu-I scapă ce ţine în mână").

Să simţi adâncimea iubirii lui Dumnezeu

Ce înseamnă să testezi adâncimile lui Dumnezeu? Indiferent cât de jos ai ajunge, iubirea lui Dumnezeu este şi mai profundă. Dumnezeu iartă. Pentru mulţi dintre noi, vestea proastă este că capacitatea de a păcătui ne-a dus mai jos decât voiam să mergem. Vestea bună este că capacitatea lui Dumnezeu de a ierta este mai mare de atât. De fapt, Dumnezeu nu doar ne iartă păcatele, dar Le şi uită. El a spus: „Le voi ierta nelegiuirile şi nu-Mi voi mai aduce aminte de păcatele şi fărădelegile lor."[7] Uau!

În relaţia noastră cu Dumnezeu, suntem precum tânărul care s-a jucat de-a v-aţi ascunselea cu tatăl său. Fiul s-a ascuns în spatele unui copac în timp ce tatăl său striga: „Unde e Christopher? Nu-l găsesc pe Christopher!" Apoi micuţul a izbucnit: „Hei, tati, caută-mă aici, în spatele copacului". Mulţi dintre noi sunt împărţiţi în două, nu-i aşa? Ne ascundem de Dumnezeu dar, în acelaşi timp, ne dorim cu disperare să ne apropiem de el.

Să simţi înălţimea iubirii lui Dumnezeu

A te ridica la înălţimea iubirii lui Dumnezeu înseamnă ca el să te înalţe. Nu există nimic mai înălţător decât Dumnezeu. Am început să simt acest lucru la 17 ani, când l-am invitat pe Dumnezeu în viaţa mea. Trei zile mai târziu, m-am simţit înălţat şi izbăvit. S-a întâmplat în timp ce citeam aceste rânduri din Corinteni 2 5:17: „Căci, dacă este cineva în Hristos, este o făptură nouă. Cele vechi s-au dus, iată că toate lucrurile s-au făcut noi!".[8] În acea zi, în timp ce mergeam la şcoală, m-am simţit înălţat de iubirea lui Dumnezeu. Este o experienţă pe care o trăieşte fiecare om ce îl urmează pe Iisus. Simţim o înălţare a vieţilor noastre care este rezultatul trăirii dimensiunilor extravagante ale iubirii lui Dumnezeu.

Iisus, şi nu Norman Vincent Peale a spus primul: „Orice este posibil pentru cel care crede".[9] Iisus, nu Robert Schuller, a spus primul:

„Totul este posibil cu Dumnezeu".[10] Iisus, și nu Tony Robbins, a spus: „Dacă ați avea credință cât un grăunte de muștar (...) nimic nu v-ar fi cu neputință".[11] Dumnezeu vrea să-ți atingi capacitatea maximă. Te-a creat cu un plan și ți-a dăruit talente care să te ajute să realizezi acel plan. El va fi cel mai înălțător lucru din viața ta, dacă Îl vei lăsa.

Dumnezeu are un răspuns pozitiv pentru fiecare gând negativ pe care îl avem despre noi înșine:

Spui: „Sunt prea obosit".
Dumnezeu spune: Eu vă voi da odihnă. (Matei 11:28-30)
Spui: „Este imposibil de făcut".
Dumnezeu spune: Totul este cu putință la Dumnezeu. (Luca 18:27)
Spui: „Nimeni nu mă iubește cu adevărat".
Dumnezeu spune: Eu te iubesc. (Ioan 3:16 și Ioan 13:34)
Spui: „Nu mai pot continua".
Dumnezeu spune: Harul meu îți este de ajuns (Corinteni 2 12:9 și Psalmi 91:15)
Spui: „Nu pot".
Dumnezeu spune: Eu pot (Corinteni 2 9:8)
Spui: „Nu mă pot ierta".
Dumnezeu spune: Eu te iert. (Ioan 1 1:9 și Romani 8:1)
Spui: „Nu fac față nevoilor".
Dumnezeu spune: Mă îngrijesc de toate trebuințele voastre. (Filipeni 4:19)
Spui: „Mi-e frică".
Dumnezeu spune: Nu ți-am dat un duh de frică. (Timotei 2 1:7)
Spui: „Nu sunt suficient de deștept".
Dumnezeu spune: îți dau înțelepciune. (Corinteni 1 1:30)
Spui: „Mă simt singur".
Dumnezeu spune: Cu nici un chip nu te voi părăsi. (Evrei 13:5)
Spui: „Nu mă descurc".
Dumnezeu spune: Eu îți voi netezi cărarea. (Proverbele 3:5-6)
Spui: „Sunt mereu îngrijorat și frustrat".
Dumnezeu spune: Aruncă asupra mea toate îngrijorările tale. (Petru 1 5:7)

Dumnezeu are un răspuns pentru fiecare întrebare și o asigurare pentru fiecare îndoială pe care o avem.

În cartea lui, *A Gentle Thunder: Hearing God Through the Storm* („Un tunet blând: cum îl auzim pe Dumnezeu în furtună"), prietenul meu Max Lucado oferă o descriere minunată a ceea ce simte Dumnezeu pentru mine şi pentru tine:

> Dacă Dumnezeu ar avea un frigider, poza ta ar fi lipită pe uşă. Dacă ar avea un portofel, poza ta ar fi în el. Îţi trimite flori în fiecare primăvară şi un răsărit în fiecare dimineaţă. Te ascultă ori de câte ori vrei să vorbeşti. Ar fi putut trăi oriunde în Univers, dar el a ales să trăiască în inima ta. Şi cadoul de Crăciun pe care ţi l-a trimis în Betleem? Acceptă, prietene. E nebun după tine.[12]

Nu ştiu dacă există un mod mai bun de a formula ideea.

3. Mă rog să-i permiţi lui Dumnezeu să facă lucruri mărețe în viața ta

Rămâi pe fir, prietene! Urmează să citeşti cea mai minunată afirmaţie despre capacitate care a fost scrisă vreodată. Este cea cu care începe pasajul din Efeseni din care mă rog pentru tine. Acceptă aceste cuvinte în timp ce citeşti, sunt pentru tine.

> Dumnezeu poate face orice, să ştii – mult mai mult decât ţi-ai imagina vreodată sau ai putea ghici ori cere în visurile tale cele mai nebuneşti! Şi o face nu înghiontindu-ne şi împingându-ne, ci lucrând în interiorul nostru, cu Spiritul său blând şi profund în interiorul nostru.[13]

Aceste cuvinte ţi se aplică, dar ele trebuie activate prin credinţa ta. Iisus a spus: „Ţi se va face în funcţie de credinţa ta".[14] Eu numesc asta factorul credinţă. Există mulţi factori care îţi influenţează capacitatea şi asupra cărora nu ai nici un control: mediul în care te naşti, naţionalitatea, vârsta, talentele. Acestea au fost hotărâte de suprema autoritate a lui Dumnezeu. Dar există un factor important asupra căruia ai controlul: cât de mult alegi să crezi în Dumnezeu. El nu îţi impune nici o limită de credinţă; credinţa nu pune nici o limită asupra lui Dumnezeu.

„Ţi se va face în funcţie de credinţa ta". Eu numesc asta factorul credinţă.

Aşa cum am menţionat şi la începutul acestui capitol, expresia pe care am primit-o ca inspiraţie în 2016 a fost *Spaţiul lui Dumnezeu*. Ce înţeleg eu prin Spaţiul lui Dumnezeu? Vreau să explic folosindu-mă de un citat din Efeseni:

Spaţiul lui Dumnezeu este în totalitate despre Dumnezeu

Dumnezeu poate face orice.

Această afirmaţie nu este cu siguranţă despre mine. Nu este despre noi. Este despre Dumnezeu. Aceste cuvinte ar trebui să seteze aşteptările noastre în legătură cu Dumnezeu la un nivel foarte înalt. Trebuie să fim conştienţi cât de mare este spaţiul dintre ceea ce putem face noi şi ceea ce poate face El. Acesta este Spaţiul lui Dumnezeu - spaţiu pentru Dumnezeu să facă ceea ce doar El poate face. Noi facem ce este posibil. Dumnezeu face imposibilul. Asta ne arată cine e El.

Spaţiul lui Dumnezeu este mai mare decât mine

Dumnezeu poate face orice, să ştii – mult mai mult decât ţi-ai imagina vreodată sau ai putea ghici ori cere în visurile tale cele mai nebuneşti!

Cât de mult înseamnă mai mult? Nu e vorba de *puţin* mai mult sau de *ceva* mai mult. E vorba de *mult* mai mult. Atât de mult, încât nu cred că noi putem pricepe. Cel care a scris *Epistola către evrei* a încercat să exprime în cuvinte cam cât înseamnă mult mai mult: „mult mai mult decât ţi-ai imagina vreodată sau ai putea ghici ori cere în visurile tale cele mai nebuneşti!" Dar, chiar şi aşa, nu prea pricepem.

Nici nu încerca să înţelegi cu cât e Dumnezeu mai mare decât noi. Nu putem înţelege. Cuvintele nu se pot nici măcar apropia. Dumnezeu e Dumnezeu, iar noi nu suntem. Acest lucru este simplu şi ne umple de smerenie.

Când încerc să înţeleg acest lucru, mi se pare că Dumnezeu îmi spune: „John, nu-mi cere să-mi înghesui planul în mintea ta plăpândă, pentru că atunci voi fi limitat de înţelegerea ta. Iar eu sunt Dumnezeu". Dacă ne putem explica întru totul vieţile şi credem că putem rezolva orice mister al vieţii, atunci nu-I lăsăm spaţiu lui Dumnezeu să trăiască.

Spaţiul lui Dumnezeu este un loc în interiorul meu în care aleg să-L las pe Dumnezeu să facă ceea ce doar El poate face

Şi o face nu înghiontindu-ne şi împingându-ne, ci lucrând în interiorul nostru, cu Spiritul său blând şi profund în interiorul nostru.

Dumnezeu nu ne forţează să acceptăm nimic, nici măcar iubirea lui. Ne-o oferă cu blândeţe. Şi lucrează în interiorul nostru numai pentru că noi Îl lăsăm să facă asta. Iată că avem o capacitate uriaşă de a alege. Întrebarea la care trebuie să răspundem toţi este: „Cât spaţiu îi acordăm lui Dumnezeu?" Acest spaţiu este asemenea iubirii Lui; putem avea oricât ne dorim.

Spaţiul lui Dumnezeu este inexplicabil şi incontestabil

Poate că cel mai extraordinar lucru în legătură cu Spaţiul lui Dumnezeu este faptul că Dumnezeu le permite oamenilor obişnuiţi ca tine şi ca mine să aibă acces la el. În consecinţă, Dumnezeu poate face lucruri extraordinare cu şi prin noi. Una dintre cele mai bune descrieri ale acestui fapt se găseşte în Corinteni 1:26-31:

> De pildă, fraţilor, uitaţi-vă la voi, care aţi fost chemaţi: printre voi nu sunt mulţi înţelepţi în felul lumii, nici mulţi puternici, nici mulţi de neam ales. Dar Dumnezeu a ales lucrurile nebune ale lumii, ca să facă de ruşine pe cele înţelepte. Dumnezeu a ales lucrurile slabe ale lumii, ca să facă de ruşine pe cele tari. Şi Dumnezeu a ales lucrurile josnice ale lumii şi lucrurile dispreţuite, ba încă lucrurile care nu sunt, ca să nimicească pe cele ce sunt, pentru ca nimeni să nu se laude înaintea lui Dumnezeu. Şi voi, prin El, sunteţi în Hristos Isus. El a fost făcut de Dumnezeu pentru noi înţelepciune, neprihănire, sfinţire şi răscumpărare, pentru ca, după cum este scris: „Cine se laudă, să se laude în Domnul".[15]

Nu avem prea multe de oferit lui Dumnezeu în afară de noi înşine. Dumnezeu vrea bunăvoinţa noastră, nu puterea noastră. Dacă crezi că poţi face totul de unul singur şi eşti în căutarea unui rezervor secret de forţă, opreşte-te. Pentru că nu există aşa ceva. Concentrează-te asupra resurselor nesfârşite ale Domnului. El poate face ceea ce noi nu putem face. Şi este dispus să facă aceste lucruri dacă tu eşti dispus să-i acorzi credit pentru asta.

Poate că cel mai extraordinar lucru în legătură cu Spațiul lui Dumnezeu este faptul că Dumnezeu le permite oamenilor obișnuiți ca tine și ca mine să aibă acces la el.

Aceasta este rugăciunea mea pentru tine. Şi voi continua să mă rog pentru tine.

Mă bucur că ai hotărât să citeşti acest capitol. Invitaţia lui Dumnezeu a ajuns până la tine. El te iubeşte. Sper că vei accepta această iubire, dacă nu ai făcut-o deja. Nu numai că astfel îţi vei descoperi capacitatea, dar îţi va schimba fiecare aspect al vieţii. Dacă nu-l cunoşti încă pe Dumnezeu, nu ai nici cea mai vagă idee despre ceea ce poate El face şi ce va face pentru tine.

Întrebări referitoare la capacitatea spirituală

1. În ce fel te-ai gândit la Dumnezeu până acum? Convingerile tale se regăsesc în acest capitol sau ai învăţat ceva nou?
2. Ce ai simţit citind faptul că Dumnezeu te iubeşte în orice condiţii şi că nu te poate iubi mai mult de atât orice ai face?
3. În ce fel intenţionezi să acţionezi ca răspuns la invitaţia lui Dumnezeu?

18

Capacitatea de a evolua – alegerea de a te concentra asupra punctului cel mai îndepărtat în care poți ajunge

Dezvoltarea personală este un subiect care mă pasionează mult și despre care am scris pe larg. Așa că voi folosi o abordare puțin diferită acum de ceea ce am făcut în trecut. Dar, înainte, vreau să stabilesc niște principii de bază.

Una dintre cărţile care mi-au influenţat modul de gândire pe tema dezvoltării personale este *Mindset: The New Psychology of Success* („Mentalitatea: Noua psihologie a succesului"), de Carol Dweck. Am regăsit în această carte multe dintre convingerile mele și experienţele prin care am trecut înainte de a o citi. Dweck a descoperit că oamenii posedă în mod natural unul dintre cele două tipuri de mentalitate. Unii au o mentalitate fixă, rigidă, inflexibilă. Aceasta corespunde convingerii că însușirile lor personale, precum inteligenţa, caracterul, creativitatea, abilităţile sociale etc. nu se pot schimba. Că ar fi setate pe viaţă. Ceilalţi au o mentalitate axată pe dezvoltare. Ei cred că își pot dezvolta însușirile proprii.

Dweck a arătat că oamenii cu o mentalitate rigidă încearcă permanent să-și demonstreze valoarea: „Am văzut atât de mulţi oameni consumaţi de scopul de a-și demonstra valoarea – în clasă, în carieră, în relaţii. Ei își doresc ca fiecare situaţie să le confirme inteligenţa, personalitatea, caracterul. Evaluează fiecare situaţie: *Voi reuși sau voi eşua? Voi părea inteligent sau prost? Voi fi acceptat sau respins? Mă voi simţi ca un învingător sau ca un ratat?*"[1]

În contrast cu această descriere, Dweck arată că oamenii care au o mentalitate axată pe dezvoltare explorează şi evoluează.

> Mentalitatea axată pe dezvoltare se bazează pe convingerea că, depunând efort, îţi poţi cultiva însuşirile de bază. Deşi oamenii pot fi foarte diferiţi pe toate planurile – în privinţa talentelor şi aptitudinilor naturale, a intereselor şi temperamentelor – cu toţii se pot schimba şi se pot dezvolta aplicând aceste talente şi câştigând experienţă.
>
> Oare cred aceşti oameni că oricine poate deveni orice, că oricine are motivaţia sau educaţia necesară poate deveni un Einstein sau un Beethoven? Nu, dar ei cred că potenţialul unui om este necunoscut (şi că nu poate fi cunoscut), că este imposibil să prevezi ce anume se poate realiza după ani de antrenament, efort şi pasiune.[2]

Cu alte cuvinte, capacitatea unei persoane nu cunoaşte limite. Iar noi ar trebui să ne dorim să explorăm pentru a afla cât de mult ne putem dezvolta.

Chiar dacă cercetările lui Dweck indică faptul că oamenii se încadrează în mod natural în una dintre aceste două categorii, eu cred că o persoană născută cu o mentalitate rigidă poate adopta modul de gândire şi obiceiurile specifice mentalităţii axate pe dezvoltare şi că poate evolua. Dweck confirmă acest lucru. Ea spune că avem de ales:

> Atunci când adopţi o mentalitate, intri într-o lume nouă. Într-una dintre lumi – cea care corespunde calităţilor fixe – succesul presupune să demonstrezi că eşti inteligent sau talentat. Presupune să te validezi. În cealaltă lume – cea care corespunde calităţilor variabile – succesul se referă la efortul de a învăţa lucruri noi. La dezvoltarea personală.
>
> Într-una dintre lumi, orice impediment reprezintă un eşec: o notă proastă, pierderea unei competiţii, o concediere, o respingere. Acestea înseamnă că nu eşti inteligent sau talentat. În cealaltă lume, eşecul presupune să nu te dezvolţi. Să nu încerci să ajungi acolo unde îţi doreşti. Înseamnă să nu-ţi atingi potenţialul.

> Într-una dintre lumi, efortul este un lucru negativ. El presupune, la fel ca eșecul, că nu ești inteligent sau talentat. Dacă ai fi, nu ar fi nevoie să depui efort. În cealaltă lume, efortul este cel care te ajută să devii inteligent sau talentat.[3]

În care dintre lumi trăiești? Vrei să te schimbi? O poți face!

Majoritatea oamenilor pe care îi cunoșteam în perioada în care m-am format aveau o mentalitate rigidă. Nu am crezut însă niciodată în acea lume și mi-am dat seama că trebuia să găsesc persoane și medii în care domnește o mentalitate axată pe dezvoltare. Vreau să-ți descriu, în capitolul de față, cum arată această lume. Dacă ai o mentalitate rigidă, atunci mutarea într-un mediu cu mentalitate axată pe dezvoltare te va ajuta să te schimbi, să crești, să te adaptezi. Dacă ai deja o mentalitate a dezvoltării, atunci mutarea într-un astfel de mediu îți va accelera evoluția și-ți va mări mai repede capacitatea. Iar dacă se întâmplă să fii lider, poți studia caracteristicile mediului în care domnește dezvoltarea și poți începe să creezi un astfel de mediu în cadrul departamentului ori organizației tale, pentru a-i ajuta pe membrii echipei tale să se dezvolte. Am prezentat aceste idei celor de la ATB Financial din Canada în urmă cu câțiva ani, ceea ce i-a inspirat să le asigure angajaților un mediu propice dezvoltării.

Mediul propice dezvoltării este un loc în care...

De-a lungul timpului, am studiat multe tipuri de medii și, din postura de lider, am creat câteva. În cei peste 40 de ani de experiență, am identificat 10 caracteristici ale mediilor propice dezvoltării:

1. Trebuie să existe oameni mai buni decât tine

Ești primul în clasă? Dacă da, atunci nu te afli în clasa care trebuie. Este necesar să găsești oameni care sunt mai buni decât tine ca să poți învăța de la ei.

Toată viața, am căutat în mod deliberat oameni mai rapizi, mai buni, mai inteligenți, mai impunători și mai în vârstă decât mine de la care să învăț. Reușesc întotdeauna să mă extind mai mult atunci când se află cineva înaintea mea. Același lucru este valabil și pentru tine.

Recent, cu ocazia unui discurs pe care l-am ţinut în faţa membrilor organizaţiei de fitness Beachbody, am decis să particip şi la o oră de antrenament. Dintre cei 123 de oameni din sală, sunt convins că m-am situat pe locul 123. Asta m-a făcut să-mi doresc să mă antrenez mult mai mult! În urmă cu doi ani, Margaret şi cu mine am fost într-o călătorie de vis în Italia. Oamenii pe care i-am cunoscut în acea excursie aveau o situaţie financiară mult mai bună decât noi, iar eu am învăţat multe din conversaţiile din timpul meselor. În ultimii ani, am ajuns să joc în competiţia de golf destinată profesioniştilor At&T Pro-Am. Crede-mă, nici unul dintre jucătorii profesionişti de golf nu mi-a cerut vreodată să lovesc mingea în locul lui, dar le-am urmărit în permanenţă jocul şi am învăţat de la ei. Iar atunci când organizez conferinţe şi invit oameni precum Alan Mulally, fostul preşedinte al companiei Ford Motor, fii convins că stau în primul rând şi iau notiţe în timpul discursurilor lor.

Oricât de mult mi-ar plăcea să comunic, prefer să învăţ în loc să predau. Prefer să pun întrebări în loc să ofer răspunsuri. Cred că se poate spune că prefer zona mai adâncă a piscinei în detrimentul celei cu apă mai puţină. Mă folosesc de puterea apropierii pentru a ajunge lângă oamenii care mă pot ajuta să trec la următorul nivel. Când fac asta, încerc să nu mă gândesc la cât de mult sunt ei înaintea mea. Comparaţia cu ei m-ar descuraja. În schimb, le analizez drumul spre succes şi îl folosesc ca inspiraţie. Ei au ajuns departe; poate reuşesc şi eu. Trebuie doar să trec prin etapele prin care au trecut ei. Întotdeauna devin mai bun când petrec timpul alături de oameni superiori mie. Dacă i-aş provoca la o întrecere, probabil că nu aş câştiga. Dar este în regulă. Acest câştig este supraestimat. Dezvoltarea e subestimată.

Există, în mediul tău, oameni superiori ţie? Dacă nu, trebuie să găseşti astfel de oameni.

2. Trebuie să ai parte de provocări în permanenţă

Majoritatea oamenilor se trezesc şi cască. Eu prefer să mă trezesc şi să înghit în sec. Vreau să ştiu că urmează să mi se întâmple ceva important în fiecare zi.

Acest lucru este cu siguranţă valabil şi pentru această săptămână. Voi lansa o provocare către cei 150 de traineri voluntari care au lucrat cu organizaţia mea nonprofit EQUIP: îi vor ruga să mă ajute să organizez mese rotunde peste tot în lume. Obiectivul nostru este să instruim un milion de oameni în cadrul acestor mese rotunde pe parcursul anului viitor. Acest obiectiv este mai mare decât mine. Voi provoca același grup să-i ajute pe liderii pe care i-am instruit deja să devină catalizatori ai transformării. Și acest obiectiv este mai mare decât mine.

Tot în această săptămână, voi vorbi în fața a 800 de directori de pe Wall Street și-i voi ruga să producă un impact la nivelul societății care are mai degrabă valoare spirituală decât financiară. Și acest obiectiv este mai mare decât mine. Iar săptămâna mea se va încheia cu un discurs în fața absolvenților Universității de Sud din Florida, cărora le voi explica cum pot fi persoane cu însemnătate chiar acum – fără să aștepte până când împlinesc 50, 60 sau 70 de ani. Și acest obiectiv este măreț în comparație cu mine. Chiar și când scriu aceste rânduri, înghit în sec!

Cele mai însemnate lucruri în viață presupun timp și efort. Bucuria de a parcurge drumul către îndeplinirea lor vine din descoperirile pe care le facem pe parcurs. Cunoștințele noi pe care le dobândim și descoperirile pe care le facem ne motivează să continuăm călătoria. Abia după ce parcurgem o distanță lungă, ne putem uita înapoi pentru a observa lucrurile pe care nu le știam. Curând, ne dăm seama că nu destinația este cea pe care o căutăm, ci că ne dorim mai degrabă să ne dezvoltăm. Astfel, ne trezim îmbrățișând această călătorie pe deplin conștienți că nu există o linie de sosire. Atunci, încetăm să ne mai întrebăm „Cât o să dureze?“ și începem în schimb să ne întrebăm: „Cât de departe pot ajunge?“

Autorul Robert Anthony a spus: „Unii oameni beau din fântâna cunoașterii – alții doar fac gargară“. Ce capacitate ai tu? Dar eu? Nu știu. Dar știu că mi-o pot dezvolta. Cândva, Johnny Weissmuller a fost numit cel mai bun înotător din lume. El a deținut peste 50 de recorduri mondiale. Doctorii și antrenorii spuneau: „Nimeni n-o să bată aceste recorduri vreodată“. Știi cine bate recordurile lui acum? Copiii de 13 ani. O provocare te poate face mereu mai bun.

3. Trebuie să te concentrezi asupra evoluției tale

Într-un mediu axat pe dezvoltare, atenția ta este îndreptată către propria evoluție. Tony Robbins a spus: „Energia circulă încotro se îndreaptă concentrarea“. Sfatul meu este ca, atunci când atenția îți este distrasă, să-ți alimentezi concentrarea și să diminuezi distracțiile. Spune nu lucrurilor bune, ca să poți spune da celor mai bune lucruri.

Într-o perioadă foarte aglomerată din viaţa mea, când încercam să mă concentrez asupra evoluţiei personale, dar eram bombardat cu solicitări care îmi distrăgeau atenţia, am scris următoarea scrisoare. Nu am trimis-o niciodată, dar a fost o terapie foarte eficientă pentru mine.

> John Maxwell îţi mulţumeşte pentru scrisoare, dar regretă că nu poate accepta invitaţia ta: de a-ţi trimite un autograf/ de a te ajuta la proiect/ de a trimite o fotografie/ de a citi manuscrisul tău/ de a-ţi oferi consiliere/ de a ţine o prelegere/ de a-ţi acorda un interviu/ de a participa la o conferinţă/ de a vorbi la radio/ de a prezida o şedinţă/ de a apărea la TV/ de a deveni editor/ de a ţine un discurs după cină/ de a scrie o carte/ de a scrie un testimonial/ de a aproba un punct de vedere/ de a accepta acest titlu onorific.

Am aproape 70 de ani, dar privesc în continuare înainte, nu înapoi. Şi mă concentrez în continuare să devin mai bun. Oamenii în vârstă vorbesc adesea despre ziua de ieri. Ei povestesc despre „vremurile bune". Ei bine, trebuie să-ţi spun că vremurile acelea nu au fost de fapt atât de bune. Oamenii în vârstă doar cred că au fost mai bune, pentru că sunt bătrâni şi nu-şi amintesc. Eu nu vreau să mă uit înapoi. Şi nici tu nu ar trebui s-o faci.

4. Trebuie să existe o atmosferă încurajatoare

Când mi-am început cariera, tatăl meu mi-a dat următorul sfat: „Preţuieşte oamenii, crede în ei şi iubeşte-i necondiţionat". Ce îmi transmitea el de fapt era să creez un mediu care este încurajator pentru ceilalţi. Şi asta am încercat să fac timp de peste 40 de ani. El ştia de pe atunci, iar eu ştiu acum că oamenii se descurcă cel mai bine atunci când sunt încurajaţi.

Trăieşti şi munceşti într-un mediu în care eşti încurajat pentru ceea ce eşti? Ceilalţi te încurajează să te dezvolţi şi te felicită atunci când iei decizii care îţi permit să evoluezi? Dacă da, atunci ştii cât de mult ajută acest lucru. Dacă nu, trebuie să găseşti un astfel de mediu în care oamenii se ajută reciproc să crească, nu-şi trag preşul de sub picioare unul altuia.

5. Trebuie să ieși din zona de confort

Ai citit deja un capitol întreg pe tema asumării riscului și ieșirii din zona de confort, așa că nu mai trebuie să adaug multe. Dar vreau să-ți spun asta: nu te poți dezvolta în zona de confort și nu te poți simți confortabil în zona care îți permite dezvoltarea.

Nu te poți dezvolta în zona de confort și nu te poți simți confortabil în zona care îți permite dezvoltarea.

Prietenul meu, Paul Martinelli, președintele organizației John Maxwell Team, spune: „Tot ceea ce-ți dorești în viață se află în afara zonei tale de confort". Cred că acest lucru este adevărat. Iată cum funcționează lucrurile în privința dezvoltării:

Atunci când ai ieșit în afara zonei tale de competență sau de aptitudini și în afara zonei tale de confort, e o catastrofă.
Atunci când te afli în zona ta de competență și în zona ta de confort, înaintezi doar din inerție.
Atunci când te afli în zona ta de competență și în afara zonei tale de confort, creezi un nou tu.

Una dintre modalitățile prin care eu ies din zona mea de confort este să fac față și să îmbrățișez noi experiențe. Anul acesta m-am dat cu parapanta în Peru, cu racheta de zăpadă în Colorado, am mers într-un autobuz de campanie prin Iowa, în timpul alegerilor primare cu un candidat la președinție, am scris o carte pentru copii și am dirijat o orchestră. Dar nu mă opresc aici. Sper ca, tot anul acesta, să învăț să mă dau pe placa cu vâsle, să salvez, împreună cu familia mea, un copil subnutrit din Guatemala și, poate, să mă arunc cu parașuta din avion. (Asta *chiar* ar fi în afara zonei mele de confort!) Vreau să trăiesc intens până mor și să nu fac nici o confuzie între viață și moarte. Tu ce-ți dorești? Ieși frecvent din zona ta de confort?

6. Trebuie să te trezești plin de entuziasm

Un mare mister pentru mine este numărul de oameni plictisiți din lumea asta. Ei cască dimineața, când se trezesc, și continuă să caște toată ziua. Eu nu pot trăi așa. Mă trezesc în fiecare zi plin de entuziasm. De ce?

Îi ajut pe ceilalți

Există oare ceva mai minunat de atât? Oamenii pe care îi ajut se bucură, şi eu la fel.

Sunt bun în ceea ce fac

Nu sunt foarte priceput la multe lucruri. Crede-mă. Sunt mereu uimit de oamenii foarte talentaţi. Eu nu sunt aşa. Eu mă pricep la doar câteva lucruri, dar pe acelea le fac foarte bine. Şi asta e distractiv! E minunat să poţi face un lucru bine şi să-l faci în permanenţă.

Devin din ce în ce mai bun în ceea ce fac

Încă mă dezvolt şi îmi îmbunătăţesc performanţele. Nu ştiu cât va dura această călătorie, dar cu siguranţă mă bucur de ea în momentul acesta.

Îi iubesc pe oamenii cu care lucrez

Am o echipă minunată. Cu doi dintre membrii echipei lucrez împreună de peste 20 de ani. Sunt prieteni de încredere şi persoane foarte competente. Ei îmi oferă siguranţă şi mă înţeleg. Membrii mai noi ai echipei sunt plini de energie şi creativitate şi îmi înfrumuseţează zilele. În timp ce scriu aceste rânduri, zâmbesc. Îi iubesc pe oamenii din echipa mea.

Am o chemare: să schimb ceva în lume

Munca mea are legătură cu chemarea mea, nu cu cariera. O persoană îşi poate schimba sau abandona cariera. Chemarea însă nu este o opţiune. Este oportunitatea de a-ţi împlini destinul.

O persoană își poate schimba sau abandona cariera. Chemarea însă nu este o opțiune. Este oportunitatea de a-ți împlini destinul.

Tu te trezeşti plin de entuziasm în fiecare dimineaţă? În fiecare zi, avem de ales între a explora, a obţine maximum din oportunităţile de dezvoltare şi a le ignora. Tu ce alegere faci?

7. Eșecul nu este dușmanul tău

O altă caracteristică a mediului axat pe dezvoltare este faptul că ţi se permite - sau eşti chiar încurajat - să faci greşeli. La un moment dat, într-o prelegere ţinută la una dintre conferinţele pe tema leadershipului, am spus că pasiunea mea pentru a încerca lucruri noi este mai mare decât teama mea de eşec. Mai târziu, la sesiunea de întrebări şi răspunsuri, am primit multe întrebări despre eşec. Una dintre ele a fost: „Când poţi spune că eşecul nu este duşmanul tău?“ Iată ce am răspuns:

- **Când preţuieşti lecţiile învăţate în urma eşecului**. Eșecul este inevitabil; învăţătura este opţională.
- **Când te ajută să devii rezistent**. Eric Greitens numea *rezilienţa* rezistenţă cu direcţie.
- **Când te folosești de eșecurile tale pentru a-i învăţa pe ceilalţi.** Nu vei mai avea teamă de eşec atunci când nu-ţi va mai fi teamă să le vorbeşti altora despre acele eşecuri.

Ador să predau lecţii despre eşecurile mele şi despre lecţiile învăţate din ele. În această etapă a vieţii, oamenii mă văd ajuns în vârf, dar vreau ca ei să ştie de unde am început. De ce? Nu vreau ca imaginea cu mine ajuns la destinaţie să-i descurajeze să înceapă propriile călătorii. Dacă distanţa pare foarte mare, s-ar putea întâmpla acest lucru. Crede-mă, dacă m-ar fi putut vedea la începuturi, ar fi extrem de încurajaţi. Ar spune: „Dacă băiatul ăla a reușit, pot și eu!“

8. Și ceilalți se dezvoltă

Jim Rohn spunea: „Nu poţi atinge scopuri peste nivelul tău de dezvoltare. Scopurile nu se ating. Te dezvolţi până la ele“. Bine spus. În cazul în care vrei să te dezvolţi până ajungi la scopurile tale, vei avea multe de câştigat dacă te vei înconjura de oameni care se dezvoltă. Dacă nu vezi în jurul tău alţi oameni care se dezvoltă, înseamnă că nu eşti într-un mediu axat pe dezvoltare.

„Nu poți atinge scopuri peste nivelul tău de dezvoltare. Scopurile nu se ating. Te dezvolți până la ele."

– Jim Rohn

Eu vreau să trăiesc într-un mediu în care și eu, și alții ne dezvoltăm. Iar, ca lider, am responsabilitatea de a crea un astfel de mediu. Ceea ce nu e întotdeauna ușor. De-a lungul anilor, am învățat să nu subestimez niciodată puterea de a mă dezvolta eu însumi și să nu supraestimez niciodată puterea pe care o am de a-i ajuta pe alții să se dezvolte. La începutul carierei mele, credeam că va fi întotdeauna ușor să-i ajut pe alții să se dezvolte. Dar am descoperit că nu toată lumea își dorește acest lucru. După câteva încercări eșuate, am început să pun trei întrebări înainte de a investi în cineva:

Ei *vor* să crească?
O vor *face*?
Pot s-o facă?

Răspunsurile trebuie să fie afirmative, altfel de ce mi-aș pierde timpul și aș face eforturi încercând să investesc în ei? Și, apropo: nu eu răspund la aceste trei întrebări. Îi întreb pe oamenii pe care aș vrea să-i ajut să se dezvolte – înainte să încep s-o fac. Răspunsurile lor determină eforturile mele.

9. Oamenii doresc să se schimbe

Prietenul meu Gerald Brooks a spus: „Fiecare nivel de dezvoltare presupune un nou nivel de schimbare". Cât de adevărat. Este posibil să ne schimbăm fără a ne dezvolta, dar dacă ne dezvoltăm, cu siguranță ne schimbăm.

La începutul carierei mele, credeam că voi găsi un domeniu în care mă descurc bine, iar apoi voi face acel lucru tot restul vieții. Inițial, am crezut că asta înseamnă că voi fi pastor. Totuși, realitatea este că mi-am schimbat cariera de cel puțin zece ori. Iată câteva dintre rolurile mele trecute și prezente: predicator, pastor, orator, trainer, furnizor de resurse, consultant, autor, mentor, fondator de companie, lider, antreprenor și tată. Sunt multe schimbări. Fiecare dintre ele s-a potrivit iscusinței mele, dar modul în care am pus-o în aplicare s-a schimbat și s-a dezvoltat. Dezvoltarea este singura noastră garanție că ziua de mâine va fi mai bună.

Există multe ferestre de oportunitate în fața ta. Trebuie să le deschizi pentru a putea ajunge la următorul nivel al vieții tale. Multe dintre aceste ferestre nu vor fi ceea ce păreau inițial. Vor fi momente în care va trebui să te întorci din drum, să închizi fereastra și s-o iei în altă direcție. Este în regulă. Și această etapă face parte din schimbare. Atunci când o fereastră nu deschide o cale care merită urmată, întoarce-te din drum. Am făcut adesea asta. De-a lungul anilor, am închis multe ferestre. Ba chiar am creat un set de întrebări pentru momentele în care trebuie să închid o fereastră. Pune-ți aceste întrebări. Fiecare „Da" este un semn că a sosit momentul să te întorci din drum și să închizi fereastra.

1. Este această fereastră de oportunitate mai puțin promițătoare astăzi decât în momentul în care am deschis-o?
2. A ascuns ea surprize care nu sunt în beneficiul dezvoltării mele?
3. Nu am descoperit nimic valoros sau nu am făcut tot ce trebuia în legătură cu această oportunitate?
4. Ratez alte ferestre de oportunitate pentru că cea din fața mea îmi consumă atât de mult timp?
5. Dacă aș putea s-o iau de la capăt, știind ce știu acum, aș evita să deschid această fereastră?

Dacă nu ești convins că poți răspunde sincer la aceste întrebări, mai adresează-ți una: Oare oamenii care mă cunosc ar fi de acord cu răspunsurile mele la cele cinci întrebări?

Ține cont de aceste idei în timp ce te gândești la răspunsurile pentru întrebările anterioare:

1. Nu te teme să te întorci din drum. Atunci când o faci cum trebuie, nu pierzi teren, ci te stabilizezi.
2. Nu închide o fereastră până când nu descoperi ce lecție ai învățat din acea experiență.
3. Nu renunța după ce închizi o fereastră. Du-te la altă fereastră. Atunci când renunți la ceva, trebuie să ai altceva de făcut.
4. Dacă tot închizi și deschizi aceleași ferestre, problema pe care o ai nu constă în lipsa oportunităților. Problema ești chiar tu. Întreabă-i pe oamenii care te cunosc cel mai bine și care te iubesc cel mai mult să-ți spună părerea lor sinceră.

Schimbarea poate fi dificil de gestionat, dar ea este absolut necesară pentru dezvoltare. Atunci când navighezi în ape neexplorate, sper să găsești utile aceste informații.

10. Dezvoltarea este stimulată prin modele și așteptări

În cartea mea, *Cele 15 legi supreme ale dezvoltării personale*, vorbesc despre Legea Modelării, potrivit căreia este greu să devii mai bun atunci când nu ai nici un model de urmat în afară de tine. Iată de ce, într-un mediu axat pe dezvoltare, sunt atât de importante niște modele pozitive și o așteptare cu privire la dezvoltare. În mod ideal, modelarea se petrece pornind de la vârf până la baza organizației. Nimeni nu este prea sus sau prea jos ca să crească.

Poți afla dacă ești într-un mediu în care ai modele de dezvoltare și în care se creează o așteptare cu privire la dezvoltarea ta, punându-ți următoarele întrebări:

1. Cine din această organizație te stimulează să dai ce ai mai bun din tine?
2. Pe cine din această organizație stimulez să dea ce are mai bun?

Dacă poți face o listă cu nume care te stimulează să dai ce ai mai bun, iar alții te pot numi pe tine ca model de dezvoltare, atunci ești într-un mediu axat pe dezvoltare.

Nu te lăsa purtat de curent

Sper că vei face o prioritate din dezvoltarea ta și a oamenilor din viața ta. Este una dintre cele mai importante și profitabile alegeri pe care le poți face. Din păcate, prea mulți oameni nu fac această alegere. Ei se mulțumesc să sară în fluviul vieții, ca și când ar face tubing*, și să plutească în timp ce apa îi duce la vale. Nu devin proactivi. Nu-și aleg destinația. Pur și simplu, se lasă purtați de curentul care alege direcția și viteza în locul lor. Acești oameni sunt conduși de mediul în care trăiesc în loc să fie ghidați de propriile valori.

Apoi, într-o zi, în timp ce plutesc, aud zgomotul făcut de valurile învolburate și devin conștienți de propria situație. Dar atunci este prea târziu. Curentul i-a luat deja. Urmează să cadă. Uneori, căderea este emoțională. Alteori, este o cădere fizică. Sau o cădere financiară.

---

*Activitate recreativă ce presupune parcurgerea cu ajutorul unor colaci pneumatici a unui traseu format din covoare artificiale.

Acum este momentul să te salvezi de la cădere, nu când ești deja în aval. Alegerea de a-ți mări capacitatea de dezvoltare te salvează. Te ajută să-ți stabilești singur cursul. E ca și când ai conduce propriul tău vehicul și ai ieși pe autostradă, alegându-ți singur destinația. Înseamnă să fii activ la cel mai înalt nivel în propriul destin. Sper să alegi acest drum.

Întrebări referitoare la capacitatea de a evolua

1. Câte dintre cele zece caracteristici descrise în acest capitol se regăsesc în mediul tău? Ce spun ele despre mediul în care activezi? Trebuie să faci vreo schimbare? Dacă da, ce schimbare?
2. Pe cine ai ales în mod activ să-ți fie mentor în viață? Ai în prezent un mentor? Dacă nu, cui ar trebui să-i ceri ajutorul pentru a te dezvolta?
3. Ce direcție ai vrea să apuci în viață? În ce fel trebuie să te dezvolți pentru a ajunge acolo? Ce pași poți face astăzi pentru a o apuca pe drumul dorit?

19

Capacitatea de a dezvolta parteneriate – alegerea de a colabora cu cei din jur

Există încă o alegere esenţială pe care o poţi face pentru a-ţi dezvolta capacitatea. Am decis să o prezint la sfârşit, pentru că este alegerea care va multiplica cel mai rapid impactul tuturor celorlalte alegeri. Esenţa acestei alegeri se regăseşte într-un citat atribuit Maicii Tereza: „Eu pot face lucruri pe care tu nu le poţi face, tu poţi face lucruri pe care eu nu le pot face; împreună, putem face lucruri extraordinare". Indiferent dacă ea a rostit aceste cuvinte sau nu, fraza descrie parteneriatul – alegerea de a colabora cu alţii.

„Eu pot face lucruri pe care tu nu le poţi face, tu poţi face lucruri pe care eu nu le pot face; împreună, putem face lucruri extraordinare."

Eu am învăţat această lecţie atunci când am început să stagnez din punct de vedere al productivităţii personale. Efectiv nu puteam munci mai mult, mai repede, mai îndelung. Îmi atinsesem limita, dar nu ajunsesem încă acolo unde îmi doream. Mai aveam o singură alegere posibilă: să colaborez cu alţii.

În acea etapă a vieţii, mi-am amintit de un citat din celebrul Andrew Carnegie: „Faci un pas important în dezvoltarea personală în momentul în care realizezi că ceilalţi te pot ajuta să faci o treabă mai bună decât ai putea face singur". De atunci, am avut sute de parteneriate şi te asigur că, dacă vrei să-ţi multiplici eficienţa, trebuie să colaborezi cu ceilalţi.

E nevoie de parteneri buni

Un bun exemplu de parteneriat este cel care a dat naştere acestei cărţi. M-am tot gândit la noţiunea de capacitate vreme de doi ani. Timp de un an, am lucrat activ cu ea, căutând idei care să mă ajute să înţeleg şi să predau despre capacitate. Sunt zile în care găsesc lucruri extraordinare, asemenea unor seminţe cu potenţial de creştere. În alte zile, nu înaintez deloc.

Trăiesc cu aceste seminţe de idei luni în şir şi, în cele din urmă, ele răsar. Pe unele le folosesc ca citate inspiraţionale. Altele se transformă în principii. Unele dintre ele devin puncte esenţiale sau titluri de capitole. E ca o grădină de idei.

Îţi aminteşti de capitolul dedicat capacităţii de gândire, în care îţi explicam cum gândesc eu în timp ce deliberez? La fel lucrez şi cu ideile. Ele trăiesc în mine vreme îndelungată. Trebuie să mă conving eu însumi de valoarea lor înainte să încerc să conving un cititor ca tine.

Odată convins, dezvolt o teză pentru carte şi schiţez un plan. Aici începe procesul găsirii unor parteneriate. Aduc laolaltă un grup de oameni foarte talentaţi pentru a face brainstorming pe subiect. Nu-i consult în speranţa că-mi vor furniza idei. Vreau ca ei să mă ajute să îmbunătăţesc şi să dezvolt ideile pe care le am deja. Uneori, petrecem câteva ore împreună. Alteori, o jumătate de zi. Eu le prezint planul meu din timp, iar ei vin pregătiţi. Îmi doresc ca ei să îmbunătăţească ceea ce e bun din planul meu, să mă ajute să scap de orice nu e suficient de bun şi să vină cu idei noi, la care nu m-am gândit. După fiecare din aceste întâlniri, plec fericit.

Apoi, mă apuc din nou de scris vreme de câteva luni, după care încep colaborarea cu Charlie Wetzel. Am descris procesul în capitolul dedicat capacităţii de gândire. Ulterior, când editorul primeşte manuscrisul, începe o altă serie de colaborări. Echipa editorială şlefuieşte textul dându-i forma finală, creează coperta şi designul, apoi o tipăreşte. Urmează echipa de vânzări care introduce cartea pe piaţă. Şi aş putea continua cu parteneriatele cu alţi vânzători de carte şi cu alte persoane care m-au ajutat înainte ca volumul să ajungă în mâinile tale. Nici unul dintre aceste lucruri nu ar fi posibil fără ajutorul celorlalţi.

Mentalitatea axată pe parteneriate

Crezi în parteneriate? Le dezvolţi? Dacă nu realizezi ce forţă au, atunci fă următorul exerciţiu. Munceşte asiduu şi îndelung la un lucru, de unul singur. Când ţi-ai atins limitele şi nu poţi face lucrurile mai bine, cere ajutorul câtorva oameni competenţi. Te vei simţi deopotrivă umil şi binecuvântat. Umil pentru că vei vedea cât de *rapid* pot ei îmbunătăţi munca ta, şi binecuvântat pentru că vei vedea cât de *mult* o pot îmbunătăţi.

Dacă în prezent nu colaborezi cu oameni valoroşi, eşti departe de a-ţi atinge capacitatea maximă. Adresează-ţi următoarele întrebări:

Când ai rugat ultima dată pe cineva să te ajute să devii mai bun?
Când te-ai gândit ultima oară la faptul că cineva *ar putea* să te ajute să devii mai bun?
Când ai tânjit ultima oară după o perspectivă nouă asupra lucrurilor?
Când te-ai racordat ultima dată la modul de gândire al altcuiva?
Când ai cerut ultima dată sfatul şi părerea altora?
Când ai progresat ultima dată pentru că altcineva te-a ajutat?
Când le-ai acordat credit celorlalţi ultima dată?

A avea parteneri echivalează cu a aduna unu cu unu şi a obţine trei. Am aproape 70 de ani, dar acum trec prin cea mai bună perioadă a vieţii. De ce? Pentru că eforturile mele sunt multiplicate de parteneriatele pe care le am. Companiile mele sunt mai pregătite ca niciodată, nu şi-au încetinit activitatea. Eu dau tot ce am mai bun celorlalţi şi primesc, în schimb, ce au ei mai bun, ceea ce reprezintă mult mai mult decât ce pot da eu de unul singur.

Cum să fii un partener extraordinar

Ca să te poţi bucura de parteneriate extraordinare, trebuie să fii tu însuţi un partener extraordinar. Recent, compania John Maxwell a semnat un acord de parteneriat cu grupul Hendrick Automotive. În ziua lansării acestei colaborări incitante, sute de lideri ai grupului Hendrick au fost alături de mine şi de echipa mea. Am întins mâna oamenilor de la Hendrick în numele companiei mele şi am vorbit ambelor echipe despre „potențialul parteneriatului". Vreau să împărtășesc și cu tine ceea ce le-am spus lor.

Pentru a fi un partener extraordinar...

1. Trebuie să plasezi agenda celuilalt înaintea agendei tale

Dacă vrei să colaborezi cu alții, atunci trebuie să fii primul care iese în întâmpinarea lor. Găsește terenul comun și plasează agenda lor înaintea agendei tale. În esență, fii un lider serviabil și măsoară succesul în semințele pe care le-ai plantat mai mult decât în roadele pe care le-ai cules.

Persoana care întruchipează cel mai bine această idee în universul meu este Mark Cole, CEO al tuturor companiilor mele. Mark este foarte prețuit de sute de lideri ai altor organizații, la fel și de liderii companiilor mele. Mă simt binecuvântat la vârsta mea. Mark este cea mai bună mână dreaptă pe care am avut-o vreodată, pentru că el plasează mereu agenda mea înaintea agendei sale.

În timp ce lucram la acest capitol, l-am rugat pe Mark să scrie despre cum reușește el să facă acest lucru, ca să poți beneficia și tu de perspectiva lui. Iată cuvintele sale:

> Nu plasez agenda lui John înaintea agendei mele. Agenda lui *este* agenda mea! Acest lucru nu este natural pentru mine, cum nu este pentru nici un lider puternic, ci este rezultatul disciplinei, al anilor în care am făcut lucrul corect indiferent de ce-mi doream eu să fac, dar și o consecință a faptului că am învățat să am încredere în persoana pe care o servesc.
>
> Iată cum decurg lucrurile:
>
> **Sunt disponibil pentru John**
>
> După cum am spus, agenda lui John este agenda mea. Ceea ce fac pe parcursul zilei se poate schimba într-o clipă atunci când John are nevoie de mine. Și reușesc întotdeauna să integrez ceea ce vrea el să realizeze în ceea ce vreau eu să realizez.
>
> **Sunt în apropierea lui în fiecare zi**
>
> Proximitatea este singurul mod în care pot transforma agenda lui în agenda mea. În fiecare zi, suntem fie față în față, fie la capătul celălalt al telefonului.

Pun întrebări pentru a înțelege ce-și dorește

John m-a învățat să nu conduc pe baza unor presupuneri. Conversațiile noastre sunt ticsite de întrebările mele. Din moment ce vorbesc adesea în numele lui John, comunicarea mea cu ceilalți trebuie să reflecte ce ar comunica el. Îmi doresc ca, atunci când oamenii mă privesc, să-l vadă pe John. Când mă aud, să-l audă pe John.

Îi permit lui John să fie el însuși

John este foarte creativ când vine vorba de a prinde oportunități de afaceri și vrea să aibă mai multe opțiuni pentru a asigura succesul proiectelor sale. Îl las să se schimbe, să viseze, să se dezvolte și nu-i cer să respecte cu strictețe planurile anterioare. Flexibilitatea este esențială pentru ca parteneriatul nostru să fie corect.

Mă asigur că oamenii cu care lucrez știu că eu și John gândim la fel

Vreau ca toată lumea să știe că eu îl reprezint în permanență pe John și viziunea lui. Acest lucru permite echipei mele să se adapteze la leadershipul lui John. Dacă am pierde acest lucru, ne-am pierde busola. Atunci când realizările unei echipe nu reflectă viziunea lui John, se creează prea multe subculturi.

Îmi asum responsabilitatea de a rezolva problemele care ar putea amenința agenda lui John

De fiecare dată când liderii organizațiilor lui John fac lucruri care contribuie la valoarea agendei lui John, îi binecuvântez. De fiecare dată când cineva pune sub semnul întrebării viziunea lui John, îi prezint situația lui John împreună cu niște soluții.

Îmi iubesc liderul și agenda lui

Cunoscând sufletul lui John, mă pot implica cu tot sufletul meu în realizarea agendei sale. Toți anii în care am lucrat împreună ne-au făcut să gândim unitar. Acesta este fructul unui parteneriat extraordinar, nu sămânța lui. Sămânța o reprezintă faptul că mi-am însușit agenda lui John. Fructul este să o pun în aplicare.

Dacă îți dorești să închei parteneriate extraordinare, trebuie să faci din agenda partenerului agenda ta. Numai când cei doi parteneri sunt pe aceeași lungime de undă și încearcă să realizeze aceleași obiective apare sinergia pe care o pot furniza parteneriatele.

2. Trebuie să îți ajuți partenerii zilnic

Singurul mod în care poate funcţiona un parteneriat este să-ţi ajuţi partenerul să devină mai bun. Parteneriatele încep să se dezintegreze atunci când unul dintre parteneri începe să primească mai mult decât oferă. Un proverb chinezesc spune: „Poţi fi lider pentru o vreme, dar, dacă-i ajuţi pe ceilalţi să reuşească, vei fi lider pentru totdeauna".

Companiile mele se concentrează pe îmbunătăţirea vieţii altora. Organizaţia John Maxwell Team atestă traineri şi oratori, schimbând în bine viaţa a sute de mii de oameni în fiecare zi. EQUIP a instruit cinci milioane de lideri din fiecare ţară a lumii, iar acum îi instruieşte pe acei lideri să acţioneze deliberat pentru a îmbunătăţi viaţa oamenilor zilnic. Fundaţia John Maxwell Leadership este dedicată ajutorării oamenilor din multe ţări instruindu-i, în cadrul unor mese rotunde, pe tema valorilor, a unei vieţi pline de sens şi a leadershipului transformaţional. John Maxwell Company furnizează resurse şi training organizaţiilor şi companiilor care vor ca liderii lor să se dezvolte şi să devină mai buni.

Iată ce ştim eu şi membrii companiilor mele: singurul mod în care ni se va oferi oportunitatea de a intra în parteneriat cu alţii mâine este să-i ajutăm astăzi. Dacă vrei să fii un partener bun şi să beneficiezi de pe urma creşterii capacităţii tale de a încheia parteneriate, trebuie să-ţi ajuţi partenerii să devină mai buni.

3. Oferă-le resurse precum influență, idei și instrumente

Una dintre marile mele bucurii în viaţă este să le furnizez oamenilor resurse. Când am început să instruiesc lideri, mi-am dat seama că nu era suficient să predau. Dacă le asiguram oamenilor resurse, erau capabili să ajungă la un nivel mult mai înalt ca lideri. În prezent, încerc să ajut oamenii împărţind cu ei trei lucruri.

Influență – Pe cine cunosc și ar trebui să cunoască și ei?

De-a lungul timpului, am beneficiat enorm de pe urma faptului că oameni influenţi m-au prezentat unor persoane. Jeff Brown mi-a făcut cunoştinţă cu John Wooden, care mi-a devenit mentor. Scott Fay m-a prezentat lui Paul Martinelli, care conduce acum John Maxwell Team. Rick Goad m-a prezentat lui Ron Puryear, fondatorul World Wide Dream Builders.

Ce persoană cunoşti pe care ar trebui s-o cunoască şi partenerii tăi? Cum poţi conecta oameni care altfel nu s-ar întâlni niciodată? Aceasta este o modalitate fantastică de a-i ajuta pe alţii. Este unul dintre motivele pentru care orice parteneriat bun măreşte numărul de relaţii potenţiale.

Idei – Ce știu eu și ar trebui să știe și ei?

Prietenul meu Ken Blanchard spune: „Unele dintre cele mai bune idei ale mele le-au venit altora". E valabil și pentru mine. Dar, aș adăuga că unele dintre cele mai bune idei mi-au venit vorbind *cu* alţii, așa cum am explicat mai devreme în acest capitol.

„Unele dintre cele mai bune idei ale mele le-au venit altora."
– Ken Blanchard

Cum îi poţi ajuta pe alţii împărţind idei cu ei? Ce le poţi oferi din ceea ce ei nu-și pot asigura singuri? De fiecare dată când împarţi o idee cu alţii, tu nu pierzi nimic, în schimb le oferi foarte mult partenerilor.

Instrumente – Ce folosesc eu și ar putea folosi și ei?

Instrumentele sunt sisteme și practici care s-au dovedit eficiente. Am descoperit că sistemele reprezintă cea mai bună cale de a obţine rezultatele dorite. Consider că practicile reprezintă cele mai eficiente comportamente pentru a obţine rezultatele dorite. Ce sisteme și practici poţi împărţi cu partenerii tăi, pentru a-i ajuta să devină mai buni?

Eu sunt o persoană competitivă de la natură și, foarte multă vreme, am vrut să păstrez un avantaj faţă de ceilalţi, chiar și atunci când eram de aceeași parte a baricadei. A trebuit să învăţ să impart cu ceilalţi ceea ce știam. Odată ce am făcut asta, nu numai că am putut să-i ajut pe alţii, dar am trăit o satisfacţie profundă știind că acţiunea mea are un impact major.

4. Adaptează-ţi serviciile pentru a satisface nevoile partenerilor

Prima mea responsabilitate ca partener este să te cunosc, să-ţi cunosc organizaţia, nevoile și să descopăr cum te pot ajuta să te dezvolţi.

Cum fac asta? Punându-ţi întrebări. Întrebările sunt foarte eficiente în a crea legături.

De exemplu, săptămâna asta mă voi duce la Las Vegas şi voi vorbi cu cei de la Commvault, o extraordinară companie de tehnologie. Am petrecut timp alături de Bob Hammer, CEO-ul lor, pe parcursul unui prânz şi unei cine, învăţând lucruri despre companie. Am completat aceste informaţii telefonând celor patru lideri ai organizaţiei pentru a vorbi despre conferinţa lor din Las Vegas. 90% dintre aceste discuţii au constat din întrebările mele. Răspunsurile lor mă ajută să contribui la dezvoltarea lor. În acest an, tema conferinţei lor va fi „Depăşirea limitelor", aşa că acesta va fi şi subiectul meu: am pregătit deja ilustraţii, idei, principii şi moduri de aplicare în discursul meu care va veni în întâmpinarea nevoilor lor. Aceasta este responsabilitatea mea ca partener şi privilegiul meu.

De asemenea, lucrez pentru a-i servi pe liderii companiilor mele. În fiecare an, îi întreb: „Ce pot face anul acesta pentru a vă asigura un mediu axat pe dezvoltare?" Fiecare dintre ei are propriile nevoi şi aşteptări, pe care nu le-aş cunoaşte dacă nu i-aş întreba. Şi încerc să le ofer ceea ce au nevoie. Leadershipul bazat pe supoziţii este ineficient.

Tu îţi adaptezi serviciile la nevoile partenerilor tăi? Dacă nu, nu le vei fi partener foarte mult timp.

Leadershipul bazat pe supoziţii este ineficient.

---

5. Nu înşela niciodată încrederea partenerilor

Încrederea este fundaţia oricărei relaţii solide. Încrederea nu se obţine uşor; ea trebuie câştigată, dovedită şi testată de-a lungul timpului. Odată ce s-a instalat, parteneriatele tale vor beneficia de un avantaj care le va face să funcţioneze mai lin.

Când compania John Maxwell a intrat în parteneriat cu Hendrick Automotive Group, am descoperit repede că ei dezvoltaseră o încredere extraordinară în cadrul organizaţiei. După ce am vorbit cu liderii lor, unul dintre ei, Jim Perkins, a venit la mine să discutăm despre Rick Hendrick, fondatorul companiei. Jim a spus: „Prefer să fac o afacere cu Rick Hendrick pe care s-o consfinţesc cu o strângere de mână decât să semnez un contract cu oricine altcineva". Uau! Asta înseamnă încredere! Probabil că cel mai valoros compliment pe care îl poţi primi de la un partener este: „Mă pot baza pe tine".

Voiam ca John Maxwell Company să câştige încrederea echipei Hendrick Automotive, aşa că unul dintre lucrurile pe care le-am făcut a fost să îi prezint pe toţi liderii Hendrick preşedintelui companiei mele. Şi am mai făcut ceva. Le-am dat numărul lui personal de telefon, spunând: „Oricând consideraţi că vă dezamăgim ca parteneri, sunaţi-l, iar el va rectifica imediat situaţia". Pentru a fi parteneri buni, trebuie să ne dedicăm celorlalţi, ajutându-i să se dezvolte, şi să respectăm încrederea pe care ei ne-o acordă.

6. Depăşeşte-le aşteptările în tot ceea ce faci

În ultimii ani, am primit recunoaştere pentru contribuţia mea în domeniul leadershipului. La început, am fost surprins de această onoare. Apoi m-am gândit la cum am încercat, timp de patruzeci şi cinci de ani, să depăşesc aşteptările partenerilor mei. Aşadar, se pare că o cursă se poate câştiga mergând încet, dar constant.

La începutul carierei mele, nimeni nu avea aşteptări prea mari de la mine. Aşa că mi-am setat singur aşteptări mari şi am muncit asiduu să le împlinesc. M-am dedicat dezvoltării personale zilnice, muncind din greu şi la acest capitol. După cum spune prietena mea Karen Ford, director de vânzări la nivel naţional al companiei Mary Kay: „Pentru a face mai mult, trebuie să devii mai mult". Şi am început să depăşesc acele aşteptări.

„Pentru a face mai mult, trebuie să devii mai mult."

– Karen Ford

Pe măsură ce m-am dezvoltat şi am devenit mai bun, am început să-mi setez aşteptările faţă de propria persoană din ce în ce mai sus. Făcând acest lucru, am descoperit ceva minunat. Că exerciţiul mă diferenţia de mulţi alţii. Majoritatea oamenilor nu se zbat sistematic pentru a răspunde aşteptărilor, cu atât mai puţin pentru a le depăşi. Iar cei din jur au început să observe. Acest lucru mi-a deschis uşi, dar eu ştiam că o uşă deschisă se poate închide foarte uşor dacă nu continui în încercarea de a depăşi aşteptările, aşa că mi-am setat un obiectiv perpetuu, care a devenit un stil de viaţă pentru mine.

Vrei să dezvolţi parteneriate extraordinare şi să continui să prosperi în ele? E foarte simplu. Depăşeşte sistematic aşteptările partenerilor tăi, iar parteneriatele tale se vor dezvolta. Toată lumea va dori să facă parte din ceea ce faci tu.

7. Respectă relația cu partenerul și dezvoltă-te în cadrul ei

Se întâmplă foarte des ca oamenii să încheie un parteneriat, după care să-l ia de bun, considerând că acesta va funcționa de la sine. În acel moment, parteneriatul începe să se deterioreze. Devine încordat. Și este doar o chestiune de timp până când se va destrăma. Din acest motiv, eu sunt permanent recunoscător pentru parteneriatele pe care le am și muncesc asiduu să câștig respectul celorlalți. Parteneriatul nu poate înflori astăzi pe baza respectului câștigat ieri. Acest respect trebuie recâștigat permanent. Ce fac pentru a câștiga sistematic respectul?

Îmi pasă mai mult decât este strict necesar.
Îmi ofer serviciile mai mult decât este strict necesar.
Muncesc mai mult decât este strict necesar.
Produc mai mult decât este strict necesar.
Mă dezvolt mai mult decât este strict necesar.

Făcând aceste lucruri, mă simt mai bine în propria piele, dar câștig și respectul celorlalți.

Parteneriatul nu poate înflori astăzi pe baza respectului câștigat ieri. Acest respect trebuie recâștigat permanent.

Tu respecți parteneriatele pe care le ai, indiferent că le-ai obținut prin munca proprie sau le-ai câștigat prin efortul altora? Depui efortul de a recâștiga permanent respectul? Nu lua de buni oamenii care lucrează cu tine sau contribuția lor.

Dacă vrei să-ți dezvolți capacitatea la cel mai înalt nivel și să realizezi mai multe decât ai visat vreodată că ar fi posibil, atunci alege să colaborezi cu alții și dezvoltă-ți capacitatea de a încheia parteneriate. Nu există un mod mai bun și mai plăcut de a-ți crește potențialul.

Howard Schultz, fostul președinte și CEO al Starbucks, spune: „Victoria este mult mai semnificativă atunci când se obține nu prin efortul unei singure persoane, ci prin realizările comune ale multora". Acest lucru s-a dovedit a fi foarte adevărat în experiența mea.

„Victoria este mult mai semnificativă atunci când se obține nu prin efortul unei singure persoane, ci prin realizările comune ale multora.“
– Howard Schultz

Întrebări referitoare la capacitatea de a dezvolta parteneriate

1. Ești, în mod natural, o persoană care preferă să facă lucrurile de una singură sau o persoană care vrea să facă parte dintr-un ansamblu? Te gândești la modalități de a lucra împreună cu alții sau plănuiești să muncești individual? Cum îți poți schimba mentalitatea pentru a dezvolta mai multe parteneriate?
2. La ce proiect lucrezi în prezent care ar beneficia de pe urma colaborării cu alții? Pe cine ai putea ruga să-ți fie partener astăzi?
3. Dacă ești lider și ai oameni care îți raportează, îi vezi ca pe niște parteneri pe care îi servești? Sau ca pe niște angajați care te servesc? În ce fel ți s-ar dezvolta capacitatea dacă i-ai privi ca pe niște parteneri?

20

Concluzie – Viața ta, fără limite

În urmă cu câţiva ani, am dat peste o poveste atribuită lui Robert Schuller, autorul cărţii *Tough Times Never Last, But Tough People Do* („Vremurile dure nu durează mult, dar oamenii duri, da"). Iată povestea:

> Când am fost la Londra, am vizitat o sală în care, acum mulţi ani, s-a organizat un banchet în cinstea unui bărbat pe nume Mallory. În anii 1920, Mallory a condus o expediţie de cucerire a Muntelui Everest. Prima expediţie a fost un eşec, la fel şi a doua. Apoi, cu o echipă de oameni foarte capabili, Mallory a pornit pentru a treia oară la asalt. Dar, în ciuda planificării minuţioase şi a precauţiilor şi măsurilor de siguranţă luate, a urmat dezastrul. Au fost surprinşi de avalanşă şi majoritatea celor din echipă, împreună cu Mallory, au murit.
>
> Atunci când puţinii supravieţuitori s-au întors în Anglia, au organizat un banchet fastuos în onoarea echipei din ultima expediţie a lui Mallory. În timp ce primea aplauzele invitaţilor, liderul supravieţuitorilor şi-a îndreptat privirea către fotografiile înrămate ale lui Mallory şi camarazilor săi care muriseră, şi s-a adresat muntelui, în numele acestora: „Mă adresez ţie, Munte Everest, în numele tuturor oamenilor curajoşi care trăiesc şi al celor care nu s-au născut încă", a început el. „Munte Everest, ne-ai învins o dată; ne-ai învins a doua oară, ne-ai învins şi a treia oară. Dar, Munte Everest, într-o zi te vom învinge, pentru că nu poţi creşte mai mult decât putem creşte noi!"

Acest lucru este valabil pentru fiecare dintre noi. Putem crește. Și putem cuceri cele mai înalte vârfuri. Câțiva zeci de ani mai târziu, Edmund Hillary și Tenzing Norgay au reușit să ajungă pe vârful Everestului. Și, de atunci, peste șapte mii de oameni au reușit să ajungă în vârf.

Poți reuși

Recent, am avut o discuție revelatoare cu o foarte cunoscută vedetă de radio. Vorbeam despre cum putem face viața mai bună celorlalți, iar el a spus: „John, ți-ai construit reputația pe baza pasiunii de a-i ajuta pe oameni. Cum ai reușit să menții vie această pasiune și cum ai reușit să-ți păstrezi energia timp de 45 de ani?"

Eram foarte nerăbdător să răspund, pentru că vorbeam despre pasiunea mea, despre viața mea. Motivele pentru care rămân entuziast sunt simple:

Prețuiesc oamenii.
Cred că oamenii își pot îmbunătăți viața.
Îmi îmbunătățesc propria viață pentru a putea oferi mai mult.
Știu cum să-i ajut pe oameni să-și îmbunătățească viața.
Văd rezultatele în cazul celor mulți pe care i-am ajutat.

„Îi ajuți pe toți?" a întrebat el.

„Bineînțeles că nu", am răspuns, „dar am încredere că pot s-o fac".

De ce am atât de multă încredere în abilitatea oamenilor de a-și îmbunătăți viața, de a face schimbări pozitive, de a-și dezvolta capacitatea? Pentru că am trecut eu însumi prin aceste lucruri și știu că, dacă eu le-am trăit, și alții o pot face. Inclusiv tu!

La finalul acestei cărți, vreau să-ți spun că eu cred în tine și în abilitatea ta de a-ți atinge potențialul maxim. Tot ce trebuie să faci este să urmezi formula aceasta:

CONȘTIENTIZARE + ABILITATE + ALEGERI = CAPACITATE

Dacă ești conștient de tine însuți și de abilitatea de a te dezvolta, dacă îți dezvolți abilitățile pe care le ai deja și dacă faci zilnic alegeri care te ajută să devii mai bun, îți vei atinge capacitatea maximă.

Sper că realizezi acum că viața ta nu trebuie să cunoască limite. Câtă vreme respiri, ai unde merge și ai modalități de a te dezvolta. Poți deveni mai bun. Poți face mai mult. Poți avea un impact mai are. Toate acestea îți sunt accesibile. Sper și mă rog să reușești.

Note

Capitolul 1. Știi ce anume te limitează?

1. Roberto Verzola, „10 Hypotheses about Abundance and the Commons", *Daily Good*, 15 iunie 2013, http://www.dailygood.org/story/149/10-hypotheses-about-abundance-and-the-commons-roberto-verzola/, accesat pe 19 ianuarie 2016.
2. Robert J. Kriegel și Louis Patler, *If It Ain't Broke... Break It!* (New York: Warner Books, 1991), 44.
3. Jesse Itzler, *Living with a SEAL: 31 Days Training with the Toughest Man on the Planet* (New York: Center Street, 2015), 108.
4. Ibid., 91.
5. Ibid., 229.
6. Ibid., 52-53.
7. Ibid., 245.

Capitolul 2. Elimină blocajele care te limitează

1. Nick Vujicic, *Life Without Limits* (Colorado Springs: Waterbook, 2010), 200.
2. Bob Brown, „Life Without Limbs: It's All in the Attitude", ABC News, 9 mai 2008, http://abcnews.go.com/m/story?id=4531209&sid=26&p=7, accesat pe 9 septembrie 2016.
3. Stoyan Zaimov, „Nick Vujicic Talks «Unstoppable», Overcoming Suicide and Joy of Married Life", *Christian Post*, 13 septembrie 2012, http://www.christianpost.com/news/nick-vujicic-talks-unstoppable-overcoming-suicide-and-joy-of-married-life-81531/, accesat pe 9 septembrie 2016.
4. Michele Rosenthal, „7 Ways to Change Negative Beliefs About Yourself", *Spirituality & Health*, http://spiritualityhealth.com/articles/7-ways-change-negative-beliefs-about-yourself, accesat pe 19 aprilie 2016.
5. Nick Vujicic, *Limitless: Devotions for a Ridiculously Good Life* (Colorado Springs, CO: WaterBrook, 2013), 32.

Capitolul 3. Capacitatea referitoare la energie – abilitatea de a-ți depăși limitele fizice

1. Jim Loehr și Tony Schwartz, *The Power of Full Engagement: Managing Energy, Not Time, Is the Key to High Performance and Personal Renewal* (New York: The Free Press, 2003), 4-5.
2. Tom Rath, *Are You Fully Charged? The 3 Keys to Energizing Your Work and Life* (New York: Silicon Guild, 2015), 3.
3. Ibid., 7.

4. Michael Howard, „The New Science of Happiness and What It Means for Parents", *Fatherly*, June 27, 2015, https://www.fatherly.com/kids-health-and-development/the-new-science-of-happiness-and-what-it-means-for-parents/, accesat pe 10 mai 2016.
5. Tony Schwartz și Catherine McCarthy, „Manage Your Energy, Not Your Time", *Harvard Business Review*, octombrie 2007, https://hbr.org/2007/10/manage-your-energy-not-your-time, accesat pe 10 mai 2016.
6. Citat în Stephen R. Covey, *Everyday Greatness* (Nashville: Thomas Nelson, 2009), 219.

Capitolul 4. Capacitatea emoțională – abilitatea de gestionare a emoțiilor

1. Og Mandino, *The Greatest Salesman in the World* (New York: Bantam, 1985), 80.
2. Eric Greitens, *Resilience: Hard-Won Wisdom for Living a Better Life* (New York: Houghton Mifflin Harcourt, 2015), 168.
3. Henry Cloud, „How to Add Climate Control to Your Life", MariaShriver.com, 6 februarie 2014, http://mariashriver.com/blog/2014/02/how-to-add-climate-control-to-your-life-dr-henry-cloud/, accesat pe 16 mai 2016.
4. Proverbe16:32.
5. Lolly Daskal, „How to Be More Resilient When Things Get Tough", *Inc.*, 9 aprilie 2015, http://www.inc.com/lolly-daskal/how-to-be-more-resilient-when-things-get-tough.html, accesat pe 16 mai 2016.
6. Greitens, *Resilience*, 46.

Capitolul 6. Capacitatea de relaționare – abilitatea de a construi legături

1. Greitens, *Resilience*, 210.
2. Brian Bethune, „The True Measure of Nelson Mandela", *Maclean's*, 10 februarie 2015, http://www.macleans.ca/politics/the-true-measure-of-nelson-mandela/, accesat pe 2 iunie 2016.

Capitolul 7. Capacitatea creativă – abilitatea de a identifica opțiuni și de a găsi răspunsuri

1. Paul Farhi, „Jeffrey Bezos, Washington Post's Next Owner, Aims for a New 'Golden Era' at the Newspaper", *Washington Post*, 3 septembrie 2013, https://www.washingtonpost.com/lifestyle/style/jeffrey-bezos-washington-posts-next-owner-aims-for-a-new-golden-era-at-the-newspaper/2013/09/02/30c00b60-13f6-11e3-b182-1b3bb2eb474c_story.html, accesat pe 2 iunie 2016.
2. Susan Robertson, „Why You Should Have a Child-Like Imagination (and the Research That Proves It)", Ideas to Go, martie 2013, http://www.ideastogo.com/the-science-of-imagination, accesat pe 2 iunie 2016.

Capitolul 10. Capacitatea de a-ți asuma responsabilitatea – alegerea de a-ți lua viața în propriile mâini

1. Associated Press, „Pennsylvania Man Loses Lawsuit Naming God as a Defendant", *Beaver County Times*, 14 martie 1999, disponibil la http://news.google.com/newspapers?nid=2002&dat=19990314&id=7cMiAAAAIBAJ&sjid=hrYFAAAAIBAJ&pg=4271,3392209&hl=en, accesat pe 8 august 2016.
2. Luca 12:48 (Mesajul).
3. Roshan D. Bhondekar, *Love – The Key to Optimism: Path Toward Happiness* (Chennai, India: Notion Press, 2015), 311.
4. Raghu Korrapati, *108 Pearls of Wisdom for Every College Student* (New Delhi: Diamond Pocket Books, 2014), ediție Kindle.
5. Stephen M. R. Covey, „The 13 Behaviors of High Trust Leaders", Move Me Quotes and More, http://www.movemequotes.com/13-behaviors-high-trust-leaders/#more-18223, accesat pe 8 iunie 2016.
6. Greitens, *Resilience*, 106.

Capitolul 11. Capacitatea de a-ți modela caracterul – alegerile tale trebuie să aibă la bază valori pozitive

1. Stephen R. Covey, *The 7 Habits of Highly Effective People* (New York: Simon and Schuster, 2008), 69.
2. Brendan Coffey, „Hidden Chick-fil-A Billionaires Hatched as Value Soars", *Bloomberg*, 31 iulie 2012, http://www.bloomberg.com/news/articles/ 2012-07-31/hidden-chick-fil-a-billionaires-hatched-as-value-soars, accesat pe 9 iunie 2015.

Capitolul 13. Capacitatea de disciplinare – alegerea de a te concentra asupra prezentului și de a-ți duce la bun sfârșit proiectele

1. Mark Tyrrell, „7 Self-Discipline Techniques", UncommonHelp.com, http://www.uncommonhelp.me/articles/self-discipline-techniques/, accesat pe 11 iunie 2016.
2. Stephen R. Covey, „Work-Life Balance: A Different Cut", *Forbes*, 21 martie 2007, http://www.forbes.com/2007/03/19/covey-work-life-lead-careers-worklife07-cz_sc_0319covey.html, accesat pe 11 iunie 2016.
3. Brian Tracy, „Successful People Are Self Disciplined", Brian Tracy International, http://www.briantracy.com/blog/time-management/successful-people-are-self-discipline-high-value-personal-management/, accesat pe 11 iunie 2016.
4. Ibid.
5. Dan S. Kennedy, „Why Self-Discipline Will Make You Unstoppable", *Entrepreneur*, 20 decembrie 2013, https://www.entrepreneur.com/article/230268, accesat pe 13 iunie 2016.

Capitolul 15. Capacitatea de a-ți modela atitudinea – alegerea de a avea o atitudine pozitivă indiferent de circumstanțe

1. Davies Guttmann, *The Power of Positivity: Reaching Your Potential By Changing Your Outlook* (Stoughton, WI: Books on Demand, 2014), 114.
2. Ecleziastul 7:14 (Biblia King James).
3. Lydia Dishman, „Happiness Secrets from the Staff of Delivering Happiness at Work", *Fast Company*, 22 mai 2013, http://www.fastcompany.com/3009940/dialed/happiness-secrets-from-the-staff-of-delivering-happiness-at-work, accesat pe 14 iunie 2016.

Capitolul 16. Capacitatea de a-ți asuma riscuri – alegerea de a ieși din zona de confort

1. Robert Schuller, *Success Is Never Ending, Failure Is Never Final* (New York: Bantam, 1990), 212.

Capitolul 17: Capacitatea spirituală – alegerea de a-ți întări credința

1. Efeseni 3:14-17 (Mesajul).
2. Ieremia 9:23 (Mesajul).
3. Efeseni 3:18-19.
4. Ioan 10:10.
5. Ioan 3:16.
6. Ioan 10:27-30.
7. Evrei 8:12.
8. Corinteni 2 5:17.
9. Marcu 9:23.
10. Marcu 10:27.
11. Matei17:20.
12. Max Lucado, *A Gentle Thunder: Hearing God Through the Storm* (Nashville: Thomas Nelson, 2009), 122.
13. Efeseni 3:20.
14. Matei 9:29.
15. Corinteni 1 1:26-31.

Capitolul 18. Capacitatea de a evolua – alegerea de a te concentra asupra punctului cel mai îndepărtat în care poți ajunge

1. Carol S. Dweck, *Mindset: The New Psychology of Success* (New York: Ballantine, 2006), 6.
2. Ibid., 7.
3. Ibid, 15-16.

Capitolul 20: Concluzie – Viața ta, fără limite

1. Sursa originală necunoscută.
2. „How Much Does It Cost to Climb Mount Everest?" AlanArnette.com, http://www.alanarnette.com/blog/2015/12/21/everest-2016-how-much-does-cost-to-climb-mount-everest/, accesat pe 17 iunie 2016.

Editori:
Dr. M.C. Popescu-Drânda
Dr. Cristian Cârstoiu

Director executiv: George Stanca
Redactor: Oana Cristina Țăranu
Traducere: Dorina Oprea

Prepress: AMALTEA TehnoPlus

Tehnoredactare: Gabriela Căpitănescu
Coperta: Petronella Andrei

Distribuție: Mihaela Stanca, Alexandru Radu

Web-Site: **www.amaltea.ro**
E-mail: info@amaltea.ro

Tipărit la Tipografia Shik&Stefan SRL
Telefon: 021.450.25.32 / 0756.196.191
email: editurashik@yahoo.com